U0965390

高等职业教育“十四五”规划教材

测绘法规与测绘工程管理

张博　杨莹　主编

中国农业大学出版社
·北京·

内容简介

测绘作为国民经济、国防建设、社会发展和生态文明的基础性、公益性事业，是现代化建设中必不可少的重要保障。为促进我国测绘事业持续健康发展、提高测绘保障能力和水平，推进测绘法规建设、强化测绘工程管理具有十分重要的意义。本书立足时代前沿，以 2017 年最新修订的《中华人民共和国测绘法》为基础编写，参考自然资源部发布的有关测绘工作的法律法规文件和注册测绘师资格考试的内容，致力于培养学生依法从事各项测绘活动的能力。

本书可作为高等职业院校测绘类专业学生的教材，也可作为参加注册测绘师资格考试人员的参考书。

图书在版编目(CIP)数据

测绘法规与测绘工程管理/张博，杨莹主编．--北京：中国农业大学出版社，2024.9.(2025.2 重印)--ISBN 978-7-5655-3296-2

Ⅰ. D922.17

中国国家版本馆 CIP 数据核字第 2024Z62W36 号

书　　名　测绘法规与测绘工程管理
作　　者　张博　杨莹　主编

策划编辑　郭建鑫　张玉　　**责任编辑**　郭建鑫
封面设计　中通世奥图文设计中心
出版发行　中国农业大学出版社
社　　址　北京市海淀区圆明园西路 2 号　　**邮政编码**　100193
电　　话　发行部 010-62733489,1190　　读者服务部 010-62732336
编辑部 010-62732617,2618　　出　版　部 010-62733440
网　　址　http://www.caupress.cn　　**E-mail**　cbsszs@cau.edu.cn
经　　销　新华书店
印　　刷　北京溢漾印刷有限公司
版　　次　2024 年 9 月第 1 版　　2025 年 2 月第 2 次印刷
规　　格　185 mm×260 mm　　16 开本　　14.75 印张　　367 千字
定　　价　45.00 元

图书如有质量问题本社发行部负责调换

编 审 人 员

主　编　张　博　杨　莹
副主编　刘　皓　李　娜　佟德军
主　审　马　驰

前言

党的二十大报告提出:“高质量发展是全面建设社会主义现代化国家的首要任务。”测绘作为国民经济、国防建设、社会发展和生态文明的基础性、公益性事业,是现代化建设中必不可少的重要保障。提供高质量的测绘产品和服务是测绘事业发展的重要生命线,是测绘工作者深入贯彻落实党的二十大精神的重要任务之一。

我国国民经济持续快速增长,各项重大工程建设的蓬勃开展,为测绘行业发展提供了良好的机遇,也带来了严峻的挑战。为促进我国测绘事业持续健康的发展,提高测绘保障能力和水平,推进测绘法规建设、强化测绘工程管理具有十分重要的意义。测绘法规是我国测绘活动开展的基本准则和依据,为测绘工作提供基本的法律保障。测绘工程管理体制的建立和测绘质量控制的实施,提高了测绘工作的质量和效果,符合国家经济和社会发展的需要。鉴于测绘法规和测绘工程管理的重要性,现阶段全国很多高等职业院校测绘类专业已将“测绘法规”“测绘工程管理”列入专业课程。因此,开设“测绘法规与测绘工程管理”课程,可使学生掌握如何依照相关法规、规范完成测绘工作,正确运用测绘技术最终实现设计目标。

本书立足时代前沿,以 2017 年最新修订的《中华人民共和国测绘法》为基础编写,编写过程中,同时参考了自然资源部发布的有关测绘工作的法律法规文件和注册测绘师资格考试的内容,致力于培养学生依法从事各项测绘活动的能力。

本书编写过程中,广泛征求意见,充分了解测绘企业对学生在测绘法规与测绘工程管理方面的职业能力要求,同时与其他院校充分交流,走出了一条协同融合、一体化育人之路。为体现“校企合作,工学结合”的特色,中冶沈勘工程技术有限公司佟德军高级工程师参与了本书的编写,确保教学内容更符合工作生产实际需求。全书共 14 章,分为测绘法规、测绘工程管理两部分。测绘法规部分包括第 1~8 章,内容以《中华人民共和国测绘法》为主线,并补充融入测绘相关行政法规、部门规章、规范性文件;测绘工程管理部分包括第 9~14 章,遵循测绘工程开展的生产规律编写。着重突出讲练一体,从历年注册测绘师资格考试真题中精选部分题目作为各章的课后习题,并根据最新的法律法规体系进行解答,供读者检查学习效果。本书可作为高等职业院校测绘类专业学生的教材,也可作为参加注册测绘师资格考试人员的参考书。

本书由张博(辽宁生态工程职业学院)、杨莹(辽宁生态工程职业学院)主编,刘皓(辽宁生态工程职业学院)、李娜(辽宁生态工程职业学院)、佟德军(中冶沈勘工程技术有限公司)副主编。具体编写分工如下:张博编写第 2 章、第 10 章、第 11 章,杨莹编写第 6 章、第 12 章、第 14 章及附录,刘皓编写第 3 章、第 7 章、第 9 章,李娜编写第 1 章、第 4 章、第 5 章、第 8 章,佟德军编写第 13 章。辽宁省交通高等专科学校测绘工程系主任马驰教授担任本书主审,提供了宝贵的修改意见，实现了教学交流、资源共享。

本书在编写过程中参阅了大量文献资料，得到了有关专家、学者的帮助和指导，在此深表感谢。

由于编者水平有限，书中难免存在疏漏和不足之处，敬请专家、学者及广大读者批评指正，以便再版时修订完善。

编　者
2024 年 3 月

目录

第1章 我国测绘法律体系

【学习导入】

本章主要介绍我国测绘法律法规现状、我国测绘法律基本制度及相关法律法规体系。

通过对本章的学习，学生应了解我国测绘法律法规现状，掌握我国测绘法律基本制度与相关法律法规体系。

【学习目标】

知识目标：了解我国的测绘法律、行政法规、部门规章和重要规范性文件；掌握我国法律法规的分类。

能力目标：理解测绘相关法律法规。

素质目标：培养精益求精的工匠精神。崇德向善、诚实守信、爱岗敬业、严肃认真，一丝不苟，严格遵守测量规范。

测绘单位承担着测量空间地理信息、提供基础地理空间数据的重要职责，为社会经济发展提供了坚实的支撑。测绘工作不仅需要技术水平的支持，更需要依法合规地进行。熟悉并正确运用测绘法律法规，是提高测绘工作质量和效率的关键。

在测绘工作中，测绘法律法规起着指导和规范作用。目前，我国已经初步建立了由法律、行政法规、地方性法规、部门规章、政府规章、重要规范性文件等共同组成的测绘法律法规体系，为测绘管理提供了依据，为从事测绘活动提供了基本准则。本章对我国测绘法律法规体系进行综合性介绍。

一、法学基本知识

(一)法律体系

中国现行法律体系包括法律、行政法规、地方性法规和行政规章。

1. 法律

广义的法律泛指一切以国家政权意志形式出现,用国家政权的强制力来保证实施的各种社会规范,包括法律、法规、地方性法规和部门规章。

《中华人民共和国宪法》(简称《宪法》)是国家的根本大法,由国家最高权力机关经由特殊程序制定和修改,综合性地规定国家、社会和公民生活的根本问题,具有最高法的效力,其他一切法律法规不得与之相抵触。

2. 行政法规

行政法规是由国务院依法制定和公布的有关行政管理和管理行政事项的规范性文件的总称,其效力低于法律,高于地方性法规、行政规章。

3. 地方性法规(自治条例、单行条例)

地方性法规是由省、自治区、直辖市的人民代表大会及其常务委员会根据本行政区域的具体情况和实际需要,在不与法律、行政法规相抵触的前提下,效力不超出本行政区域范围,作为地方司法依据之一的规范性文件的总称。

4. 行政规章

行政规章是有关行政机关依法制定的事关行政管理的规范性文件的总称,分为部门规章和地方人民政府规章两种。

(二)法的位阶

《宪法》具有最高的法律效力,一切其他法律、行政法规、地方性法规、自治条例和单行条例、行政规章都不得同《宪法》相抵触。法律的效力高于行政法规、地方性法规、行政规章。行政法规的效力高于地方性法规、行政规章。地方性法规的效力高于本级和下级地方政府规章。省、自治区的人民政府制定的规章的效力高于本行政区域内的较大的市的人民政府制定的规章,部门规章之间、部门规章与地方政府规章之间具有同等效力,在各自的权限范围内施行。

法律、行政法规、地方性法规、自治条例和单行条例、规章不溯及既往,但为了更好地保护公民、法人和其他组织的权利和利益而作出的特别规定除外。

二、测绘法律法规概述

测绘法律法规主要包括《中华人民共和国测绘法》(简称《测绘法》)《地图管理条例》等。这些法律法规的出台旨在保障测绘工作的合法性和规范性,确保测绘成果的真实可靠性。它们不仅是测绘工作的基本准则，还是测绘单位依法履行职责的重要依据。

(一)《中华人民共和国测绘法》

《测绘法》于1992年12月28日经第七届全国人民代表大会常务委员会第29次会议审议通过，中华人民共和国主席杨尚昆签署第66号主席令予以公布，并于1993年7月1日起实施。2002年8月29日第九届全国人民代表大会常务委员会第29次会议修订通过，江泽民主席签署第75号主席令予以公布，自2002年12月1日起施行。2017年4月27日第十二届全国人民代表大会常务委员会第二十七次会议第二次修订，自2017年7月1日起施行。

现行《测绘法》共有十章六十八条，包括以下方面的内容：

第一章　总则

第二章　测绘基准和测绘系统

第三章　基础测绘

第四章　界线测绘和其他测绘

第五章　测绘资质资格

第六章　测绘成果

第七章　测量标志保护

第八章　监督管理

第九章　法律责任

第十章　附则

《测绘法》是我国最高立法机关制定的法律，是我国测绘事业的基本法律，是从事测绘活动和进行测绘管理的基本依据和基本准则，是我国整个测绘法规体系中的“母法”，是制定测绘法规和进行测绘行政管理的基本依据。

(二)测绘行政法规

测绘行政法规主要有《地图管理条例》《中华人民共和国测绘成果管理条例》《中华人民共和国测量标志保护条例》和《基础测绘条例》。

1.《地图管理条例》

《地图管理条例》于2015年11月11日由国务院令第664号发布，自2016年1月1日起施行。该条例对地图内容的表示原则、编制地图需要的资质、出版地图的资质、地图印刷和展示前的审核和备案、地图著作权保护等都作出了明确规定。

2.《中华人民共和国测绘成果管理条例》

《中华人民共和国测绘成果管理条例》(简称《测绘成果管理条例》)于2006年5月27日由国务院令第469号发布，自2006年9月1日起施行。该条例是对测绘成果汇交、保管、秘密范围和等级确定、利用涉及国家秘密的测绘成果时的保密技术处理、利用测绘成果的审批、著作权保护、重要地理信息数据的审核公布与使用等作出了规定。

3.《中华人民共和国测量标志保护条例》

《中华人民共和国测量标志保护条例》(简称《测量标志保护条例》)于1996年9月4日由国务院令第203号发布，自1997年1月1日起施行。该条例对测量标志的管理分工、测量标志建设的要求、占地范围、设置标记、义务保管、检查维修、有偿使用、拆迁审批、标志保护、打击破坏测量标志的违法行为等作出了规定。

4.《基础测绘条例》

《基础测绘条例》于2009年5月12日由国务院令第556号发布，自2009年8月1日起施行。该条例对基础测绘的分级管理、规划和计划制定、经费来源、组织实施、成果更新、信息共享等作出了规定。

（三）部门规章和重要规范性文件

测绘行业涉及的部门规章和重要规范性文件如下。

1.《外国的组织或者个人来华测绘管理暂行办法》

《外国的组织或者个人来华测绘管理暂行办法》于2007年1月19日由中华人民共和国国土资源部令第38号公布，自2007年3月1日起施行。办法中规定了外国组织或者个人来华测绘必须遵循的原则、组织形式、审批和监督管理、禁止从事的活动、资质条件和资质的申请审批、一次性测绘的申请审批、罚则等。

2.《地图审核管理规定》

该规定是为实施《测绘法》和《中华人民共和国地图编制出版管理条例》的有关规定而制定的部门规章，于2006年6月23日由中华人民共和国国土资源部令第34号公布，自2006年8月1日起施行。这个部门规章对地图审核主体、地图审核的申请与受理、地图内容审查、审批与备案、罚则等作出了规定。

3.《重要地理信息数据审核公布管理规定》

《重要地理信息数据审核公布管理规定》于2003年3月25日由中华人民共和国国土资源部令第19号发布，自2003年5月1日起施行。这个部门规章对重要地理信息数据的含义、审核公布的主体、建议人提出审核公布建议的办法、审核的主要内容、公布的方法、罚则等作出规定。本规定于2019年7月废止。

4.《国家基础地理信息数据使用许可管理规定》

《国家基础地理信息数据使用许可管理规定》于1999年12月22日由国家测绘局*第5号令公布，并于公布之日起施行。其中对国家基础地理信息数据的管理、使用许可协议的签订、有偿使用收费、使用单位的责任、提供单位的责任、罚则等作出了规定。

5.《房产测绘管理办法》

《房产测绘管理办法》于2000年12月28日由建设部、国家测绘局令第83号发布，自2001年5月1日起施行。其中对房产测绘的委托、资格管理、成果管理、法律责任等作出了规定。

6.《涉密基础测绘成果提供使用管理办法》

《涉密基础测绘成果提供使用管理办法》于2023年5月1日起施行。其中对于使用涉密

---

* 编注：国家测绘局于2011年5月更名为国家测绘地理信息局，2018年3月组建中华人民共和国自然资源部。本书中涉及大量不同时期的法律法规条文。故本书中不对其名称进行统一，以相关法律法规原文为准。

测绘成果的申请、受理、审批程序以及保密责任等作出了规定。

7.《测绘资质管理办法》

《测绘资质管理办法》于2021年7月1日起施行。其中对测绘资质监督管理主体、测绘资质等级划分、专业范围划分、资质条件、申请、受理、审查批准、注册、监督检查、罚则等作出规定。

8.《测绘资质分级标准》

《测绘资质分级标准》于2021年7月1日起施行。其中对各个测绘专业不同等级测绘资质应当具备的最低条件的标准作出规定,包括主体资格、专业技术人员、仪器设备、办公场所、质量管理、档案和保密管理、业绩等方面的标准。

9.《注册测绘师制度暂行规定》

《注册测绘师制度暂行规定》于2007年1月24日由中华人民共和国人事部、国家测绘局共同发布,2007年3月1日起施行。其中对于注册测绘师的管理、考试科目、申请考试条件、考试办法、注册测绘师资格证书的取得、注册、执业范围、执业能力、权利、义务等作出规定。

10.《测绘作业证管理规定》

《测绘作业证管理规定》于2004年3月19日由国家测绘局发布,于2004年6月1日起施行。其中对于测绘作业证的管理、申请、受理、审核、发放、注册、使用、当事人的权利义务等作出规定。

11.《建立相对独立的平面坐标系统管理办法》

《建立相对独立的平面坐标系统管理办法》于2006年4月12日由国家测绘局发布,自发布之日起施行。其中对相对独立的平面坐标系统的含义、审批主体、申请、受理、审批程序和期限等作出规定。

12.《测绘标准化工作管理办法》

《测绘标准化工作管理办法》于2008年3月10日由国家测绘局发布,自发布之日起施行。其中对测绘标准化工作的组织机构和职责分工、国家标准和行业标准的制定、标准项目的立项程序、测绘标准制定和修订的程序及要求、审批、发布、实施、监督、复审等作出规定。

13.《地理信息标准化工作管理规定》

《地理信息标准化工作管理规定》于2009年4月1日发布,自发布之日起施行。其中对地理信息标准化工作的职责、地理信息标准的立项、制修订、实施与监督等作出规定。

14.《测绘计量管理暂行办法》

《测绘计量管理暂行办法》于1996年5月22日发布,自发布之日起施行。其中对计量标准的考核认证、测绘计量器具的检定机构的授权、计量检定人员的考核认证、测绘计量器具的检定办法和要求等作出规定。

15.《测绘地理信息质量管理办法》

《测绘地理信息质量管理办法》于2015年6月26日由国家测绘地理信息局发布,自发布之日起施行。其中对测绘产品质量遵循的原则、测绘单位的责任和义务、测绘标准化、计量检定、产品验收、测绘产品质量监督、罚则等作出规定。

16.《测绘生产质量管理规定》

《测绘生产质量管理规定》于 1997 年 7 月 22 日由国家测绘局发布，自发布之日起施行。其中对测绘单位质量管理机构和人员、测绘质量责任制、生产组织准备的质量管理、生产作业过程的质量管理、产品使用过程的质量管理、质量奖惩等作出规定。

17.《关于汇交测绘成果目录和副本的实施办法》

《关于汇交测绘成果目录和副本的实施办法》于 1993 年 5 月 18 日由国家测绘局发布，自发布之日起施行。其中对汇交的测绘成果类别、汇交主体、期限、接收机构、成果保护和提供等作出规定。已于 2019 年 6 月废止。

18.《测绘地理信息业务档案管理规定》

《测绘地理信息业务档案管理规定》于 2015 年 3 月 5 日由国家测绘局、国家档案局发布，自发布之日起施行。其中对测绘地理信息业务档案的内容、机构及其职责、归档、保管、利用、销毁等作出规定。

(四)地方性法规与地方人民政府规章

1. 地方性法规

省、自治区、直辖市人民代表大会及其常务委员会根据本行政区域的具体情况和实际需要，在不与《宪法》、法律、行政法规相抵触的前提下，可以制定地方性法规。

较大的市的人民代表大会及其常务委员会根据本市的具体情况和实际需要，在不与《宪法》、法律、行政法规和本省、自治区、直辖市的地方性法规相抵触的前提下，可以制定地方性法规，报省、自治区、直辖市的人民代表大会常务委员会批准后施行。

目前，绝大多数省、自治区、直辖市都制定了测绘地方性法规，多见于各地的“测绘管理条例”或者“实施《测绘法》办法”。

2. 地方人民政府规章

省、自治区、直辖市和较大的市的人民政府，可以根据法律、行政法规和本省、自治区、直辖市的地方性法规制定规章。地方人民政府规章应当经政府常务会议或者全体会议决定。地方政府规章由省长或者自治区主席或者市长签署命令予以公布。

目前，有一些地方政府制定了测绘方面的地方人民政府规章。

三、我国测绘管理基本法律制度概述

(一)测绘管理体制

1. 各级人民政府加强测绘工作领导

根据《测绘法》规定，国务院、省(自治区、直辖市)人民政府、市人民政府、县人民政府以及乡镇人民政府都应当加强对测绘工作的领导。

2. 测绘地理信息主管部门[*]对测绘工作实行统一监督管理

根据《测绘法》规定，县级以上人民政府测绘地理信息主管部门应当负责测绘工作的统一监督管理。

3. 县级以上人民政府其他有关部门的责任

《测绘法》第四条规定，县级以上人民政府其他有关部门按照本级人民政府规定的职责分工，负责本部门有关的测绘工作。

4. 军队测绘部门的责任

《测绘法》第四条规定，军队测绘部门负责管理军事部门的测绘工作，并按照国务院、中央军事委员会规定的职责分工负责管理海洋基础测绘工作。

(二)测绘活动主体资质资格与权利保障制度

1. 测绘资质管理制度

《测绘法》第二十七条规定，国家对从事测绘活动的单位实行测绘资质管理制度。

从事测绘活动的单位应当具备下列条件，并依法取得相应等级的测绘资质证书，方可从事测绘活动：

(1)有法人资格。

(2)有与从事的测绘活动相适应的专业技术人员。

(3)有与从事的测绘活动相适应的技术装备和设施。

(4)有健全的技术和质量保证体系、安全保障措施、信息安全保密管理制度以及测绘成果和资料档案管理制度。

《测绘法》第二十八条规定，国务院测绘地理信息主管部门和省、自治区、直辖市人民政府测绘地理信息主管部门按照各自的职责负责测绘资质审查、发放测绘资质证书。具体办法由国务院测绘地理信息主管部门商国务院其他有关部门规定。

军队测绘部门负责军事测绘单位的测绘资质审查。

《测绘法》第二十九条规定，测绘单位不得超越资质等级许可的范围从事测绘活动，不得以其他测绘单位的名义从事测绘活动，不得允许其他单位以本单位的名义从事测绘活动。

《测绘法》第三十二条规定，测绘单位的测绘资质证书、测绘专业技术人员的执业证书和测绘人员的测绘作业证件的式样，由国务院测绘地理信息主管部门统一规定。

《测绘法》第五十五条规定，违反本法规定，未取得测绘资质证书，擅自从事测绘活动的，责令停止违法行为，没收违法所得和测绘成果，并处测绘约定报酬一倍以上二倍以下的罚款；情节严重的，没收测绘工具。

以欺骗手段取得测绘资质证书从事测绘活动的，吊销测绘资质证书，没收违法所得和测绘成果，并处测绘约定报酬一倍以上二倍以下的罚款；情节严重的，没收测绘工具。

《测绘法》第五十六条规定，违反本法规定，测绘单位有下列行为之一的，责令停止违法行

---

[*] 编注：关于主管部门的称呼，随着相关机构的变化，2011 年 5 月前发布的法律法规中多称测绘行政主管部门，2011 年 5 月至 2018 年 3 月间多称测绘地理信息主管部门(如《测绘法》)，2018 年 5 月后称自然资源主管部门，本书中不进行统一，以相关法律法规原文为准。

为，没收违法所得和测绘成果，处测绘约定报酬一倍以上二倍以下的罚款，并可以责令停业整顿或者降低测绘资质等级；情节严重的，吊销测绘资质证书：

(1)超越资质等级许可的范围从事测绘活动。

(2)以其他测绘单位的名义从事测绘活动。

(3)允许其他单位以本单位的名义从事测绘活动。

2. 测绘执业资格制度

《测绘法》第三十条规定，从事测绘活动的专业技术人员应当具备相应的执业资格条件。具体办法由国务院测绘地理信息主管部门会同国务院人力资源社会保障主管部门规定。

《测绘法》第三十一条规定，测绘人员进行测绘活动时，应当持有测绘作业证件。

《测绘法》第三十二条规定，测绘单位的测绘资质证书、测绘专业技术人员的执业证书和测绘人员的测绘作业证件的式样，由国务院测绘地理信息主管部门统一规定。

《测绘法》第五十九条规定，违反本法规定，未取得测绘执业资格，擅自从事测绘活动的，责令停止违法行为，没收违法所得和测绘成果，对其所在单位可以处违法所得二倍以下的罚款；情节严重的，没收测绘工具；造成损失的，依法承担赔偿责任。

3. 测绘权利保障制度

《测绘法》第三十一条规定，测绘人员进行测绘活动时，应当持有测绘作业证件。任何单位和个人不得阻碍测绘人员依法进行测绘活动。

(三)测绘项目承发包制度

《测绘法》第二十九条规定，测绘单位不得超越资质等级许可的范围从事测绘活动，不得以其他测绘单位的名义从事测绘活动，不得允许其他单位以本单位的名义从事测绘活动。

测绘项目实行招投标的，测绘项目的招标单位应当依法在招标公告或者投标邀请书中对测绘单位资质等级作出要求，不得让不具有相应测绘资质等级的单位中标，不得让测绘单位低于测绘成本中标。

《测绘法》第五十七条规定，违反本法规定，测绘项目的招标单位让不具有相应资质等级的测绘单位中标，或者让测绘单位低于测绘成本中标的，责令改正，可以处测绘约定报酬二倍以下的罚款。招标单位的工作人员利用职务上的便利，索取他人财物，或者非法收受他人财物为他人谋取利益的，依法给予处分；构成犯罪的，依法追究刑事责任。

《测绘法》第五十八条规定，违反本法规定，中标的测绘单位向他人转让测绘项目的，责令改正，没收违法所得，处测绘约定报酬一倍以上二倍以下的罚款，并可以责令停业整顿或者降低测绘资质等级；情节严重的，吊销测绘资质证书。

除《测绘法》外，《中华人民共和国招标投标法》(简称《招标投标法》)也赋予了测绘地理信息主管部门在测绘项目招投标活动中的监督管理责任，包括监督检查招标、投标活动，审查招标、投标情况的书面报告，查处招投标过程中违法行为等。

(四)测绘基准制度

《测绘法》第五条规定，从事测绘活动，应当使用国家规定的测绘基准和测绘系统，执行国家规定的测绘技术规范和标准。

1. 测绘基准

《测绘法》第九条规定，国家设立和采用全国统一的大地基准、高程基准、深度基准和重力基准，其数据由国务院测绘地理信息主管部门审核，并与国务院其他有关部门、军队测绘部门会商后，报国务院批准。

2. 测绘系统

《测绘法》第十条规定，国家建立全国统一的大地坐标系统、平面坐标系统、高程系统、地心坐标系统和重力测量系统，确定国家大地测量等级和精度以及国家基本比例尺地图的系列和基本精度。具体规范和要求由国务院测绘地理信息主管部门会同国务院其他有关部门、军队测绘部门制定。

3. 建立相对独立的平面坐标系统制度

《测绘法》第十一条规定，因建设、城市规划和科学研究的需要，国家重大工程项目和国务院确定的大城市确需建立相对独立的平面坐标系统的，由国务院测绘地理信息主管部门批准；其他确需建立相对独立的平面坐标系统的，由省、自治区、直辖市人民政府测绘地理信息主管部门批准。

建立相对独立的平面坐标系统，应当与国家坐标系统相联系。

4. 卫星导航定位基准服务

《测绘法》第十二条规定，国务院测绘地理信息主管部门和省、自治区、直辖市人民政府测绘地理信息主管部门应当会同本级人民政府其他有关部门，按照统筹建设、资源共享的原则，建立统一的卫星导航定位基准服务系统，提供导航定位基准信息公共服务。

《测绘法》第十三条规定，建设卫星导航定位基准站的，建设单位应当按照国家有关规定报国务院测绘地理信息主管部门或者省、自治区、直辖市人民政府测绘地理信息主管部门备案。国务院测绘地理信息主管部门应当汇总全国卫星导航定位基准站建设备案情况，并定期向军队测绘部门通报。

本法所称卫星导航定位基准站，是指对卫星导航信号进行长期连续观测，并通过通信设施将观测数据实时或者定时传送至数据中心的地面固定观测站。

《测绘法》第十四条规定，卫星导航定位基准站的建设和运行维护应当符合国家标准和要求，不得危害国家安全。

卫星导航定位基准站的建设和运行维护单位应当建立数据安全保障制度，并遵守保密法律、行政法规的规定。

《测绘法》第五十三条规定，违反本法规定，卫星导航定位基准站建设单位未报备案的，给予警告，责令限期改正；逾期不改正的，处十万元以上三十万元以下的罚款；对直接负责的主管人员和其他直接责任人员，依法给予处分。

《测绘法》第五十四条规定，违反本法规定，卫星导航定位基准站的建设和运行维护不符合国家标准、要求的，给予警告，责令限期改正，没收违法所得和测绘成果，并处三十万元以上五十万元以下的罚款；逾期不改正的，没收相关设备；对直接负责的主管人员和其他直接责任人员，依法给予处分；构成犯罪的，依法追究刑事责任。

(五)基础测绘制度

基础测绘，是指建立全国统一的测绘基准和测绘系统，进行基础航空摄影，获取基础地理信息的遥感资料，测制和更新国家基本比例尺地图、影像图和数字化产品，建立、更新基础地理信息系统。

1. 基础测绘分级管理

《测绘法》第十五条规定，基础测绘是公益性事业。国家对基础测绘实行分级管理。

2. 基础测绘规划编制

《测绘法》第十六条规定，国务院测绘地理信息主管部门会同国务院其他有关部门、军队测绘部门组织编制全国基础测绘规划，报国务院批准后组织实施。

《测绘法》第十七条规定，军队测绘部门负责编制军事测绘规划，按照国务院、中央军事委员会规定的职责分工负责编制海洋基础测绘规划，并组织实施。

《测绘法》第十八条规定，县级以上人民政府应当将基础测绘纳入本级国民经济和社会发展年度计划，将基础测绘工作所需经费列入本级政府预算。

3. 基础测绘成果更新

《测绘法》第十九条规定，基础测绘成果应当定期更新，经济建设、国防建设、社会发展和生态保护急需的基础测绘成果应当及时更新。

4. 海洋基础测绘

《测绘法》第十七条规定，军队测绘部门负责编制军事测绘规划，按照国务院、中央军事委员会规定的职责分工负责编制海洋基础测绘规划，并组织实施。

（六）维护国家安全和权益的制度

1. 外国的组织或者个人来华测绘

根据《测绘法》规定，外国组织或者个人来华从事测绘活动，必须与我国有关部门或单位合作，并经过批准，否则将受到处罚。

《测绘法》第八条规定，外国的组织或者个人在中华人民共和国领域和中华人民共和国管辖的其他海域从事测绘活动，应当经国务院测绘地理信息主管部门会同军队测绘部门批准，并遵守中华人民共和国有关法律、行政法规的规定。

外国的组织或者个人在中华人民共和国领域从事测绘活动，应当与中华人民共和国有关部门或者单位合作进行，并不得涉及国家秘密和危害国家安全。

《测绘法》第五十一条规定，违反本法规定，外国的组织或者个人未经批准，或者未与中华人民共和国有关部门、单位合作，擅自从事测绘活动的，责令停止违法行为，没收违法所得、测绘成果和测绘工具，并处十万元以上五十万元以下的罚款；情节严重的，并处五十万元以上一百万元以下的罚款，限期出境或者驱逐出境；构成犯罪的，依法追究刑事责任。

2. 测绘成果的保密

《测绘法》第三十四条规定，县级以上人民政府测绘地理信息主管部门应当积极推进公众版测绘成果的加工和编制工作，通过提供公众版测绘成果、保密技术处理等方式，促进测绘成果的社会化应用。

测绘成果保管单位应当采取措施保障测绘成果的完整和安全，并按照国家有关规定向社会公开和提供利用。

测绘成果属于国家秘密的，适用保密法律、行政法规的规定；需要对外提供的，按照国务院和中央军事委员会规定的审批程序执行。

测绘成果的秘密范围和秘密等级，应当依照保密法律、行政法规的规定，按照保障国家秘密安全、促进地理信息共享和应用的原则确定并及时调整、公布。

3. 国界线测绘

《测绘法》第二十条规定，中华人民共和国国界线的测绘，按照中华人民共和国与相邻国家缔结的边界条约或者协定执行，由外交部组织实施。中华人民共和国地图的国界线标准样图，由外交部和国务院测绘地理信息主管部门拟定，报国务院批准后公布。

4. 行政区域界线测绘

《测绘法》第二十一条规定，行政区域界线的测绘，按照国务院有关规定执行。省、自治区、直辖市和自治州、县、自治县、市行政区域界线的标准画法图，由国务院民政部门和国务院测绘地理信息主管部门拟定，报国务院批准后公布。

5. 地图管理

《测绘法》第三十八条规定，地图的编制、出版、展示、登载及更新应当遵守国家有关地图编制标准、地图内容表示、地图审核的规定。

县级以上人民政府和测绘地理信息主管部门、网信部门等有关部门应当加强对地图编制、出版、展示、登载和互联网地图服务的监督管理，保证地图质量，维护国家主权、安全和利益。

地图管理的具体办法由国务院规定。

6. 军事测绘

《测绘法》第十七条规定，军队测绘部门负责编制军事测绘规划，按照国务院、中央军事委员会规定的职责分工负责编制海洋基础测绘规划，并组织实施。

（七）维护不动产权益的测绘管理制度

《测绘法》第二十二条规定，县级以上人民政府测绘地理信息主管部门应当会同本级人民政府不动产登记主管部门，加强对不动产测绘的管理。

测量土地、建筑物、构筑物和地面其他附着物的权属界址线，应当按照县级以上人民政府确定的权属界线的界址点、界址线或者提供的有关登记资料和附图进行。权属界址线发生变化的，有关当事人应当及时进行变更测绘。

（八）测绘标准化和质量管理制度

1. 测绘标准化

针对测绘的标准化，《测绘法》作出了一些特别规定：

(1)国家统一确定大地测量等级和精度。

(2)国家统一规定国家基本比例尺地图的系列和基本精度。

(3)国家制定工程测量规范。《测绘法》第二十三条规定，水利、能源、交通、通信、资源开发和其他领域的工程测量活动，应当执行国家有关的工程测量技术规范。

(4)国家制定房产测量规范。《测绘法》第二十三条规定，城乡建设领域的工程测量活动，与房屋产权、产籍相关的房屋面积的测量，应当执行由国务院住房城乡建设主管部门、国务院测绘地理信息主管部门组织编制的测量技术规范。

2. 测绘质量管理制度

《测绘法》第三十九条规定，测绘单位应当对完成的测绘成果质量负责。县级以上人民政府测绘地理信息主管部门应当加强对测绘成果质量的监督管理。

（九）测绘成果管理制度

1. 测绘成果的汇交

《测绘法》第三十三条规定，国家实行测绘成果汇交制度。国家依法保护测绘成果的知识产权。

测绘项目完成后，测绘项目出资人或者承担国家投资的测绘项目的单位，应当向国务院测绘地理信息主管部门或者省、自治区、直辖市人民政府测绘地理信息主管部门汇交测绘成果资料。属于基础测绘项目的，应当汇交测绘成果副本；属于非基础测绘项目的，应当汇交测绘成果目录。负责接收测绘成果副本和目录的测绘地理信息主管部门应当出具测绘成果汇交凭证，并及时将测绘成果副本和目录移交给保管单位。测绘成果汇交的具体办法由国务院规定。

2. 测绘成果目录向社会公布

《测绘法》第三十三条规定，国务院测绘地理信息主管部门和省、自治区、直辖市人民政府测绘地理信息主管部门应当及时编制测绘成果目录，并向社会公布。

3. 测绘成果提供和使用

《测绘法》第三十六条规定，基础测绘成果和国家投资完成的其他测绘成果，用于政府决策、国防建设和公共服务的，应当无偿提供。

除前款规定情形外，测绘成果依法实行有偿使用制度。但是，各级人民政府及有关部门和军队因防灾减灾、应对突发事件、维护国家安全等公共利益的需要，可以无偿使用。

测绘成果使用的具体办法由国务院规定。

4. 重要地理信息数据的审核公布

《测绘法》第三十七条规定，中华人民共和国领域和中华人民共和国管辖的其他海域的位置、高程、深度、面积、长度等重要地理信息数据，由国务院测绘地理信息主管部门审核，并与国务院其他有关部门、军队测绘部门会商后，报国务院批准，由国务院或者国务院授权的部门公布。

《测绘法》第六十一条规定，违反本法规定，擅自发布中华人民共和国领域和中华人民共和国管辖的其他海域的重要地理信息数据的，给予警告，责令改正，可以并处五十万元以下的罚款；对直接负责的主管人员和其他直接责任人员，依法给予处分；构成犯罪的，依法追究刑事责任。

5. 地理信息系统的建立

《测绘法》第二十四条规定，建立地理信息系统，应当采用符合国家标准的基础地理信息数据。

《测绘法》第五十二条规定，违反本法规定，未经批准擅自建立相对独立的平面坐标系统，或者采用不符合国家标准的基础地理信息数据建立地理信息系统的，给予警告，责令改正，可以并处五十万元以下的罚款；对直接负责的主管人员和其他直接责任人员，依法给予处分。

(十)测绘公共设施保护制度

在《测绘法》中，重点规定了对测量标志的保护。

1. 建设测量标志设立明显标记并委托保管

《测绘法》第四十二条规定，永久性测量标志的建设单位应当对永久性测量标志设立明显标记，并委托当地有关单位指派专人负责保管。

2. 使用测量标志必须出示作业证

《测绘法》第四十四条规定，测绘人员使用永久性测量标志，应当持有测绘作业证件，并保证测量标志的完好。

3. 严禁损毁或擅自移动测量标志

《测绘法》第四十一条规定，任何单位和个人不得损毁或者擅自移动永久性测量标志和正在使用中的临时性测量标志，不得侵占永久性测量标志用地，不得在永久性测量标志安全控制范围内从事危害测量标志安全和使用效能的活动。

《测绘法》所称永久性测量标志，是指各等级的三角点、基线点、导线点、军用控制点、重力点、天文点、水准点和卫星定位点的觇标和标石标志，以及用于地形测图、工程测量和形变测量的固定标志和海底大地点设施。

《测绘法》第六十四条规定，违反本法规定，有下列行为之一的，给予警告，责令改正，可以并处二十万元以下的罚款；对直接负责的主管人员和其他直接责任人员，依法给予处分；造成损失的，依法承担赔偿责任；构成犯罪的，依法追究刑事责任：

(1)损毁、擅自移动永久性测量标志或者正在使用中的临时性测量标志。

(2)侵占永久性测量标志用地。

(3)在永久性测量标志安全控制范围内从事危害测量标志安全和使用效能的活动。

(4)擅自拆迁永久性测量标志或者使永久性测量标志失去使用效能，或者拒绝支付迁建费用。

(5)违反操作规程使用永久性测量标志，造成永久性测量标志毁损。

4. 永久性测量标志的拆迁审批

《测绘法》第四十三条规定，进行工程建设，应当避开永久性测量标志；确实无法避开，需要拆迁永久性测量标志或者使永久性测量标志失去使用效能的，应当经省、自治区、直辖市人民政府测绘地理信息主管部门批准；涉及军用控制点的，应当征得军队测绘部门的同意。所需迁建费用由工程建设单位承担。

5. 保护测量标志

《测绘法》第四十五条规定，县级以上人民政府应当采取有效措施加强测量标志的保护工作。

6. 检查维护永久性测量标志

《测绘法》第四十五条规定，县级以上人民政府测绘地理信息主管部门应当按照规定检查、维护永久性测量标志。

乡级人民政府应当做好本行政区域内的测量标志保护工作。

(十一)应急测绘

《测绘法》第二十五条规定,县级以上人民政府测绘地理信息主管部门应当根据突发事件应对工作需要,及时提供地图、基础地理信息数据等测绘成果,做好遥感监测、导航定位等应急测绘保障工作。

课后练习题

一、单选题

1.《中华人民共和国测绘法》已由第十二届全国人民代表大会常务委员会第二十七次会议第二次修订,并从(　　)开始实施。

A. 2016 年 7 月 1 日　　B. 2017 年 7 月 1 日

C. 2018 年 7 月 1 日　　D. 2019 年 7 月 1 日

2. 以下属于行政法规的是(　　)。

A.《中华人民共和国测绘法》　　B.《中华人民共和国测绘成果管理条例》

C.《测绘资质管理办法》　　D.《地图审核管理规定》

3. 以下法律法规中效力最高的是(　　)。

A.《宪法》　　B.《测绘法》

C.《地图管理条例》　　D.《房产测绘管理办法》

二、简答题

简述我国测绘法律体系。

第2章 测绘资质

【学习导入】

本章主要介绍了测绘资质的相关规定，包括测绘资质管理、测绘执业资格与注册测绘师、测绘人员权利保护和测绘作业证等制度。

通过对本章的学习，学生能够了解《测绘法》中有关测绘资质管理的规定、《中华人民共和国行政许可法》(简称《行政许可法》)有关规定，以及《测绘资质管理办法》《测绘资质分级标准》，能够确认从事测绘活动单位的测绘资质证书的合法性和所从事测绘活动的合法性，了解从事测绘活动的单位有关测绘资质管理义务的履行情况，并分析界定有关法律责任。了解《测绘法》中有关测绘执业资格的规定以及《注册测绘师制度暂行规定》，确认测绘执业资格的合法性和注册测绘师的义务。了解《测绘法》中有关测绘作业证件的规定以及《测绘作业证管理规定》，熟悉测绘作业证的合法性和测绘作业证持有人员义务的履行情况。

【学习目标】

知识目标：了解我国的测绘资质分级；掌握测绘资质业务范围；了解我国的测绘执业资格；掌握注册测绘师的管理、执业条件；掌握我国的测绘作业证申领；掌握测绘作业证的使用条件。

能力目标：能够阐述资质管理的人员要求、主体条件；能够阐述注册测绘师权利、义务；能够阐述测绘作业证注册、补发、换新。

素质目标：培养学生懂法、守法、用法，引导学生形成正确的职业道德观。

一、测绘资质管理

测绘资质管理涉及《测绘法》《行政许可法》，以及根据这两部法律制定的《测绘资质管理办法》和《测绘资质分级标准》两个重要的规范性文件。

(一)测绘资质管理的概念

1. 测绘资质

测绘资质等级认定是由自然资源部主管的资质认定，该认定属于行政审批的范畴。凡是从事测绘相关业务的企业，应当取得该资质认定，否则不得从事该领域的经营活动。

测绘资质等级认定是对从事测绘相关业务的企业的人员素质、管理水平、资金数量、业务能力等进行审查，以确认其承担任务的范围，发放相应的等级资格证书。而测绘资质作为决定企业竞争力、影响企业发展命运的关键因素之一，应受到企业的高度重视。

2. 测绘资质管理的概念

测绘资质管理是指自然资源主管部门对测绘资质制定具体规定，对从事测绘活动的单位进行测绘资质审查、发放测绘资质证书、依法对测绘活动进行监督、查处无证测绘等行政行为。

(1)测绘资质管理是一项法定制度。

(2)测绘资质实行统一监督管理。测绘资质条件统一规定，资质管理的具体办法统一规定，测绘资质证书的式样统一规定；统一由自然资源主管部门进行测绘资质审查和统一颁发资质证书；统一监督执法；军事测绘单位的资质审查由军队测绘主管部门负责。

(3)测绘资质管理制度是一项行政许可制度。《测绘法》明确规定了对从事测绘活动的单位进行资质审查制度，即只有通过相应测绘地理信息主管部门资质审查并领取资质证书的单位，才能解除法律规定的对从事测绘活动的禁止，才获得了从事测绘活动的权利和资格。

(二)测绘资质等级和条件

1. 等级

按照从事测绘活动单位的规模、管理水平、能力的大小，将测绘资质划分为甲、乙两个等级。

2. 条件

对各等级资质分别规定了不同的条件，上一等级的资质条件高于下一等级。条件包括单位资产规模、专业技术人员的数量、仪器设备的种类和数量、办公场所面积、质量管理体系、档案和保密管理、测绘业绩等，都有所区别。

(三)测绘资质专业范围

测绘资质的专业类别分为大地测量、测绘航空摄影、摄影测量与遥感、工程测量、海洋测绘、界线与不动产测绘、地理信息系统工程、地图编制、导航电子地图制作、互联网地图服务。

(四)测绘资质的申请、审批及管理

1. 资质的申请

申请单位根据自身业务发展需要和条件确定需要申请的资质等级和业务范围。申请测绘资质的单位应当符合下列条件：

(1)有法人资格。

(2)有与从事的测绘活动相适应的测绘专业技术人员和测绘相关专业技术人员。

(3)有与从事的测绘活动相适应的技术装备和设施。

(4)有健全的技术和质量保证体系、安全保障措施、信息安全保密管理制度以及测绘成果和资料档案管理制度。

省、自治区、直辖市人民政府自然资源主管部门可以根据本地实际,适当提高测绘资质分类分级标准中的专业技术人员、技术装备的数量要求,并于发布之日起三十日内报送自然资源部备案。

2. 提交材料

申请单位应当提交下列材料的原件扫描件,并对申请材料实质内容的真实性负责:

(1)法人资格证书。

(2)符合专业标准规定的专业技术人员身份证及依法缴纳社会保险的材料,退休的专业技术人员的退休材料和劳务合同;测绘专业技术人员的学历证书和职称证书,测绘相关专业技术人员的学历证书或职称证书。

(3)符合专业标准规定的技术装备的所有权材料。

(4)符合通用标准规定的材料。

(5)申请甲级测绘资质的,应当提供符合专业标准规定的测绘业绩材料。

测绘资质等级专业类别的申请条件和申请材料的具体要求,由《测绘资质分类分级标准》规定。

3. 测绘资质分类分级标准

《测绘资质分类分级标准》分为通用标准(表2-1)、专业标准(表2-2)。凡申请测绘资质的单位,应当有法人资格,并同时达到通用标准和所申请专业类别的专业标准要求。

表2-1 通用标准

一、测绘地理信息安全保障措施和管理制度要求	
基本要求	1. 设立测绘地理信息安全保密工作机构。
	2. 从事涉密测绘业务的人员应当具有中华人民共和国国籍,签订保密责任书,接受保密教育。
	3. 建立健全测绘地理信息安全保密管理制度。明确涉密人员管理、保密要害部门部位管理、涉密设备与存储介质管理、涉密测绘成果全流程保密、保密自查等要求。
	4. 明确涉密测绘成果使用审批流程和责任人,未经批准,涉密测绘成果不得带离保密要害部门部位。
	5. 涉密存储介质专人管理,建立台账;涉密设备与存储介质应粘贴密级标识;涉密计算机、涉密存储介质不得接入互联网或其他公共信息网络;涉密网络与互联网或其他公共信息网络之间实行物理隔离;涉密计算机外接端口封闭管理。
	6. 建立健全涉密测绘外业安全保密管理制度,落实监管人员和保密责任,外业所用涉密计算机纳入涉密单机进行管理。
	7. 对属于国家秘密的地理信息的获取、持有、提供、利用情况进行登记并长期保存,实行可追溯管理。
	8. 从事测绘活动,应当遵守保密法律法规规章等有关规定。

续表 2-1

一、测绘地理信息安全保障措施和管理制度要求	
导航电子地图制作补充要求	1.涉密网络应配备系统管理员、安全保密管理员和安全审计员。
	2.保密要害部门部位应当确定安全控制区域，采取电子监控、防盗报警等必要的安全防范措施。
	配置符合要求的安全保密专用产品，包括身份鉴别、访问控制、安全审计、保密技术防护(三合一)、漏洞扫描、计算机病毒查杀、边界安全防护和数据库安全等产品。
	4.软件开发不得在保密要害部门部位内进行。
	5.未经单位安全保密工作机构批准，单位内部涉密测绘成果不得采用移动存储介质进行交换，应基于涉密网络操作，并进行审计。
	6.涉密测绘成果对外提供应配置专人专机。专机需安装安全审计软件，进行实时审计。
	7.配置红黑电源。
互联网地图服务补充要求	存放地图数据的服务器设在中华人民共和国境内。
二、技术和质量保证体系要求	
机构人员	1.设立技术和质量管理机构。
	2.明确技术和质量管理工作的主管领导、技术和质量管理机构的负责人。技术和质量管理机构负责人应当具备中级及以上测绘专业技术职称。
	3.配备与业务相适应的质检人员。质检人员应当是测绘专业技术人员。
管理制度	4.建立健全技术管理制度，明确技术设计、技术处理和技术总结等要求。其中简单、日常性的测绘项目可以制定《作业指导书》。
	5.建立健全质量检查管理制度，明确过程检查、最终检查、质量评定、检查记录和检查报告等要求。
	6.建立健全人员培训与岗位管理制度，明确岗位职责、岗前培训考核、继续教育等要求。
	7.建立健全测绘仪器设备检定、校准管理制度，明确测绘仪器设备的检定、校准、日常管理等要求。
其他	测绘技术和质量保证体系应当遵守法律法规规章等有关规定。
三、测绘成果和资料档案管理制度要求	
机构人员	1.设立测绘成果和资料档案管理机构。
	2.明确测绘成果和资料档案管理工作的主管领导、工作人员及岗位职责。
管理制度	3.建立健全测绘成果和资料档案管理制度，明确测绘成果接收、整理、保管、使用、销毁以及建立台账等管理要求。
	4.建立健全测绘成果和资料档案信息化管理的安全保护制度。
设施设备	5.有专门的测绘成果和资料档案库房，具备防盗、防火、防潮、防光、防尘、防磁、防有害生物和污染等安全措施。
	6.配有与业务相适应的测绘成果和资料档案专用柜架、专用数据存储设备。
其他	测绘成果和资料档案管理应当遵守法律法规规章等有关规定。

表 2-2 专业标准

序号	专业类别		甲级							乙级						
			专业技术人员					技术装备	测绘业绩	专业技术人员					技术装备	作业限制范围
	名称	业务类型	总数	测绘专业			测绘相关专业			总数	测绘专业			测绘相关专业		
				高级	中级	初级					高级	中级	初级			
1	大地测量	卫星定位测量、卫星导航定位基准站网位置数据服务、水准测量、三角测量、天文测量、重力测量、基线测量、大地测量数据处理	60	4	7	13	36	GNSS 接收机（扼流圈天线）、全站仪、水准仪、重力仪合计 30 台	取得相应专业类别乙级测绘资质满 2 年。所申请的每个专业类别近 2 年完成测绘服务总值不少于 600 万元，且完成至少一个金额不低于 50 万元的测绘项目	25	1	4	5	15	GNSS 接收机、全站仪、水准仪合计 15 台	不得从事二等及以上水准、三角、天文测量；不得从事 B 级及以上卫星定位测量；不得从事专业重力测量；不得承担卫星导航定位基准站建设和坐标参考框架服务
2	测绘航空摄影	一般航摄、无人飞行器航摄、倾斜航摄	30	2	4	6	18	无人飞行测量采集系统、专业测绘航摄仪及其他测绘传感器合计 4 台(套)		15	1	2	3	9	无人飞行测量采集系统、专业测绘航摄仪及其他测绘传感器合计 2 台(套)	不得承揽两个及以上省级行政区域范围的项目
3	摄影测量与遥感	摄影测量与遥感外业、摄影测量与遥感内业、摄影测量与遥感监理	40	4	7	13	16	1. GNSS 接收机、全站仪合计 12 台或者三维激光扫描仪 2 台； 2. 摄影测量系统、遥感图像处理系统合计 8 套		8	—	2	3	3	1. GNSS 接收机、全站仪合计 3 台或者三维激光扫描仪 1 台； 2. 摄影测量系统、遥感图像处理系统合计 2 套	不得承揽两个及以上省级行政区域范围的项目（线状项目除外）

续表 2-2

序号	专业类别		甲级							乙级						
	名称	业务类型	专业技术人员					技术装备	测绘业绩	专业技术人员					技术装备	作业限制范围
			总数	测绘专业			测绘相关专业			总数	测绘专业			测绘相关专业		
				高级	中级	初级					高级	中级	初级			
4	工程测量	控制测量、地形测量、规划测量、建筑工程测量、变形形变与精密测量、市政工程测量、水利工程测量、线路与桥隧测量、地下管线测量、矿山测量、工程测量监理	40	4	7	13	16	GNSS接收机、全站仪、水准仪、地下管线探测仪合计20台		6	—	2	2	2	GNSS接收机、全站仪、水准仪、地下管线探测仪合计4台	不得从事二等及以上控制测量、国家建设重点工程的规划测量、单个建筑物10万 m^2 及以上的建筑工程测量、特大型水利水电工程测量、4 km及以上隧道工程测量
5	海洋测绘	海岸地形测量、水深测量、水文观测、海洋工程测量、扫海测量、深度基准测量、海图编制、海洋测绘监理	40	4	7	13	16	1. GNSS接收机、全站仪合计10台； 2. 浅地层剖面仪、侧扫声呐、海洋磁力仪、测深仪、声速仪、水位计、验流计合计14台或者多波束测深系统2套		6	—	2	2	2	1. 全站仪1台； 2. 测深仪1台	不得从事深度基准测量、海图编制；不得从事连片区域100 km^2 及以上的海岸地形测量、水深测量、水文观测、海洋工程测量和扫海测量

续表 2-2

序号	专业类别		甲级							乙级						
			专业技术人员					技术装备	测绘业绩	专业技术人员					技术装备	作业限制范围
	名称	业务类型	总数	测绘专业			测绘相关专业			总数	测绘专业			测绘相关专业		
				高级	中级	初级					高级	中级	初级			
6	界线与不动产测绘	行政区域界线测绘，地籍测绘、房产测绘、海域权属测绘等不动产测绘，不动产测绘监理	40	4	7	13	16	GNSS 接收机、全站仪合计 10 台		6	—	2	2	2	GNSS 接收机、全站仪、手持测距仪合计 2 台	不得从事国界线测绘、规划许可证载单栋建筑 10 万 m^2 及以上的房产测绘
7	地理信息系统工程	地理信息数据采集、地理信息数据处理、地理信息系统及数据库建设、地面移动测量、地理信息软件开发、地理信息系统工程监理	40	4	7	13	16	1. GNSS 接收机、三维激光扫描仪合计 6 台； 2. 地理信息处理软件、地理信息系统平台软件合计 12 套		8	—	2	3	3	1. GNSS 接收机、三维激光扫描仪合计 2 台； 2. 地理信息处理软件、地理信息系统平台软件合计 2 套	不得承揽两个及以上省级行政区域范围的项目
8	地图编制	地形图、教学地图、世界政区地图、全国及地方政区地图、电子地图、真三维地图、其他专用地图	60	4	7	13	36	1. 数据服务器 2 台； 2. 图形输出设备（A0 幅面）1 台		25	1	4	5	15	数据服务器 1 台	不得从事世界和全国政区地图、超出省级行政区域范围的教学地图编制

续表 2-2

序号	专业类别		甲级							乙级						
			专业技术人员					技术装备	测绘业绩	专业技术人员					技术装备	作业限制范围
	名称	业务类型	总数	测绘专业			测绘相关专业			总数	测绘专业			测绘相关专业		
				高级	中级	初级					高级	中级	初级			
9	导航电子地图制作	导航电子地图制作	100	4	8	28	60	1. 外业数据采集设备 30 台(套)(定位精度≤10 m); 2. 具备导航地图编辑系统	—	15	1	2	3	9	外业数据采集设备 5 台(套)(定位精度≤10 m)	不得在相关政府部门划定的自动驾驶区域外从事导航电子地图制作
10	互联网地图服务	地理位置定位、地理信息上传标注、地图数据库开发	20	—	2	—	18	有独立地图引擎		12	—	1	—	11	—	不得从事地图数据库开发

专业标准说明

关于专业技术人员

1. 专业技术人员包括测绘专业技术人员和测绘相关专业技术人员。专业技术人员应当具有中华人民共和国国籍,不得兼职,测绘专业技术人员具有测绘专业职称,测绘相关专业技术人员具有测绘相关专业学历或职称。用于申请甲、乙级测绘资质的专业技术人员中,退休的专业技术人员分别不得超过 2 人、1 人。

2. 测绘专业是指大地测量、工程测量、摄影测量、遥感、地图制图、地理信息、地籍测绘、测绘工程、矿山测量、海洋测绘、导航工程、土地管理、地理国情监测等专业。测绘相关专业是指地理、地质、工程勘察、资源勘查、土木、建筑、规划、市政、水利、电力、道桥、工民建、海洋、计算机、软件、电子、信息、通信、物联网、统计、生态、印刷、人工智能、大数据、云计算、保密、档案等专业。

3. 本标准规定的专业技术人员数量为最低要求。高级别测绘专业技术人员可以冲抵低级别测绘专业技术人员,测绘专业技术人员可以冲抵测绘相关专业技术人员。

续表 2-2

关于技术装备	1. 技术装备要求的“合计”，不需要每种技术装备都具备。 2. GNSS 接收机、全站仪、水准仪精度应当分别不低于 5 mm+$1\times10^{-6}D$、2″、S1。 3. 无人飞行测量采集系统：至少同时具备飞行平台和航摄传感器（包括相机、机载激光扫描仪、机载 SAR）。 4. 专业测绘航摄仪及其他测绘传感器：包括航摄仪、机载激光扫描仪、航空重力仪、机载 SAR。 5. 摄影测量系统：从影像、点云等数据获取到过程数据处理、成果输出，均采用数字化或智能化等形式进行的摄影测量系统。 6. 遥感图像处理系统：能够对遥感图像信息进行数字化、复原、几何校正、增强、统计分析、信息提出、分类、识别等图像加工的系统。 7. 地理信息处理软件：用于处理和分析地理信息的软件。 8. 地理信息系统平台软件：用于地理信息系统及数据库建设的基础软件，具备地理信息的获取、存储、编辑、处理、分析和显示等功能，并可支持软件定制开发。 9. 独立地图引擎：部署于服务器上，能够向用户提供地图显示、空间搜索、上传标注、接口调用等服务的软件系统。 10. 外业数据采集设备：至少同时具备 GNSS 接收机和数据获取设备。 11. 本标准规定的技术装备数量为最低要求。
关于测绘业绩	增加甲级测绘资质专业类别的，应当符合专业标准规定的甲级测绘业绩要求。测绘单位转制或分立的，申请原资质等级和专业类别不受本标准规定的甲级测绘业绩要求限制。
其他	申请两个及以上专业类别的，应当符合所有申请专业类别的条件，对专业技术人员、技术装备的数量要求不累加计算。

4. 资质的受理、审查

导航电子地图制作甲级测绘资质的审批和管理由自然资源部负责。对导航电子地图制作甲级测绘资质的审批，自然资源部将通过网上受理，并采用以下方式对申请材料进行审查：

(1)将申请单位的基本信息、所申请测绘资质类别等级及除涉及国家秘密、商业秘密和个人隐私外的申请信息等通过本机关网站公开。

(2)引入第三方机构做技术性审查。

(3)必要时，进行实地核查或专家评议。

(4)部机关内部会审。

前款规定以外的测绘资质的审批和管理，由省、自治区、直辖市人民政府自然资源主管部门负责。省、自治区、直辖市人民政府自然资源主管部门除应严格执行上述条款第(1)条的规定外，其他规定可根据本地实际参照执行。审批机关应当将申请测绘资质的方式、依据、条件、程序、期限、材料目录、审批结果等向社会公开。

审批机关对申请单位提出的测绘资质申请，应当根据下列情形分别作出处理：

(1)申请材料齐全并符合法定形式的，应当决定受理并出具受理通知书。

(2)申请材料不齐全或者不符合法定形式的，应当当场或者在五个工作日内一次告知申请单位需要补正的全部内容，逾期不告知的，自收到申请材料之日起即为受理。

(3)申请事项依法不属于本审批机关职责范围的，应当即时作出不予受理的决定，并告知申请单位向有关审批机关申请。

5. 资质的审批

审批机关自受理之日起十五个工作日内作出是否批准测绘资质的书面决定。因特殊情况在十五个工作日内不能作出决定的，经本审批机关负责人批准，可以延长十个工作日，并将延长期限的理由告知申请单位。

审批机关作出批准测绘资质决定的，应当自作出决定之日起十个工作日内，向申请单位颁发测绘资质证书；审批机关作出不予批准测绘资质决定的，应当说明理由，并告知申请单位享有依法申请行政复议或者提起行政诉讼的权利。

6. 测绘资质证书

测绘资质证书有效期五年。测绘资质证书包括纸质证书和电子证书，纸质证书和电子证书具有同等法律效力。

测绘资质证书样式由自然资源部统一规定。

(1)测绘资质证书的延续。测绘单位需要延续依法取得的测绘资质证书有效期的，应当在测绘资质证书有效期届满三十日前，向审批机关提出延续申请。审批机关应当根据测绘单位的申请，在测绘资质证书有效期届满前作出是否准予延续的决定；逾期未作出决定的，视为准予延续。

(2)测绘资质证书的变更。测绘单位变更测绘资质等级或者专业类别的，应当按照本办法规定的审批权限和程序重新申请办理测绘资质审批。

测绘单位名称、注册地址、法定代表人发生变更的，应当向审批机关提交有关部门的核准材料，申请换发新的测绘资质证书。

(3)测绘资质证书的注销与合并。测绘单位申请注销测绘资质证书的,审批机关应当及时办理测绘资质证书注销手续。

测绘单位合并的,可以承继合并前的测绘资质等级和专业类别。测绘单位转制或者分立的,应当向相应的审批机关重新申请测绘资质。

7. 测绘资质的职业范围

取得乙级测绘资质的测绘单位应在专业标准规定的作业限制范围内从事测绘活动,取得甲级测绘资质的无作业范围限制。

(五)测绘资质的监督管理

县级以上人民政府自然资源主管部门应当建立健全随机抽查机制,依法对测绘单位的安全保障措施、信息安全保密管理制度、测绘成果和资料档案管理制度、技术和质量保证体系、专业技术人员、技术装备等测绘资质情况进行检查,并将抽查结果向社会公布。

县级以上人民政府自然资源主管部门应当合理确定随机抽查比例;对于投诉举报多、有相关不良信用记录的测绘单位,可以加大抽查比例和频次。

县级以上人民政府自然资源主管部门应当加强测绘单位信用体系建设,及时将随机抽查结果纳入测绘单位信用记录,依法将测绘单位信用信息予以公示。

测绘单位在测绘行业信用惩戒期内不得申请晋升测绘资质等级和增加专业类别。

(六)测绘资质管理的法律责任

(1)申请测绘资质的单位违反《测绘资质管理办法》规定,隐瞒有关情况或者提供虚假材料申请测绘资质的,审批机关应当依照《中华人民共和国行政许可法》第七十八条的规定作出不予受理的决定或者不予批准的决定,并给予警告,纳入测绘单位信用记录予以公示。该单位在一年内再次申请测绘资质的,审批机关不予受理。

《中华人民共和国行政许可法》第七十八条规定,行政许可申请人隐瞒有关情况或者提供虚假材料申请行政许可的,行政机关不予受理或者不予行政许可,并给予警告;行政许可申请属于直接关系公共安全、人身健康、生命财产安全事项的,申请人在一年内不得再次申请该行政许可。

(2)测绘单位依法取得测绘资质后,出现不符合其测绘资质等级或者专业类别条件的,由县级以上人民政府自然资源主管部门责令限期改正;逾期未改正至符合条件的,纳入测绘单位信用记录予以公示,并停止相应测绘资质所涉及的测绘活动。

(3)违反《测绘资质管理办法》,未取得测绘资质证书,擅自从事测绘活动的,以欺骗手段取得测绘资质证书从事测绘活动的,依照《测绘法》第五十五条规定予以处罚。

测绘单位以欺骗、贿赂等不正当手段取得测绘资质证书的,该单位在三年内再次申请测绘资质,审批机关不予受理。

《测绘法》第五十五条规定,违反本法规定,未取得测绘资质证书,擅自从事测绘活动的,责令停止违法行为,没收违法所得和测绘成果,并处测绘约定报酬一倍以上二倍以下的罚款;情节严重的,没收测绘工具。

以欺骗手段取得测绘资质证书从事测绘活动的,吊销测绘资质证书,没收违法所得和测绘成果,并处测绘约定报酬一倍以上二倍以下的罚款;情节严重的,没收测绘工具。

(4)测绘单位测绘成果质量不合格的,依照《测绘法》第六十三条规定予以处罚。

《测绘法》第六十三条规定,违反本法规定,测绘成果质量不合格的,责令测绘单位补测或者重测;情节严重的,责令停业整顿,并处降低测绘资质等级或者吊销测绘资质证书;造成损失的,依法承担赔偿责任。

二、注册测绘师

2007年1月,人事部和国家测绘局联合制定了《注册测绘师制度暂行规定》《注册测绘师资格考试实施办法》和《注册测绘师资格考核认定办法》,初步建立起了我国注册测绘师的制度框架。

(一)相关定义

1.测绘执业资格定义

测绘执业资格是指自然人(公民、个人)从事测绘专业技术活动应具备的知识、技术水平和能力等。一是具有测绘理论知识;二是具有基本的测绘专业技术水平;三是具有所从事的专业技术工作的能力;四是具备一定的运用法律知识和管理知识处理事务的能力。

2.注册测绘师定义

注册测绘师是指经考试取得《中华人民共和国注册测绘师资格证书》,并依法注册后,从事测绘活动的专业技术人员。其特征包括:必须有证书、必须注册、从事测绘活动。

(二)取得注册测绘师资格应当具备的条件

凡中华人民共和国公民,遵守国家法律、法规,恪守职业道德,并具备下列条件之一的,可申请参加注册测绘师资格考试:

1.取得测绘类专业大学专科学历,从事测绘业务工作满6年。

2.取得测绘类专业大学本科学历,从事测绘业务工作满4年。

3.取得含测绘类专业在内的双学士学位或者测绘类专业研究生班毕业,从事测绘业务工作满3年。

4.取得测绘类专业硕士学位,从事测绘业务工作满2年。

5.取得测绘类专业博士学位,从事测绘业务工作满1年。

6.取得其他理学类或者工学类专业学历或者学位的人员,其从事测绘业务工作年限相应增加2年。

(三)注册测绘师资格考试方法

注册测绘师资格考试实行全国统一大纲、统一命题的考试制度,原则上每年举行一次。国家测绘局负责拟定考试科目、考试大纲、考试试题,研究建立并管理考试题库,提出考试合格标准建议。人事部组织专家审定考试科目、考试大纲和考试试题。会同国家测绘局确定考试合格标准和对考试工作进行指导、监督、检查。

考试的科目按照国家测绘局与人事部联合制定的《注册测绘师资格考试实施办法》规定,

设“测绘管理与法律法规”“测绘综合能力”和“测绘案例分析”3个科目。注册测绘师考试的具体内容和要求，国家测绘局与人事部联合制定的《注册测绘师资格考试大纲》有具体规定。

(四)注册测绘师的注册

注册测绘师资格考试合格，颁发人事部统一印制，人事部、国家测绘局共同用印的《中华人民共和国注册测绘师资格证书》，该证书在全国范围有效。国家对注册测绘师资格实行注册执业管理，取得《中华人民共和国注册测绘师资格证书》的人员，经过注册后方可以注册测绘师的名义执业。

1. 注册申请

《注册会计师制度暂行规定》规定，国家测绘局为注册测绘师资格的注册审批机构。各省、自治区、直辖市人民政府测绘行政主管部门负责注册测绘师资格的注册审查工作。

申请注册测绘师资格注册的人员，应受聘于一个具有测绘资质的单位，并通过聘用单位所在地(聘用单位属企业的通过本单位工商注册所在地)的测绘行政主管部门，向省、自治区、直辖市人民政府测绘行政主管部门提出注册申请。经国家测绘局审批合格的注册人员，由国家测绘局核发统一制作的《中华人民共和国注册测绘师注册证》和执业印章。

《注册测绘师执业管理办法(试行)》规定，申请注册测绘师注册程序如下：

(1)申请人填写注册申请表；

(2)注册单位审核后，报省级测绘地理信息行政主管部门；

(3)省级测绘地理信息行政主管部门审查并提出意见后报国家测绘地理信息局；

(4)国家测绘地理信息局审批；

(5)国家测绘地理信息局作出批准注册决定后在国家测绘地理信息局网站公布。

2. 初始注册

初始注册者，可自取得《中华人民共和国注册测绘师资格证书》之日起1年内提出注册申请。逾期未申请者，在申请初始注册时，须符合本规定继续教育要求。初始注册需要提交下列材料：

(1)《中华人民共和国注册测绘师初始注册申请表》；

(2)《中华人民共和国注册测绘师资格证书》；

(3)与聘用单位签订的劳动合同或者聘用合同；

(4)逾期申请注册的人员的继续教育证明材料。

提供上述材料的同时，申请初始注册，须同时提交资格证书及身份证明；申请延续注册或逾期初始注册，须同时提交注册测绘师继续教育证书。

3. 注册有效期

《中华人民共和国注册测绘师注册证》每一注册有效期为3年。《中华人民共和国注册测绘师注册证》和执业印章在有效期限内是注册测绘师的执业凭证，由注册测绘师本人保管、使用。

4. 延续注册

注册有效期届满需继续执业的，应在届满前30个工作日内，按照《注册测绘师制度暂行规定》第十四条规定的程序申请延续注册。审批机构应当根据申请人的申请，在规定的时限内作出是否准予延续注册的决定;逾期未作出决定的,视为准予延续。

延续注册需要提交下列材料:

(1)《中华人民共和国注册测绘师延续注册申请表》;

(2)与聘用单位签订的劳动或者聘用合同;

(3)达到注册期内继续教育要求的证明材料。

5. 变更注册

在注册有效期内,注册测绘师变更执业单位,应与原聘用单位解除劳动关系,并按《注册测绘师制度暂行规定》第十四条规定的程序办理变更注册手续。变更注册后,其《中华人民共和国注册测绘师注册证》和执业印章在原注册有效期内继续有效。变更注册需要提交下列材料:

(1)《中华人民共和国注册测绘师变更注册申请表》;

(2)与新聘用单位签订的劳动或者聘用合同;

(3)工作调动证明或者与原聘用单位解除劳动或者聘用合同的证明、退休人员的退休证明。

《注册测绘师执业管理办法(试行)》规定,申请变更注册,须同时提交与原注册单位解除聘用(劳动)或合作关系的证明材料。

6. 补办

《注册测绘师执业管理办法(试行)》规定,注册测绘师注册证或执业印章遗失或污损,需要补办的,应当持在省级以上公众媒体上刊登的遗失声明或污损的原注册证或执业印章,经注册地省级测绘地理信息行政主管部门审核后,向国家测绘地理信息局申请补办。

7. 受理注册与审批

省、自治区、直辖市人民政府测绘行政主管部门自受理注册申请之日起20个工作日内,按规定条件和程序完成申报材料的审查工作,并将申报材料和审查意见报国家测绘局审批。

国家测绘局自受理申报人员材料之日起20个工作日内作出审批决定。在规定的期限内不能作出审批决定的,应将延长的期限和理由告知申请人。

国家测绘局自作出批准决定之日起10个工作日内,将批准决定送达经批准注册的申请人,并核发统一制作的《中华人民共和国注册测绘师注册证》和执业印章。对作出不予批准的决定,应当书面说明理由,并告知申请人享有依法申请行政复议或者提起行政诉讼的权利。

8. 继续教育

继续教育是注册测绘师延续注册、重新申请注册和逾期初始注册的必备条件。在每个注册期内,注册测绘师应按规定完成本专业的继续教育。

取得资格证书超过1年以上不满3年提出申请初始注册者,须提供不少于30学时继续教育必修内容培训的证明。取得资格证书3年以上提出申请初始注册者,须提供相当于一个注册有效期要求的继续教育证明。

注册测绘师继续教育分为必修内容和选修内容,在一个注册有效期内,必修内容和选修内容均不得少于60学时。注册测绘师继续教育必修内容通过培训的形式进行,由国家测绘地理信息局推荐的机构承担。必修内容培训每次30学时,注册测绘师须在一个注册有效期内参加2次不同内容的培训。注册测绘师继续教育选修内容通过参加指定的网络学习获得40学时,另外20学时通过出版专业著作、承担科研课题、获得科技奖励、发表学术论文、参加学习等方式取得。

9. 注销注册

注册申请人有下列情形之一的，应由注册测绘师本人或者聘用单位及时向当地省、自治区、直辖市人民政府测绘行政主管部门提出申请，由国家测绘局审核批准后，办理注销手续，收回《中华人民共和国注册测绘师注册证》和执业印章：

(1)不具有完全民事行为能力的；

(2)申请注销注册的；

(3)注册有效期满且未延续注册的；

(4)被依法撤销注册的；

(5)受到刑事处罚的；

(6)与聘用单位解除劳动或者聘用关系的；

(7)聘用单位被依法取消测绘资质证书的；

(8)聘用单位被吊销营业执照的；

(9)因本人过失造成利害关系人重大经济损失的；

(10)应当注销注册的其他情形。

10. 不予注册

注册申请人有下列情形之一的，不予注册：

(1)不具有完全民事行为能力的；

(2)刑事处罚尚未执行完毕的；

(3)因在测绘活动中受到刑事处罚，自刑事处罚执行完毕之日起至申请注册之日止不满3年的；

(4)法律、法规规定不予注册的其他情形。

11. 撤销注册

注册申请人以不正当手段取得注册的，应当予以撤销，并由国家测绘局依法给予行政处罚；当事人在3年内不得再次申请注册；构成犯罪的，依法追究刑事责任。

(五)注册测绘师执业

1. 执业范围

注册测绘师应在一个具有测绘资质的单位，开展与该单位测绘资质等级和业务许可范围相应的测绘执业活动。

注册测绘师的执业范围：

(1)测绘项目技术设计；

(2)测绘项目技术咨询和技术评估；

(3)测绘项目技术管理、指导与监督；

(4)测绘成果质量检验、审查、鉴定；

(5)国务院有关部门规定的其他测绘业务。

2. 执业能力

(1)熟悉并掌握国家测绘及相关法律、法规和规章；

(2)了解国际、国内测绘技术发展状况，具有较丰富的专业知识和技术工作经验，能够处理较复杂的技术问题；

(3)熟练运用测绘相关标准、规范、技术手段，完成测绘项目技术设计、咨询、评估及测绘成果质量检验管理；

(4)具有组织实施测绘项目的能力。

3. 执业效力与责任

在测绘活动中形成的技术设计和测绘成果质量文件，必须由注册测绘师签字并加盖执业印章后方可生效。

修改经注册测绘师签字盖章的测绘文件，应由该注册测绘师本人进行；因特殊情况，该注册测绘师不能进行修改的，应由其他注册测绘师修改，并签字、加盖印章，同时对修改部分承担责任。

因测绘地理信息成果质量问题造成的经济损失，由注册单位承担赔偿责任。注册单位依法向承担该业务的注册测绘师追责。

4. 执业费用

注册测绘师从事执业活动，由其所在单位接受委托并统一收费。因测绘成果质量问题造成的经济损失，接受委托的单位应承担赔偿责任。接受委托的单位依法向承担测绘业务的注册测绘师追偿。

(六)注册测绘师权利和义务

1. 注册测绘师权利

注册测绘师享有下列权利：

(1)使用注册测绘师称谓；

(2)保管和使用本人的《中华人民共和国注册测绘师注册证》和执业印章；

(3)在规定的范围内从事测绘执业活动；

(4)接受继续教育；

(5)对违反法律、法规和有关技术规范的行为提出劝告，并向上级测绘行政主管部门报告；

(6)获得与执业责任相应的劳动报酬；

(7)对侵犯本人执业权利的行为进行申诉。

2. 注册测绘师义务

(1)遵守法律、行政法规和有关管理规定，恪守职业道德；

(2)执行测绘技术标准和规范；

(3)履行岗位职责，保证执业活动成果质量，并承担相应责任；

(4)保守知悉的国家秘密和委托单位的商业、技术秘密；

(5)只受聘于一个有测绘资质的单位执业；

(6)不准他人以本人名义执业;
(7)更新专业知识,提高专业技术水平;
(8)完成注册管理机构交办的相关工作。

三、测绘作业证

为使测绘工作顺利进行,保障测绘外业人员进行测绘活动时的基本权利,根据《测绘法》制定《测绘作业证管理规定》。2004年2月5日国家测绘局局务会议修订通过《测绘作业证管理规定》,同年4月19日以国测法字〔2004〕5号发布,自2004年6月1日起施行。

(一)《测绘法》的相关规定

第三十一条　测绘人员进行测绘活动时,应当持有测绘作业证件。任何单位和个人不得阻碍测绘人员依法进行测绘活动。

第三十二条　测绘单位的测绘资质证书、测绘专业技术人员的执业证书和测绘人员的测绘作业证件的式样,由国务院测绘地理信息主管部门统一规定。

第四十四条　测绘人员使用永久性测量标志,应当持有测绘作业证件,并保证测量标志的完好。

(二)测绘作业证的取得

国家测绘局负责测绘作业证的统一管理工作,省、自治区、直辖市人民政府测绘行政主管部门负责本行政区域内测绘作业证的审核、发放和监督管理工作。省、自治区、直辖市人民政府测绘行政主管部门,可将测绘作业证的受理、审核、发放、注册核准等工作委托市(地)级人民政府测绘行政主管部门承担。测绘作业证的式样,由国家测绘局统一规定。测绘作业证在全国范围内通用。

1. 取得测绘作业证的条件

(1)须在具有测绘资质的单位从业。申请测绘作业证是取得测绘资质证书的单位为本单位的测绘人员申请,未取得测绘资质证书的单位不得为测绘人员申请测绘作业证,个人不能直接申请。

(2)测绘作业证主要是保障外业测绘人员的合法权利,申请领取测绘作业证的人员应当主要是从事测绘外业工作的人员和其他需要持有测绘作业证的人员。

2. 申领测绘作业证程序

测绘单位申领测绘作业证,应当向单位所在地的省、自治区、直辖市人民政府测绘行政主管部门或者其委托的市(地)级人民政府测绘行政主管部门提出办证申请,并需填写《测绘作业证申请表》和《测绘作业证申请汇总表》。

省、自治区、直辖市人民政府测绘行政主管部门或者其委托的市(地)级人民政府测绘行政主管部门应当自收到办证申请,并确认各种报表及各项手续完备之日起三十日内,完成测绘作业证的审核发证工作。

领证单位必须如实反映领证人员情况，严格执行领证规定，不得弄虚作假、虚报冒领，并对领证人员的真实情况负责。

3. 测绘作业证的收费

测绘单位领取测绘作业证，应当交纳证件工本费。测绘作业证工本费收费依照国务院有关主管部门核定的标准执行。

4. 测绘作业证的注册

测绘作业证由省、自治区、直辖市人民政府测绘行政主管部门或者其委托的市(地)级人民政府测绘行政主管部门负责注册核准。每次注册核准有效期为三年。注册核准有效期满前三十日内，各测绘单位应当将测绘作业证送交单位所在地的省、自治区、直辖市人民政府测绘行政主管部门或者其委托的市(地)级人民政府测绘行政主管部门注册核准。过期不注册核准的测绘作业证无效。

5. 测绘作业证的丢失与补发

测绘人员遗失测绘作业证，应当立即向本单位报告并说明情况。所在单位应当及时向发证机关书面报告情况。

测绘人员离(退)休或调离工作单位的，必须由原所在测绘单位收回测绘作业证，并及时上交发证机关。测绘人员调往其他测绘单位的，由新调入单位重新申领测绘作业证。

测绘单位办理遗失证件的补证和旧证换新证的，省、自治区、直辖市人民政府测绘行政主管部门或者其委托的市(地)级人民政府测绘行政主管部门应当自收到补(换)证申请之日起三十日内，完成补(换)证工作。

(三)测绘作业证的使用

领证单位必须如实反映领证人员情况，严格执行领证规定，不得弄虚作假、虚报冒领，并对领证人员的真实情况负责。

《测绘作业证管理规定》第七条规定，测绘人员在下列情况下应当主动出示测绘作业证：

(1)进入机关、企业、住宅小区、耕地或者其他地块进行测绘时；

(2)使用测量标志时；

(3)接受测绘行政主管部门的执法监督检查时；

(4)办理与所进行的测绘活动相关的其他事项时。

进入保密单位、军事禁区和法律法规规定的需经特殊审批的区域进行测绘活动时，还应当按照规定持有关部门的批准文件。

各有关部门、单位和个人，对依法进行外业测绘活动的测绘人员应当提供测绘工作便利并给予必要的协助。任何单位和个人不得阻挠和妨碍测绘人员依法进行的测绘活动。测绘人员进行测绘活动时，应当遵守国家法律法规，保守国家秘密，遵守职业道德，不得损毁国家、集体和他人的财产。测绘人员必须依法使用测绘作业证，不得利用测绘作业证从事与其测绘工作身份无关的活动。测绘人员对测绘作业证应当妥善保存，防止遗失，不得损毁，不得涂改。测绘作业证只限持证人本人使用，不得转借他人。

(四)责任

测绘人员有下列行为之一的，由所在单位收回其测绘作业证并及时交回发证机关，对情节

严重者依法给予行政处分;构成犯罪的,依法追究刑事责任:

(1)将测绘作业证转借他人的;

(2)擅自涂改测绘作业证的;

(3)利用测绘作业证严重违反工作纪律、职业道德或者损害国家、集体或者他人利益的;

(4)利用测绘作业证进行欺诈及其他违法活动的。

测绘单位申报材料不真实,虚报冒领测绘作业证的,由省、自治区、直辖市人民政府测绘行政主管部门收回冒领的证件,并根据其情节给予通报批评。

案例启示

2007 年 9 月,青海省测绘局接到举报,反映青海省某科技有限公司非法从事采集地理空间信息数据活动。经调查,2006—2007 年该公司在从事西宁市城市交通智能网络管理系统及安全技术防范产品销售活动中,未取得测绘资质证书,擅自进行地理空间信息数据采集,并对获取的信息和数据进行加工处理。

青海省某科技有限公司的行为,违反了《中华人民共和国测绘法》第二十二条的规定:“国家对从事测绘活动的单位实行测绘资质管理制度。从事测绘活动的单位应当具备下列条件,并依法取得相应等级的测绘资质证书后,方可从事测绘活动:有与其从事的测绘活动相适应的专业技术人员;有与其从事的测绘活动相适应的技术装备和设施;有健全的技术、质量保证体系和测绘成果及资料档案管理制度;具备国务院测绘行政主管部门规定的其他条件。”

青海省测绘局于 2007 年 9 月 20 日依据《中华人民共和国测绘法》第四十二条“违反本法规定,未取得测绘资质证书,擅自从事测绘活动的,责令停止违法行为,没收违法所得和测绘成果,并处测绘约定报酬一倍以上二倍以下的罚款”,对青海省某科技有限公司作出责令停止违法测绘活动,没收违法所得人民币 1 万元和测绘成果的行政处罚。

未取得测绘资质擅自从事测绘活动会受到法律惩处,大家在今后的测绘工作中要遵守测绘法律法规,牢固树立依法测绘的观念。

课后练习题

一、单选题

1. 根据《测绘资质管理办法》,我国测绘资质的专业范围共分(　　)类。

A. 10　　B. 11　　C. 12　　D. 13

2. 从事测绘活动的单位应当取得(　　)。

A. 测绘许可证　　B. 测绘资质证书　　C. 测绘资格证书　　D. 测绘作业证

3. 某测绘单位的测绘资质证书载明的业务范围是工程测量，对大地测量项目的招标邀请，该单位正确的做法是（　　）。

A. 使用本单位测绘资质证书投标　　B. 使用其他单位测绘资质证书投标

C. 不参与投标　　D. 联合其他单位进行投标

4. 测绘资质证书有效期最长不超过（　　）。

A. 1 年　　B. 3 年　　C. 5 年　　D. 8 年

5.（2012 年真题）测绘资质证书编号形式正确的是（　　）。

A. 省、自治区、直辖市编号＋顺序号＋测资字＋等级

B. 等级＋省、自治区、直辖市编号＋顺序号＋测资字

C. 等级＋测资字＋省、自治区、直辖市编号＋顺序号

D. 省、自治区、直辖市编号＋顺序号＋等级＋测资字

6. 下列关于测绘资质证书有效期的说法中，正确的是（　　）。

A. 测绘资质证书有效期最长不超过 8 年

B. 申请延续测绘资质证书有效期，应当在有效期满 30 日前提出

C. 测绘资质证书有效期满需要延续的，应当向国务院测绘行政主管部门申请办理延续手续

7. 符合条件的，经批准，测绘资质证书有效期 5 年，根据《测绘资质管理办法》，测绘质检机构取得注册测绘师资格的人员经（　　）后，以注册测绘师名义开展工作。

A. 批准　　B. 登记

C. 考核合格　　D. 注册

8. 关于注册测绘师应履行的义务的说法，错误的是（　　）。

A. 应当履行岗位职责，保证执业活动成果质量，并承担相应责任

B. 可以同时受聘于两个测绘单位执业

C. 不准他人以本人名义执业

D. 应当更新专业知识，提高专业技术水平

9. 根据《注册测绘师执业管理办法（试行）》，在一个注册有效期内，注册测绘师继续教育的必修内容和选修内容均不得少于（　　）学时。

A. 30　　B. 40　　C. 60　　D. 80

10. 根据《测绘作业证管理规定》，下列人员中，应当领取测绘作业证的是（　　）。

A. 注册测绘师　　B. 测绘行业技师

C. 测绘外业作业人员　　D. 测绘内业作业人员

11. 根据《测绘作业证管理规定》，下列关于测绘作业证的说法中，错误的是（　　）。

A. 所有测绘人员必须领取测绘作业证

B. 进入机关、企业、住宅小区进行测绘时，应当主动出示测绘作业证

C. 使用测量标志或者接受监督检查时，应当主动出示测绘作业证

D. 遗失测绘作业证，应当立即向所在单位报告并说明情况

12. 关于测绘人员调离或退休后测绘作业证的处理，错误的是（　　）。

A. 收回调离人员的测绘作业证

B. 由调离或退休人员自行销毁

C. 收回退休人员测绘许可证

D. 对调离人员，由其新调入单位为其申领测绘作业

二、简答题

1. 什么是测绘资质？
2. 简述我国测绘资质的等级及测绘资质专业范围。
3. 注册测绘师的权利和义务有哪些？
4. 什么情况下应当主动出示测绘作业证？

第3章 测绘基准和测绘系统

【学习导入】

本章主要介绍我国的测绘基准和测绘系统，以及测量标志保护相关规定。

通过对本章的学习，学生能够熟悉测绘法中有关测绘基准和测绘系统的规定，了解《建立相对独立的平面坐标系统管理办法》中，相对独立的平面坐标系统的合法性和有关当事人义务的履行情况；熟悉测绘法中有关测量标志的规定和《测量标志保护条例》，确认建设、保管、拆迁使用、检查维修，以及保护测量标志的义务。

【学习目标】

知识目标：了解我国的测绘基准和测绘系统；掌握测量标志保护的基本要求。

能力目标：理解测绘基准的概念、特征和管理；能够阐述测量标准保管与维护要求。

素质目标：培养学生爱国主义、无私奉献、精益求精的精神，树立民族自信心和自豪感。

一、测绘基准

《测绘法》中对于测绘基准和测绘系统管理作出了明确规定。为规范相对独立的平面坐标系统管理，避免重复投入，促进测绘成果共享与时空数据的互联互通，2023 年 6 月 11 日，自然资源部对《建立相对独立的平面坐标系统管理办法》进行了修订，并印发实施。

（一）测绘基准的概念和特征

1. 测绘基准的概念

测绘基准是指一个国家的整个测绘的起算依据和各种测绘系统的基础，测绘基准包括所选用的各种大地测量参数、统一的起算面、起算基准点、起算方位以及有关的地点、设施和名称等。我国目前采用的测绘基准主要包括大地基准、高程基准、深度基准和重力基准。

(1)大地基准。大地基准是建立大地坐标系统和测量空间点点位的大地坐标的基本依据。我国目前大多数地区采用的大地基准是1980西安坐标系，其大地测量常数采用国际大地测量学和地球物理学联合会第16届大会(1975年)推荐值，大地原点设在陕西省泾阳县永乐镇，如图3-1所示。2008年7月1日，经国务院批准，我国正式启用2000国家大地坐标系，2000国家大地坐标系是全球地心坐标系在我国的具体体现。

图3-1 国家大地原点

(2)高程基准。高程基准是建立高程系统和测量空间点高程的基本依据。我国目前采用的高程基准为1985国家高程基准。

(3)重力基准。重力基准是建立重力测量系统和测量空间点的重力值的基本依据。我国目前采用的重力基准为2000国家重力基准网。

(4)深度基准。深度基准是海洋深度测量和海图上图载水深的基本依据。我国目前采用的深度基准因海区不同而有所不同。中国海区从1956年采用理论最低潮面(即理论深度基准面)作为深度基准。内河、湖泊采用最低水位、平均低水位或设计水位作为深度基准。

2. 测绘基准的特征

(1)科学性。任何测绘基准都是依靠严密的科学理论、科学手段和方法经过严密的演算和施测建立起来的，其形成的数学基础和物理结构都必须符合科学理论和方法的要求，从而使测绘基准具有科学性特点。

(2)统一性。为保证测绘成果的科学性、系统性和可靠性，满足科学研究、经济建设和国防建设的需要，一个国家和地区的测绘基准必须是严格统一的。测绘基准不统一，不仅使测绘成果不具有可比性和衔接性，也会对国家安全和城市建设以及社会管理带来不良的后果。

(3)法定性。测绘基准由国务院批准，测绘基准数据由国务院测绘地理信息主管部门负责审核，测绘基准的设立必须符合国家的有关规范和要求，使用测绘基准由国家法律规定，从而使测绘基准具有法定性特征。

(4)稳定性。测绘基准是一切测绘活动和测绘成果的基础和依据，测绘基准一经建立，便具有相对稳定性，在一定时期内不能轻易改变。

(二)测绘基准管理

《测绘法》对测绘基准的规定，主要体现在以下两方面。

1. 国家规定测绘基准

测绘基准是国家整个测绘工作的基础和起算依据。为保证国家测绘成果的整体性、系统性和科学性，实现测绘成果起算依据的统一，保障测绘事业为国家经济建设、国防建设和社会发展服务，《测绘法》明确规定从事测绘活动，应当使用国家规定的测绘基准和测绘系统，执行国家规定的测绘技术规范和标准。目前，国家规定的测绘基准包括大地基准、高程基准、深度基准和重力基准。

国家对测绘基准的规定是非常严格的。一方面，体现在测绘基准的数据由国务院测绘地理信息主管部门审核后，还必须与国务院其他有关部门、军队测绘部门进行会商，充分听取各相关部门的意见。另一方面，测绘基准的数据经相关部门审核后，必须经过国务院批准后才能实施，各项测绘基准数据经国务院批准后，便成为所有测绘活动的起算依据。

2. 国家要求使用统一的测绘基准

《测绘法》规定从事测绘活动应当使用国家规定的测绘基准和测绘系统。从事测绘活动使用国家规定的测绘基准是从事测绘活动的基本技术原则和前提，不使用国家规定的测绘基准，要依法承担相应的法律责任。2009 年 5 月 12 日国务院颁布的《基础测绘条例》规定，实施基础测绘项目，不使用全国统一的测绘基准和测绘系统或者不执行国家规定的测绘技术规范和标准的，责令限期改正，给予警告，可以并处 10 万元以下罚款；对负有直接责任的主管人员和其他直接责任人员，依法给予处分。

二、测绘系统

(一)测绘系统的概念

测绘系统是指由测绘基准延伸，在一定范围内布设的各种测量控制网，它们是各类测绘成果的依据，包括大地坐标系统、平面坐标系统、高程系统、地心坐标系统和重力测量系统。

1. 大地坐标系统

大地坐标系统是用来表述地球点的位置的一种地球坐标系统。它采用一个接近地球整体形状的椭球作为点的位置及其相互关系的数学基础，大地坐标系统的三个坐标是大地经度、大地纬度、大地高。我国先后采用的 1954 北京坐标系、1980 西安坐标系和 2000 国家大地坐标系，是我国在不同时期采用的大地坐标系统。

2. 平面坐标系统

平面坐标系统是指确定地面点的平面位置所采用的一种坐标系统。大地坐标系统是建立在椭球面上的，而绘制的地图则是在平面上的。因此，必须通过地图投影把椭球面上的点的大地坐标科学地转换成展绘在平面上的平面坐标。平面坐标用平面上两轴相交成直角的纵、横坐标表示。我国陆地上统一采用的平面坐标系统是高斯平面坐标系，如图 3-2 所示，它是利用高斯-克吕格投影将不可平展的地球椭球面转换成平面而建立的一种平面直角坐标系。

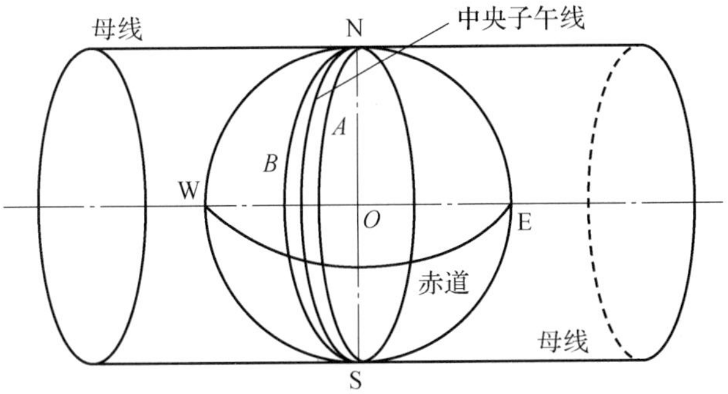

图 3-2　高斯-克吕格投影

3. 高程系统

高程系统是用以传算全国高程测量控制网中各点高程所采用的统一系统。我国规定采用的高程系统是正常高系统，高程起算依据是 1985 国家高程基准。

4. 地心坐标系统

地心坐标系统是以坐标原点与地球质心重合的大地坐标系统，或空间直角坐标系统。我国目前采用的 2000 国家大地坐标系即是全球地心坐标系在我国的具体体现，其原点为包括海洋和大气的整个地球的质量中心。

国家测绘局在 2008 年发布的公告中指出，2008 年 7 月 1 日后新生产的各类测绘成果应采用 2000 国家大地坐标系。

5. 重力测量系统

重力测量系统是指重力测量施测与计算所依据的重力测量基准和计算重力异常所采用的正常重力公式的总称。我国曾先后采用的 57 重力测量系统、85 重力测量系统和 2000 重力测量系统，即为我国在不同时期的重力测量系统。

(二)测绘系统管理

《测绘法》对测绘系统管理进行了明确的规定，并设立了严格的测绘法律责任。

1. 测绘系统管理的基本法律规定

(1)从事测绘活动要使用国家规定的测绘系统。《测绘法》第五条对此作出了具体规定。

(2)国家建立全国统一的大地坐标系统、平面坐标系统、高程系统、地心坐标系统和重力测量系统，确定国家大地测量等级和精度。《测绘法》第九条对国家建立统一的测绘系统进行了规定，并明确测绘系统的具体规范和要求由国务院测绘地理信息主管部门会同国务院其他有关部门、军队测绘部门制定。

(3)采用国际坐标系统和建立相对独立的平面坐标系统要依法经过批准。《测绘法》明确规定采用国际坐标系统，在不妨碍国家安全的前提下，必须经国务院测绘地理信息主管部门会同军队测绘部门批准。因建设、城市规划和科学研究的需要，大城市和国家重大工程项目确需建立相对独立的平面坐标系统的，由国务院测绘地理信息主管部门批准；其他确需建立相对独立的平面坐标系统的，由省、自治区、直辖市人民政府测绘地理信息主管部门批准。

(4)未经批准擅自采用国际坐标系统和建立相对独立的平面坐标系统的,应当承担相应的法律责任。《测绘法》第五十二条对此进行了规定。

2. 测绘系统管理的职责

(1)国务院测绘地理信息主管部门的职责。

①负责建立全国统一的大地坐标系统、平面坐标系统、高程系统、地心坐标系统和重力测量系统。

②会同国务院其他有关部门、军队测绘部门制定国家大地测量等级和精度以及国家基本比例尺地图的系列和基本精度的具体规范和要求。

③会同军队测绘部门审批国际坐标系统。

④负责因建设、城市规划和科学研究的需要,大城市和国家重大工程项目确需建立相对独立的平面坐标系统的审批。

⑤负责全国测绘系统的维护和统一监督管理。

(2)省级测绘地理信息主管部门的职责。

①建立本省行政区域内与国家测绘系统相统一的大地控制网和高程控制网。

②负责因建设、城市规划和科学研究的需要,除大城市和国家重大工程项目以外确需建立相对独立的平面坐标系统的审批。

③负责本省行政区域内全国统一的测绘系统的维护和统一监督管理。

(3)市、县级测绘行政主管部门的职责

按照现行测绘法律法规的规定,市、县级测绘行政主管部门的职责主要包括:

①建立本行政区域内与国家测绘系统相统一的大地控制网和高程控制网的加密网。

②负责测绘系统的维护和统一监督管理。

(三)国际坐标系统管理

1. 国际坐标系统的概念

国际坐标系统是指全球性的坐标系统,或者国际区域性的坐标系统,或者其他国家建立的坐标系统。随着全球卫星定位技术的广泛应用,在中华人民共和国领域和管辖的其他海域采用国际坐标系统比较方便,也易于交流,但与现行坐标系统不一致。考虑到维护国家安全等因素,在不妨碍国家安全的情况下,确有必要采用国际坐标系统的,必须经国务院测绘地理信息主管部门会同军队测绘部门批准。

2. 采用国际坐标系统的条件

采用国际坐标系统,必须坚持三个原则:一是在我国采用国际坐标系统必须以不妨碍国家安全为原则,对于妨碍国家安全的,不允许其采用国际坐标系统;二是采用国际坐标系统必须以确有必要为原则;三是采用国际坐标系统,必须以经国务院测绘地理信息主管部门会同军队测绘部门审批为原则。按照上述原则,申请采用国际坐标系统,必须符合下列条件:

(1)国家现有坐标系统不能满足需要,而采用国际坐标系统的。

(2)采用国际坐标系统后的资料,将为社会公众提供的。

(3)在较大区域范围内采用国际坐标系统的。

(4)其他确有必要采用国际坐标系统的。

(5)独立的法人单位或者政府相关部门。

(6)有健全的测绘成果及资料档案管理制度。

3. 申请采用国际坐标系统需要提交的材料

(1)采用国家坐标系统申请书。

(2)采用国际坐标系统的理由。

(3)申请人企业法人营业执照或机关、事业单位法人证书。

(4)能够反映申请单位的测绘成果与资料档案管理制度的证明文件。

申请采用国际坐标系统的单位,应当按照国家测绘局发布的《采用国际坐标系统审批程序规定》的要求,经许可后,方可采用国际坐标系统。

(四)相对独立的平面坐标系统管理

相对独立的平面坐标系统管理主要依据自然资源部2023年印发的《建立相对独立平面坐标系统管理办法》执行。

1. 相对独立的平面坐标系统的概念

相对独立的平面坐标系统(简称"独立坐标系"),是指为满足在局部地区进行大比例尺测图和工程测量的需要,以任意点和方向起算建立的平面坐标系统或者在全国统一的坐标系统基础上,进行中央子午线投影变换以及平移、旋转等而建立的平面坐标系统。相对独立的平面坐标系统是一种非国家统一的,但与国家统一坐标系统相联系的平面坐标系统。这种独立的平面坐标系统通过与国家坐标系统之间的联测,确定两种坐标系统之间的数学转换关系,即为相对独立的平面坐标系统与国家坐标系统相联系。

2. 建立相对独立的平面坐标系统的原则

独立坐标系坚持"非必要不建立"原则,基于2000国家大地坐标系采用标准分带进行投影或者已依法建有基于2000国家大地坐标系的独立坐标系能满足需要的,不再建立独立坐标系。原则上一个地级以上城市行政区划范围内只允许建立一个城市坐标系。工程项目所在地的城市坐标系能够满足工程项目建设需要的,不再另行建立工程坐标系。

3. 建立相对独立的平面坐标系统的申请

(1)申请主体。城市坐标系的申请人为所在地人民政府自然资源主管部门,工程坐标系的申请人为工程建设单位。

(2)申请人应当向审批机关提交下列申请材料:

①《建立相对独立的平面坐标系统申请书》,属于建立城市坐标系的申请应当附该市人民政府同意建立的文件;

②建立相对独立的平面坐标系统技术设计书;

③独立坐标系测绘成果保管单位测绘成果资料保管制度及与之配套的装备设施等相关材料。

(3)申请方式。申请人可自主选择线上、线下两种方式之一提交申请材料,并对申请材料的真实性负责。在线提交的申请材料均不得涉密,涉密内容应当按照符合保密管理规定的程序提交。

申请人提交的申请材料齐全、符合规定形式要求的,审批机关应当受理申请。申请材料不齐全或者不符合规定形式的，审批机关应当在五个工作日内一次性告知申请人需要补正的全部内容，逾期不告知的，自收到申请材料之日起即为受理。

申请事项依法不属于本审批机关职权范围的，应当即时作出不予受理的决定，并告知申请人向有关审批机关申请。

3. 建立相对独立的平面坐标系统的审批

(1)审批主体。

①根据国务院城市规模划分标准确定的地级以上的大城市、特大城市、超大城市和国家重大工程项目确需建立独立坐标系的，由国务院自然资源主管部门负责审批。

②其他确需建立独立坐标系的，由所在省、自治区、直辖市人民政府自然资源主管部门负责审批(陕西、黑龙江、四川、海南测绘地理信息局负责本行政区域独立坐标系的审批，下同)。

(2)审查和评审。审批机关受理申请后，应当依据本办法对申请材料进行审查和组织专家评审。

审查内容主要包括：独立坐标系名称、类别、申请人是否符合规定，技术设计书编制单位是否具备国家规定的大地测量专业类别的测绘资质，拟建独立坐标系是否基于2000国家大地坐标系并与2000国家大地坐标系相联系，技术设计书需阐述的要素是否齐全。

评审内容主要包括：独立坐标系建设必要性是否充分，技术方案是否科学可行，测绘成果资料的保管制度及装备设施是否健全完备，申请材料是否含有虚假内容。

(3)审批时限。审批机关应当自受理建立独立坐标系的申请之日起二十个工作日内作出行政许可决定。二十个工作日内不能作出行政许可决定的，经本审批机关负责人批准，可以延长十个工作日，并将延长期限的理由告知申请人。审批机关作出行政许可决定后，应当自作出决定之日起十个工作日内向申请人送达决定。

国务院自然资源主管部门作出的行政许可决定，应当同时抄送独立坐标系所在地省级自然资源主管部门。

4. 相对独立的平面坐标系统的过渡

城市坐标系经审批机关批准后，市人民政府自然资源主管部门应向社会公开发布城市坐标系的启用时间、测绘成果保管单位和与原有城市坐标系转换、衔接的过渡期。

自启用时间开始，在新批准的城市坐标系覆盖范围内从事测绘地理信息及其相关活动，应当使用新批准的城市坐标系。

新旧城市坐标系转换、衔接的过渡期自公开发布的启用时间起算，一般不超过三年。过渡期内，现有各类测绘地理信息成果和地理信息系统应根据实际情况逐步转换到新批准的城市坐标系。过渡期结束后原有城市坐标系全部停止使用。

5. 建立相对独立的平面坐标系统的监督管理

县级以上人民政府自然资源主管部门，应当加强对本行政区域内独立坐标系的监督管理，对下列内容进行监管：

(1)是否存在未经批准擅自建立独立坐标系的行为；

(2)是否存在同一个城市违规建立多个城市坐标系的行为；

(3)是否存在未按规定向社会公开发布城市坐标系的行为；

(4)是否存在未按照测绘成果管理有关规定保管和使用独立坐标系参数成果的行为；

(5)是否存在未按照保密法律法规的有关规定保管和使用独立坐标系与国家大地坐标系之间的转换参数的行为。

6. 建立相对独立的平面坐标系统的法律责任

申请人违反《建立相对独立的平面坐标系统管理办法》，隐瞒有关情况或者提供虚假材料申请建立独立坐标系的，审批机关应当依照《中华人民共和国行政许可法》第七十八条的规定作出不予受理的决定或者不予批准的决定，并给予警告。

《中华人民共和国行政许可法》第七十八条规定，行政许可申请人隐瞒有关情况或者提供虚假材料申请行政许可的，行政机关不予受理或者不予行政许可，并给予警告；行政许可申请直接关系公共安全、人身健康、生命财产安全事项的，申请人在一年内不得再次申请该行政许可。

违反《建立相对独立的平面坐标系统管理办法》，未经批准擅自建立独立坐标系的，依照《测绘法》第五十二条的规定予以处罚。

《测绘法》第五十二条规定，违反本法规定，未经批准擅自建立相对独立的平面坐标系统，或者采用不符合国家标准的基础地理信息数据建立地理信息系统的，给予警告，责令改正，可以并处五十万元以下的罚款；对直接负责的主管人员和其他直接责任人员，依法给予处分。

三、测量标志

测量标志是国家重要的基础设施，是国家经济建设、国防建设、科学研究和社会发展的重要基础。长期以来，国家在我国陆地和海洋边界内布设了大量的用于标定测量控制点空间地理位置的永久性测量标志，包括各等级的三角点、基线点、导线点、军用控制点、重力点、天文点、水准点和卫星定位点的木质觇标和标石标志、GPS卫星地面跟踪站以及海底大地点设施等，这些标志在我国各个时期的国民经济建设和国防建设中都发挥了巨大的作用，是国家一笔十分宝贵的财富。

国家对测量标志保护和管理十分重视。1955年12月29日，周恩来总理签署了《关于长期保护测量标志的命令》。1981年9月12日，国务院和中央军委联合发布了《关于长期保护测量标志的通告》。1984年1月7日，国务院公布了《测量标志保护条例》。1992年12月28日，全国人大第二十九次会议审议通过了我国第一部《测绘法》，对测量标志保护的基本原则和要求进行了规定。1996年9月4日，国务院重新修订发布了《中华人民共和国测量标志保护条例》，使测量标志保护制度进一步得到完善。2002年8月29日，全国人大重新修订出台的《测绘法》建立了统一监督管理的测绘行政管理体制，进一步强化了测量标志管理职责。现行《测绘法》第七章对测量标志保护作出了明确的规定。

(一)测量标志的概念

测量标志是在陆地和海洋标定测量控制点位置的标石、觇标以及其他标记的总称，如图3-3所示。标石一般是指埋设于地下一定深度，用于测量和标定不同类型控制点的地理坐标、高程、重力、方位、长度等要素的固定标志;觇标是指建在地面上或者建筑物顶部的测量专用标架,作为观测照准目标和提升仪器高度的基础设施。根据使用用途和时间期限,测量标志可分为永久性测量标志和临时性测量标志两种。

图 3-3 测量标志

1. 永久性测量标志

永久性测量标志是指设有固定标志物以供测量标志使用单位长期使用的需要永久保存的测量标志,包括国家各等级的三角点、基线点、导线点、军用控制点、重力点、天文点、水准点和卫星定位点的木质觇标、钢质觇标和标石标志,以及用于地形测图、工程测量和形变测量等的固定标志和海底大地点设施等。

2. 临时性测量标志

临时性测量标志是指测绘单位在测量过程中临时设立和使用的,不需要长期保存的标志和标记。如测站点的木桩、活动觇标、测旗、测杆、航空摄影的地面标志、描绘在地面或者建筑物上的标记等,都属于临时性测量标志。

(二)测量标志管理职责

1. 各级人民政府

(1)加强对测量标志保护工作的领导,采取有效措施加强测量标志保护工作,增强公民依法保护测量标志的意识。

(2)对在测量标志保护工作中有显著成绩的单位和个人给予奖励。

(3)将测量标志保护经费列入当地政府财政预算和年度计划。

2. 国务院自然资源主管部门

(1)研究制定有关测量标志保护的行政法规(草案)、规章和相关政策,制定测量标志有偿使用的具体办法。

(2)组织制定全国测量标志保护规划和普查、维修年度计划。

(3)组织测量标志保护法律、法规的宣传,提高全民的测量标志保护意识。

(4)负责国家一、二等永久性测量标志的拆迁审批。

(5)检查、维护国家一、二等永久性测量标志。

(6)依法查处损毁测量标志的违法行为。

3. 省级自然资源主管部门

(1)组织贯彻实施有关测量标志保护的法律、法规和规章。

(2)参与制定或者制定测量标志保护的地方法规、规章和规范性文件。

(3)负责国家和本省统一设置的四等以上三角点、水准点和D级以上全球卫星定位控制点的测量标志的迁建审批工作。

(4)制定全省测量标志普查和维修年度计划及定期普查维护制度。

(5)组织建立永久性测量标志档案。

(6)组织实施永久性测量标志的检查、维护和管理工作。

(7)查处永久性测量标志违法案件。

4. 市、县(市)人民政府自然资源主管部门

(1)组织贯彻实施有关测量标志保护的法律、法规、规章和相关政策。

(2)负责本市、县(市)设置的永久性测量标志的迁建审批工作。

(3)建立和修订永久性测量标志档案。

(4)负责永久性测量标志的检查、维护和管理工作。

(5)负责永久性测量标志的统计、报告工作。

(6)处理永久性测量标志损毁事件以及因测量标志损坏造成的事故。

(7)查处违反测量标志保护有关法律、法规和规章的行为。

5. 乡(镇)人民政府

《测绘法》规定,乡级人民政府应当做好本行政区域内的测量标志保护工作。主要体现在以下几个方面:

(1)宣传贯彻测量标志保护的法律、法规、规章和测量标志保护政策。

(2)确定永久性测量标志的保管单位或者人员,并对其保管责任的落实情况进行监督检查。

(3)根据自然资源主管部门委托,办理永久性测量标志委托保管手续。

(4)负责永久性测量标志的日常检查,制止损毁永久性测量标志的行为,并定期向当地自然资源主管部门报告测量标志保护情况。

(三)测量标志建设

测量标志建设是指测绘单位或者工程项目建设单位为满足测绘工作的需要而建造、设立固定标志的活动。关于测量标志建设,《测绘法》和《中华人民共和国测量标志保护条例》都有明确的规定,主要体现在以下几个方面:

(1)使用国家规定的测绘基准和测绘标准。

(2)选择有利于测量标志长期保护和管理的点位。

(3)设置永久性测量标志的,应当对永久性测量标志设立明显标记;设置基础性测量标志的,还应当设立由国务院自然资源主管部门统一监制的专门标牌。

(4)设置永久性测量标志,需要依法使用土地或者在建筑物上建设永久性测量标志的,有关单位和个人不得干扰和阻挠。建设永久性测量标志需要占用土地的,地面标志占用土地的范围为36～100 m^2,地下标志占用土地的范围为16～36 m^2。

(5)设置永久性测量标志的部门应当将永久性测量标志委托测量标志设置地的有关单位或者人员负责保管，签订测量标志委托保管书，明确委托方和被委托方的权利和义务，并由委托方将委托保管书抄送乡级人民政府和县级以上地方人民政府管理测绘工作的部门备案。

(6)符合法律、法规规定的其他要求。

(四)测量标志保管与维护

1.测量标志保管

(1)设立明显标记。永久性测量标志是建立在地面或者地下的固定标志。为了防止永久性测量标志遭到破坏，必须设立明显的标记，使人们能够很方便地识别测量标志，进而达到保护的目的。《测绘法》第三十六条规定，永久性测量标志的建设单位应当对永久性测量标志设立明显标记，并委托当地有关单位指派专人负责保管。

(2)实行委托保管制度。测量标志分布面广，数量巨大，保护测量标志必须充分依靠当地的人民群众。《测量标志保护条例》规定，设置永久性测量标志的部门应当将永久性测量标志委托测量标志设置地的有关单位或者人员负责保管，签订测量标志委托保管书，明确委托方和被委托方的权利和义务，并由委托方将委托保管书抄送乡级人民政府和县级以上人民政府管理测绘工作的部门备案。

测量标志保管人员的职责主要包括：①经常检查测量标志的使用情况，查验永久性测量标志使用后的完好状况；②发现永久性测量标志有移动或者损毁的情况，及时向当地乡级人民政府报告；③制止、检举和控告移动、损毁、盗窃永久性测量标志的行为；④查询使用永久性测量标志的测绘人员的有关情况。

根据《测量标志保护条例》的规定，国务院其他有关部门按照国务院规定的职责分工，负责管理本部门专用的测量标志保护工作。军队测绘部门负责管理军事部门测量标志保护工作，并按照国务院、中央军事委员会规定的职责分工负责管理海洋基础测量标志保护工作。

(3)工程建设要避开永久性测量标志。工程建设避开永久性测量标志是指在两个相邻测量标志之间建设建筑物不能影响相邻标志之间相互通视，在测量标志附近建设建筑物不能影响卫星定位设备接收卫星传送信号，工程建设不得造成测量标志沉降或者位移，在测量标志附近建设微波站、广播电视台站、雷达站、架设线路等，要避免受到电磁干扰影响测量仪器正常使用等。为合理保护测量标志，避免工程建设损毁测量标志，《测绘法》明确规定进行工程建设，应当避开永久性测量标志。

(4)拆迁永久性测量标志要经过批准，并支付拆迁费用。工程建设要尽量避开永久性测量标志，但在实际工作中，无法避开永久性测量标志的工程项目非常多，涉及国家重大投资的工程项目、城市规划布局调整等，在大型工程项目实施过程中，造成测量标志损毁或者移动是不可避免的。为此，《测绘法》规定，确实无法避开的，需要拆迁永久性测量标志或者使永久性测量标志失去效能的，应当经省、自治区、直辖市人民政府测绘地理信息主管部门批准，涉及军用控制点的，应当征得军队测绘部门的同意。所需迁建费用由工程建设单位承担，以用于永久性测量标志的恢复重建。

(5)使用测量标志应当持有测绘作业证件，并保证测量标志的完好，永久性测量标志作为测绘基础设施，承载着十分精确的数据信息，是从事测绘活动的基础。非测绘人员随意使用永久性测量标志很容易造成测量标志损坏或者使测量标志失去使用效能。为此，《测绘法》规定测绘人员使用永久性测量标志，必须持有测绘作业证件，并保证测量标志的完好。《测量标志保护条例》规定，违反测绘操作规程进行测绘，使永久性测量标志受到损坏的，无证使用永久性测量标志并且拒绝县级以上人民政府管理测绘工作的部门监督和负责保管测量标志的单位和人员查询的，要依法承担相应的法律责任。

(6)定期组织开展测量标志普查和维护，定期开展测量标志普查和维护工作是保护测量标志的重要措施和手段。设置永久性测量标志的部门应当按照国家有关的测量标志维修规程，对永久性测量标志定期组织维修，保证测量标志正常使用。通过定期组织开展测量标志普查，发现测量标志损毁或者将失去使用效能的，应当及时进行维护，确保测量标志完好。

2. 测量标志拆迁审批职责

(1)国务院自然资源主管部门审批职责。

①国家一、二等三角点(含同等级的大地点)、水准点(含同等级的水准点)。

②国家天文点、重力点(包括地壳形变监测点等具有物理因素的点)，GPS点(B级精度以上)。

③国家明确规定需要重点保护的其他永久性测量标志等。

(2)省级自然资源主管部门审批职责。

①同家三、四等三角点(含同等级的大地点)、水准点(含同等级的水准点)。

②省级自然资源主管部门建立的不同等级的三角点、水准点、GPS点等。

③省级自然资源主管部门明确需要重点保护的其他永久性测量标志。

(3)市、县级自然资源主管部门的审批职责。

①国家平面控制网、高程控制网和空间定位网的加密网点。

②市、县自然资源主管部门自行建造的其他不同等级的三角点、水准点和GPS点。

3. 测量标志维护

测量标志维护是指自然资源主管部门或者测量标志建设单位采用物理加固、设立警示牌等手段确保测量标志完好、能够正常使用的活动。测量标志维护是各级自然资源主管部门的一项重要职责。

(1)开展测量标志普查。测量标志维护要在准确掌握测量标志完好状况的前提下进行。各级自然资源主管部门通过开展测量标志普查，及时了解测量标志损毁程度和分布区域及特点，做到心中有数，为科学编制测量标志维修规划和计划打下基础。开展测量标志普查工作是做好测量标志维护的基础。

(2)制订测量标志维修规划和计划。《测量标志保护条例》第十七条规定，测量标志保护工作应当执行维修规划和计划。全国测量标志维修规划，由国务院自然资源主管部门会同国务院其他有关部门制订。省、自治区、直辖市人民政府管理测绘工作的部门应当组织同级有关部门，根据全国测量标志维修规划，制订本行政区域内的测量标志维修计划，并组织协调有关部门和单位统一实施。制订测量标志维修规划和计划是保障测量标志有序维护的重要保障，对于科学维护、分类管理、强化责任，具有十分重要的意义。

(3)按照测量标志维修规程进行维修。《测量标志保护条例》第十八条规定,设置永久性测量标志的部门应当按照国家有关的测量标志维修规程,对永久性测量标志定期组织维修,保证测量标志正常使用。按照测量标志维修规程,通过筑设加固井、设立防护墙、加设警示牌等方式,修复或者维护测量标志,从而保证测量标志能够正常使用。

(五)测量标志的使用

1. 测量标志使用的基本规定

测量标志使用是指测绘单位在测绘活动中使用测量标志测定地面点空间地理位置的活动。我国《测绘法》《测量标志保护条例》对测绘人员使用永久性测量标志的法律规定主要包括以下内容:

(1)测绘人员使用永久性测量标志,应当持有测绘作业证件,接受县级以上人民政府管理测绘工作的部门的监督和负责保管测量标志的单位和人员的查询,并按照操作规程进行测绘,保证测量标志的完好。

(2)国家对测量标志实行有偿使用,但是使用测量标志从事军事测绘任务的除外。测量标志有偿使用的收入应当用于测量标志的维护、维修,不得挪作他用。

2. 测绘人员的义务

(1)测绘人员使用永久性测量标志,必须持有测绘作业证件,并保证测量标志的完好。

(2)测绘人员根据测绘项目开展情况建立永久性测量标志,应当按照国家有关的技术规定执行,并设立明显的标记。

(3)接受县级以上自然资源主管部门的监督和测量标志保管人员的查询。

(4)依法交纳测绘基础设施使用费。

(5)积极宣传测量标志保护的法律、法规和相关政策。

(六)法律责任

《测绘法》及《测量标志保护条例》对违反测量标志保护法律、行政法规的行为,设定了严格的法律责任,这些行为主要包括在以下几方面:

1. 损毁或者擅自移动永久性测量标志和正在使用中的临时性测量标志的。

2. 侵占永久性测量标志用地的。

3. 在永久性测量标志安全控制范围内从事危害测量标志安全和使用效能的活动的。

4. 在测量标志占地范围内,建设影响测量标志使用效能的建筑物的。

5. 擅自拆除永久性测量标志或者使永久性测量标志失去使用效能,或者拒绝支付迁建费用的。

6. 违反操作规程使用永久性测量标志,造成永久性测量标志毁损的。

7. 无证使用永久性测量标志并且拒绝县级以上人民政府管理测绘工作的部门监督和负责保管测量标志的单位和人员查询的。

8. 干扰或者阻挠测量标志建设单位依法使用土地或者在建筑物上建设永久性测量标志的。

案例启示

2010年7月，重庆市规划监察执法总队测绘支队在巡查时发现某地产集团重庆有限公司开发建设的某项目内的国家大地控制点被毁坏，立即进行了立案调查。

经查，自2009年2月起，重庆市规划监察执法总队测绘支队在巡查时多次检查过该测量标志，并告知建设单位保护好该测量标志，但该单位未按照要求进行保护或者依法搬迁，导致该永久性测量标志在建设过程中被损毁并失去效能。某地产集团重庆有限公司违反了《中华人民共和国测绘法》第三十五条、《中华人民共和国测量标志保护条例》第二十二条关于任何单位和个人不得损毁或者擅自移动测量标志的有关规定。

2010年8月12日，重庆市规划局依据《中华人民共和国测绘法》第五十条、《中华人民共和国测量标志保护条例》第二十三条关于损毁或者擅自移动永久性测量标志的法律责任的有关规定，对某地产集团重庆有限公司作出相应数额罚款的行政处罚，并责成该建设单位到相关行政主管部门办理永久性测量标志拆迁手续，支付该测量标志的迁建费用。

每一个测量标志都凝聚了测绘工作者的艰辛和汗水，甚至是流血和牺牲。测量标志每一个都对应着一组精确的测量成果数据，测绘、资源开发管理、水利、交通、规划、地震、科研，甚至像飞船返回地球的落地都需要使用高精度地面觇标和标石等完好的测量标志为依据。测量标志是受法律保护的极为重要的国家财产，未经批准谁都无权动，否则将被追究法律责任。每个公民都有保护测量标志的义务，凡是破坏测量标志的行为将会受到相应的处罚。作为测绘相关专业学生，应树立保护、爱护测量标志的意识，依法开展测绘工作。

课后练习题

一、单选题

1. 测绘基准不包括（　　）。

A. 所选用的各种大地测量参数　　B. 统一的起算面

C. 各种测量控制网　　D. 起算方位及有关的地点、设施和名称等

2. 某中等城市拟在2011年启动建立城市GPS控制网基础测绘项目。其城市坐标系统应当基于（　　）建立。

A. 1954北京坐标系　　B. 2000国家大地坐标系

C. 1980西安坐标系　　D. 城市独立坐标系

3. 2000国家大地坐标系的原点位于（　　）。

A. 包括海洋和大气的整个地球的质量中心　B. 北京
C. 西安　D. 青岛

4.《测绘法》规定，采用不符合国家标准的基础地理信息数据建立地理信息系统，依法可以并处（　　）的罚款。

A. 1 万元以上 5 万元以下　B. 5 万元以上 10 万元以下
C. 10 万元以上　D. 50 万元以下

5. 下列不属于永久性测量标志的是（　　）。

A. 卫星定位点的标石标志　B. 国家各等级的三角点、水准点
C. 卫星定位点的木质觇标　D. 航空摄影的地面标志

6. 根据《测量标志保护条例》，下列关于测量标志保护制度的说法中，错误的是（　　）。

A. 国家对测量标志实行义务保管制度
B. 国家对测量标志实行有偿使用制度
C. 从事军事测绘任务可以无偿使用测量标志
D. 设置永久性测量标志的，应当设立统一监制的专门标牌

二、简答题

1. 什么是测绘基准？我国目前采用的测绘基准包括哪些？
2. 什么是测绘系统？其包括哪些系统？
3. 什么是相对独立坐标系？建立相对独立坐标系的原则？
4. 什么是测量标志？什么是永久性测量标志？什么是临时测量标志？

第4章 基础测绘

【学习导入】

本章节主要介绍了基础测绘、基础测绘规划、基础测绘项目的组织实施、基础测绘成果的更新。

通过对本章的学习，学生应掌握《测绘法》《基础测绘条例》对基础测绘的统一规定；掌握基础测绘项目承担单位的要求和责任。了解规划编制的分级制度、审批和公布；了解基础测绘成果的更新制度。

【学习目标】

知识目标：了解规划编制的分级制度、审批和公布；了解基础测绘成果的更新制度，基础测绘工程承担单位的要求和责任。掌握《测绘法》《基础测绘条例》对基础测绘的统一规定；重点掌握基础测绘的概念及范围。

能力目标：能够阐述基础测绘项目承担单位的要求和责任。

素质目标：培养学生的爱国主义情怀，教育引导学生形成正确的职业价值观，传承"热爱祖国、忠诚事业、艰苦奋斗、无私奉献"的测绘精神。

一、基础测绘概述

为了加强基础测绘管理，规范基础测绘活动，保障基础测绘事业为国家经济建设、国防建设和社会发展服务，根据《中华人民共和国测绘法》制定了《基础测绘条例》，于2009年5月6日国务院第62次常务会议通过，自2009年8月1日起施行。

（一）基础测绘的内容

基础测绘，是指建立全国统一的测绘基准和测绘系统，进行基础航空摄影，获取基础地理信息的遥感资料，测制和更新国家基本比例尺地图、影像图和数字化产品，建立、更新基础地理信息系统。

1. 建立全国统一的测绘基准和测绘系统

全国统一的测绘基准和测绘系统是各类测绘活动的基础。我国的测绘基准和测绘系统在规模、精度和统一性方面都居于世界先进行列。由于需要不断精化、完善、复测，因此，建立和维护全国统一的测绘基准和测绘系统是一项长期的任务。

2. 进行基础航空摄影

航空摄影是获取基础地理信息的主要手段，其主要成果有不同比例尺的彩色和黑白影像资料。以测绘为目的的基础航空摄影是指为满足测制和更新国家基本比例尺地图、建立和更新基础地理信息数据库的需要，在飞机上安装航空摄影仪，按照规定的技术要求，从空中对我国国土实施航空摄影，获取基础地理信息源数据。

基础航空摄影资料详尽记载了一定区域范围内的地物、地貌特征以及地物之间的相互关系，详尽地反映了国土资源的分布情况。基础航空摄影为经济建设、国防建设和科学研究等方面提供极为重要的基础地理信息数据。

3. 获取基础地理信息的遥感资料

遥感是指在空中和外层空间的各种航空和航天器上，运用各种传感器（如摄影仪、扫描仪和雷达等）获取地球表面信息的一种探测技术。基础地理信息的遥感资料的获取方式主要有自主接收或订购。基础地理信息的遥感资料是基础地理信息数据的重要来源，主要用于更新、修测或编制基本比例尺地图及更新、修测基础地理信息数据库，或可以服务于生态环境监测、资源调查和土地利用监测、水土综合治理的测绘遥感影像图及遥感影像数字化产品的航空、航天遥感影像数据等。

4. 测制和更新国家基本比例尺地图、影像图和数字化产品

基本比例尺地图是国家经济建设和社会发展的基本用图以及编制各种专题地图的基础资料。我国根据本国测绘工作的实际，确定下列比例尺为我国的基本比例尺系列：1∶100万、1∶50万、1∶25万、1∶10万、1∶5万、1∶2.5万、1∶1万、1∶5 000、1∶2 000、1∶1 000、1∶500等。

5. 建立、更新基础地理信息系统

基础地理信息系统是通过对基础地理数据（主要包括地貌、水系、植被、居民地、交通、境界、特殊地物、地名等要素）的集成、存储、检索、操作和分析，生成并输出各种基础地理信息的计算机系统，它由计算机系统、地理数据和用户组成，为土地利用、资源管理、环境监测、交通运输、经济建设、城市规划以及政府各部门行政管理服务，具有通用性强、重复使用率高的特点。

（二）基础测绘的性质

基础测绘是国民经济和社会发展的基础性工作，为国民经济社会发展以及为国家各个部门、行业等全社会各类用户提供统一、权威的空间定位基准和基础地理信息服务。基础测绘规模大，系统性强，周期长，服务面广，投资巨大，其成果大多涉及国家秘密和国家安全，具有以下特点：

1. 基础性

(1)统一的国家测绘基准和测绘系统是现代主权国家开展各项测绘工作的基础和前提。

(2)国家基本比例尺系列地图是其他各种专题地图的制图基础。

(3)国家和地方基础地理信息系统是其他专业地理信息系统的空间定位基础,也是推动数字中国地理空间框架和基础地理信息公共服务平台建设的重要基础。

2. 公益性

基础测绘是向全社会各类用户提供统一、权威的空间定位基准和基础地理信息服务的工作。基础测绘成果,用于国家机关决策和社会公益性事业的,予以无偿提供。

3. 通用性

基础测绘不是为特定需要服务的,应遵循服务普遍性原则;基础测绘成果根据统一标准生产、维护和更新。

4. 权威性

基础测绘是政府的一项公共服务职能,基础测绘成果的权威信息是政府管理、决策的重要依据,也是基础测绘基础性、公益性和通用性在基础测绘成果上的具体体现。国家基本比例尺系列地图是维护国家版图完整性的权威证明,也是权威地理信息数据的来源。

5. 持续性

基础测绘为保持现势性就要求基础测绘成果不断更新,基础测绘成果需要不断更新的属性就是基础测绘的持续性。持续性是基础测绘区别于非基础测绘的一个重要特征。

(三)基础测绘工作原则

基础测绘工作应当遵循统筹规划、分级管理、定期更新、保障安全的原则。

1. 统筹规划

统筹规划是指从整体上做出计划,考虑全局,兼顾细节。国务院自然资源主管部门负责全国基础测绘整体规划,该规划既要考虑全国大局,还要考虑各地方单位的实际情况,整体部署,统筹安排,科学规划,可操作性强。

2. 分级管理

分级管理是指按照属地原则分层管理基础测绘工作。国务院自然资源主管部门负责管理全国基础测绘工作,省、市、县级自然资源主管部门负责管理本行政区域基础测绘工作。

3. 定期更新

测绘地理信息现势性很强,这就要求基础测绘工作要定期更新。基础测绘成果更新周期应当根据不同地区国民经济和社会发展的需要、测绘科学技术水平和测绘生产能力、基础地理信息变化情况等因素确定。

4. 保障安全

基础测绘工作尤其是基础测绘成果一般都涉密,所以自然资源主管部门和用户都应加强涉密基础测绘的管理,确保涉密基础测绘数据、信息、图件及相关技术资料的安全保密,促进成果合法、有效利用,防止发生失泄密事件。此外,在基础测绘成果获取过程中,也要做好安全工作，确保人身、仪器和相关数据资料的安全。

二、基础测绘规划

（一）基础测绘规划的内容

基础测绘规划包括全国和地方基础测绘规划，是对全国及地方基础测绘在时间和空间上的战略部署和具体安排，关系国务院及地方人民政府对基础测绘在本级国民经济和社会发展年度计划及财政预算中的安排。

基础测绘规划的主要内容包括：基础测绘的阶段性发展目标、主要任务、空间布局、主要项目、规划实施保障措施等，并且应有布局示意图和规划项目表。全国基础测绘中长期规划还包括了简明、准确的发展方针和发展目标。

（二）基础测绘规划编制、组织实施和报批

1. 全国基础测绘规划的编制

国务院自然资源主管部门会同国务院其他有关部门、军队测绘部门，组织编制全国基础测绘规划，报国务院批准后组织实施。

2. 地方基础测绘规划的编制

县级以上地方人民政府自然资源主管部门会同本级人民政府其他有关部门，根据国家和上一级人民政府的基础测绘规划和本行政区域的实际情况，组织编制本行政区域的基础测绘规划，报本级人民政府批准，并报上一级自然资源主管部门备案后组织实施。

基础测绘规划报送审批前，组织编制机关应当组织专家进行论证，并征求有关部门和单位的意见。其中，地方的基础测绘规划，涉及军事禁区、军事管理区或者作战工程的，还应当征求军事机关的意见。

（三）基础测绘规划公布和修改

(1)组织编制机关应当依法公布经批准的基础测绘规划。各级自然资源主管部门组织编制的基础测绘规划经批准后应当依法公布。

(2)经批准的基础测绘规划是开展基础测绘工作的依据，未经法定程序不得修改；确需修改的，应当按照《基础测绘条例》规定的原审批程序报送审批。

（四）基础测绘年度计划编制和备案

国务院发展改革部门会同国务院自然资源主管部门，编制全国基础测绘年度计划。县级以上地方人民政府发展改革部门会同同级自然资源主管部门，编制本行政区域的基础测绘年度计划，并分别报上一级主管部门备案。

（五）基础测绘应急保障预案制定职责和预案内容

县级以上人民政府自然资源主管部门应当根据应对自然灾害等突发事件的需要，制定相

应的基础测绘应急保障预案。

基础测绘应急保障预案的内容应当包括：应急保障组织体系，应急装备和器材配备，应急响应，基础地理信息数据的应急测制和更新等应急保障措施。

三、基础测绘项目的组织实施

1.国务院自然资源主管部门组织实施的基础测绘项目

(1)建立全国统一的测绘基准和测绘系统；

(2)建立和更新国家基础地理信息系统；

(3)组织实施国家基础航空摄影；

(4)获取国家基础地理信息遥感资料；

(5)测制和更新全国 1∶100 万至 1∶2.5 万国家基本比例尺地图、影像图和数字化产品；

(6)国家急需的其他基础测绘项目。

2.省、自治区、直辖市人民政府自然资源主管部门组织实施的基础测绘项目

(1)建立本行政区域内与国家测绘系统相统一的大地控制网和高程控制网；

(2)建立和更新地方基础地理信息系统；

(3)组织实施地方基础航空摄影；

(4)获取地方基础地理信息遥感资料；

(5)测制和更新本行政区域 1∶10 000 至 1∶5 000 国家基本比例尺地图、影像图和数字化产品。

3.市、县级人民政府自然资源主管部门组织实施的基础测绘项目

设区的市、县级人民政府依法组织实施(1∶2 000)～(1∶500)比例尺地图、影像图和数字化产品的测制和更新以及地方性法规、地方政府规章确定由其组织实施的基础测绘项目。

4.基础测绘项目承担单位的要求

(1)组织实施基础测绘项目，应当依据基础测绘规划和基础测绘年度计划，依法确定基础测绘项目承担单位。

(2)基础测绘项目承担单位应当具有与所承担的基础测绘项目相应等级的测绘资质，并不得超越其资质等级许可的范围从事基础测绘活动。

(3)基础测绘项目承担单位应当具备健全的保密制度和完善的保密设施，严格执行有关保守国家秘密法律、法规的规定。

5.基础测绘活动应遵循的技术原则

(1)从事基础测绘活动，应当使用全国统一的大地基准、高程基准、深度基准、重力基准，以及全国统一的大地坐标系统、平面坐标系统、高程系统、地心坐标系统、重力测量系统，执行国家规定的测绘技术规范和标准。

(2)因建设、城市规划和科学研究的需要，确需建立相对独立的平面坐标系统的，应当与国家坐标系统相联系。

6. 基础测绘设施建设和资金安排原则

(1)县级以上人民政府及其有关部门应当遵循科学规划、合理布局、有效利用、兼顾当前与长远需要的原则,加强基础测绘设施建设,避免重复投资。

(2)国家安排基础测绘设施建设资金,应当优先考虑航空摄影测量、卫星遥感、数据传输以及基础测绘应急保障的需要。

7. 基础测绘设施保护

国家依法保护基础测绘设施。任何单位和个人不得侵占、损毁、拆除或者擅自移动基础测绘设施。基础测绘设施遭受破坏的,县级以上地方人民政府自然资源主管部门应当及时采取措施,组织力量修复,确保基础测绘活动正常进行。

8. 地方做好基础测绘应急保障的职责

(1)县级以上人民政府自然资源主管部门应当加强基础航空摄影和用于测绘的高分辨率卫星影像获取与分发的统筹协调,做好基础测绘应急保障工作,配备相应的装备和器材,组织开展培训和演练,不断提高基础测绘应急保障服务能力。

(2)自然灾害等突发事件发生后,县级以上人民政府自然资源主管部门应当立即启动基础测绘应急保障预案,采取有效措施,开展基础地理信息数据的应急测制和更新工作。

四、基础测绘成果的更新与利用

1. 基础测绘成果定期更新制度

基础测绘成果更新周期应当根据不同地区国民经济和社会发展的需要、测绘科学技术水平和测绘生产能力、基础地理信息变化情况等因素确定。其中,1∶100万至1∶5 000国家基本比例尺地图、影像图和数字化产品至少5年更新一次;自然灾害多发地区以及国民经济、国防建设和社会发展急需的基础测绘成果应当及时更新。

2. 基础测绘成果更新的职责

县级以上人民政府测绘行政主管部门应当及时收集有关行政区域界线、地名、水系、交通、居民点、植被等地理信息的变化情况,定期更新基础测绘成果。

县级以上人民政府其他有关部门和单位应当对测绘行政主管部门的信息收集工作予以支持和配合。

3. 基础测绘成果质量监督管理

(1)县级以上人民政府测绘行政主管部门应当采取措施,加强对基础地理信息测制、加工、处理、提供的监督管理,确保基础测绘成果质量。

(2)基础测绘项目承担单位应当建立健全基础测绘成果质量管理制度,严格执行国家规定的测绘技术规范和标准,对其完成的基础测绘成果质量负责。

4. 基础测绘成果利用

基础测绘成果的利用,按照国务院有关规定执行。

课后练习题

一、单选题

1. 根据《基础测绘条例》,基础测绘工作应当遵循的原则是(   )。

A. 统筹规划、分级管理、及时更新

B. 分级管理、实时更新、安全保障

C. 综合规划、分级管理、及时更新、安全保密

D. 统筹规划、分级管理、定期更新、保障安全

2. 根据《中华人民共和国测绘成果管理条例》,下列测绘成果中不属于基础测绘成果的是(   )。

A. 工程测量数据和图件

B. 1∶500 比例尺地形图

C. 基础航空摄影所获取的影像资料

D. 基础地理信息系统的数据、信息

3. 根据《测绘法》,全国基础测绘规划应当报(   )批准。

A. 国务院

B. 国务院发展改革部门

C. 国务院自然资源主管部门

D. 国务院自然资源主管部门会同军队测绘部门

4. 根据《基础测绘条例》,1∶100 万至 1∶5 000 国家基本比例尺地图,影像图和数字化产品的更新周期为(   )。

A. 5 年更新一次

B. 至少 5 年更新一次

C. 3 年更新一次

D. 至少 3 年更新一次

5.《基础测绘条例》规定,(   )应当及时收集有关行政区域界线、地名、水系、交通、居民点、植被等地理信息的变化情况,定期更新基础测绘成果。

A. 县级人民政府自然资源主管部门

B. 县级以上人民政府自然资源主管部门

C. 省、自治区、直辖市人民政府自然资源主管部门

D. 国务院自然资源主管部门

二、简答题

1. 什么是基础测绘？简述基础测绘的性质和工作原则。

2. 简述国务院自然资源主管部门组织实施的基础测绘项目。

第5章 测绘标准化

【学习导入】

本章主要介绍了测绘标准化管理、测绘标准的制度与发布、测绘计量管理的法律规定,测绘计量检定人员资格的认证办法。

通过对本章的学习,学生应掌握根据《测绘法》中有关测绘技术规范和标准的规定、《中华人民共和国标准化法》的有关规定,确定测绘活动中采用的规范、标准的合法性;掌握计量法以及《测绘计量管理暂行办法》的有关规定,了解测绘计量检定人员资格和计量检定机构、测绘仪器检定的管理办法。

【学习目标】

知识目标:掌握测绘标准分类;掌握计量标准器具检定。

能力目标:能够掌握计量检定人员基本要求。

素质目标:培养精益求精的工匠精神,崇德向善、诚实守信、爱岗敬业、严肃认真、一丝不苟,严格遵守测量规范。

一、标准与标准化

质量管理与标准、标准化有着密切的关系,标准、标准化是质量管理的依据和基础,产品(包括服务)质量的形成,必须用一系列标准来控制和指导设计、生产和使用的全过程。因此,标准化活动贯穿于质量管理的始终。

为了发展社会主义商品经济,促进技术进步,改进产品质量,提高社会经济效益,维护国家和人民的利益,使标准化工作适应社会主义现代化建设和发展对外经济关系的需要,《中华人民共和国标准化法》(简称《标准化法》)由中华人民共和国第七届全国人民代表大会常务委员会第五次会议于1988年12月29日修订通过,自1989年4月1日起施行。2017年11月4日第十二届全国人民代表大会常务委员会第三十次会议修订通过。

(一)标准

1.标准的概念

《中华人民共和国标准化法》(简称《标准化法》)是一部非常重要的法律法规,旨在加强标准化工作,促进国民经济发展和社会进步。其中,"标准"是该法所涉及的一个重要概念,标准是在各种因素的影响下确定的规定性文件,用于解决某一类问题,以确保在一定范围内达到预期效果。

从上述定义可以看出,标准是规定性文件,其主要目的是解决某一类问题,且要确保在一定范围内达到预期效果。换言之,标准是对一种产品、工艺或服务的要求、规定或指导。标准的出台可以保障产品、工艺或服务的质量和安全,提高社会公共利益。

2.标准的特性

(1)经过公认机构批准的文件。

(2)根据科学、技术和经验成果制定的文件。

(3)在兼顾各有关方面利益的基础上,经过协商一致而制定的文件。

(4)可以重复和普遍应用的文件。

(5)公众可以得到的文件。

3.标准分级

标准分级,就是根据标准适用范围的不同,将其划分为若干不同的层次。《中华人民共和国标准化法》规定,我国标准分为四级,即国家标准、行业标准、地方标准和团体标准、企业标准。

(1)我国标准分级体系。

①国家标准是指由国务院标准化行政主管部门编制计划,组织草拟,统一审批、编号、发布的在全国范围内统一和适用的标准。

②行业标准是指为没有国家标准而又需要在全国某个行业范围内统一的技术要求而制定的标准。行业标准由国务院有关行政主管部门编制计划,组织草拟,统一审批、编号、发布,并报国务院标准化行政主管部门备案。行业标准是对国家标准的补充,行业标准在相应国家标准实施后,自行废止。

③地方标准是指为没有国家标准和行业标准而又需要在省、自治区、直辖市范围内统一的工业产品的安全和卫生要求而制定的标准。地方标准由省、自治区、直辖市人民政府标准化行政主管部门编制计划,组织草拟,统一审批、编号、发布,并报国务院标准化行政主管部门和国务院有关行政主管部门备案。地方标准不得和国家标准、行业标准相抵触,在相应的国家标准或行业标准实施后,地方标准自行废止。团体标准是指按照团体确立的标准制定程序自主制定发布,由社会自愿采用的标准。

④企业标准是指企业所制定的产品标准和在企业内需要协调、统一的技术要求和管理、工作要求所制定的标准。企业生产的产品没有国家标准、行业标准和地方标准时,应当制定相应的企业标准,作为组织生产的依据。已有国家标准、行业标准和地方标准时,国家鼓励企业制定严于国家标准、行业标准和地方标准的企业标准,在企业内部适用。企业标准由企业制定,

由企业法人代表或法人代表授权的主管领导批准、发布和管理。企业的产品标准，应在发布后30日内报当地标准化行政主管部门和有关行政主管部门备案。

(2)标准的编号。

我国国家标准的代号，用“国标”两个字汉语拼音的第一个字母“G”和“B”表示。强制性国家标准的代号为“GB”，推荐性国家标准的代号为“GB/T”。国家标准的编号由国家标准的代号、国家标准发布的顺序号和国家标准发布的年号三部分构成。

行业标准代号由国务院标准化行政主管部门规定。目前，国务院标准化行政主管部门已批准发布了几十个行业标准代号。

地方标准的代号，由汉语拼音字母“DB”加上省、自治区、直辖市行政区划代码前两位数，再加斜线、顺序号和年号共四部分组成。

企业标准由企业标准代号“Q/”、企业代号、顺序号和年号组成。企业代号可用汉语拼音字母或阿拉伯数字或两者兼用组成。顺序号和年号和国家标准相同。

(3)标准的性质。

国家标准、行业标准分为强制性标准和推荐性标准。保障人体健康，人身、财产安全，工程建设质量、安全、卫生标准和法律、行政法规规定强制执行的标准是强制性标准，其他标准是推荐性标准。《中华人民共和国标准化法》同时规定，省、自治区、直辖市标准化行政主管部门制定的工业产品的安全、卫生要求的地方标准，在本行政区域内是强制性标准。

(二)标准化

1.标准化的概念

在经济、技术、科学及管理等社会实践中，对重复性事物和概念，通过制定、发布和实施标准，达到统一，以获得最佳秩序和社会效益。该定义的含义如下：

(1)标准化是一项活动过程，这个过程是由3个关联的环节组成的，即制定、发布和实施标准。标准化3个环节的过程已作为标准化工作的任务列入《中华人民共和国标准化法》的条文中。《标准化法》第三条规定：“标准化工作的任务是制定标准、组织实施标准和对标准的实施进行监督。”这是对标准化定义内涵的全面清晰的概括。

(2)这个活动过程在深度上是一个永无止境的循环上升过程，即制定标准，实施标准，在实施中随着科学技术进步对原标准适时进行总结、修订，再实施。每循环一周，标准就上升到一个新的水平，充实新的内容，产生新的效果。

(3)这个活动过程在广度上是一个不断扩展的过程。如过去只制定产品标准、技术标准，现在又要制定管理标准、工作标准；过去标准化工作主要在工农业生产领域，现在已扩展到安全、卫生、环境保护、交通运输、行政管理、信息代码等。标准化正随着社会科学技术进步而不断地扩展和深化自己的工作领域。

(4)标准化的目的是“获得最佳秩序和社会效益”。最佳秩序和社会效益可以体现多方面，如在生产技术管理和各项管理工作中，按照GB/T 19000—2016建立质量保证体系，可保证和提高产品质量，保护消费者和社会公共利益；简化设计，完善工艺，提高生产效率；扩大通用化程度，方便使用维修；消除贸易壁垒，扩大国际贸易和交流等。

2.标准化的作用

(1)标准化为科学管理奠定了基础。所谓的科学管理，就是依据生产技术的发展规律和客观经济规律对企业进行管理，而各种科学管理制度的形式，都以标准化为基础。

(2)促进经济全面发展，提高经济效益。标准化应用于科学研究，可以避免在研究上的重复劳动；应用于产品设计，可以缩短设计周期；应用于生产，可使生产在科学的和有秩序的基础上进行；应用于管理，可促进统一、协调、高效率等。

(3)标准化是科研、生产、使用三者之间的桥梁。一项科研成果，一旦纳入相应标准，就能迅速得到推广和应用。因此，标准化可使新技术和新科研成果得到推广应用，从而促进技术进步。

(4)标准化为组织现代化生产创造了前提条件。随着科学技术的发展，生产的社会化程度越来越高，生产规模越来越大，技术要求越来越复杂，分工越来越细，生产协作越来越广泛，这就必须通过制定和使用标准，来保证各生产部门的活动，在技术上保持高度的统一和协调，以使生产正常进行；所以说标准化为组织现代化生产创造了前提条件。

(5)促进对自然资源的合理利用，保持生态平衡，维护人类社会当前和长远的利益。标准化是经过多次实践后得出的最为有效的形式，对于资源的利用率也是比较高的，所以标准化在资源的合理化利用方面是有积极意义的。

(6)合理发展产品品种，提高企业应变能力，以更好地满足社会需求。标准化是对当前产品的精炼，是针对市场需求的细分，把最适合的产品保留下来，这样将更好地满足社会需求。

(7)保证产品质量，维护消费者利益。按标准化规定的程序进行，将人为因素对产品质量的影响降到最低，确保了产品质量。

(8)在社会生产组成部分之间进行协调，确立共同遵循的准则建立稳定的秩序。标准化的采用提高了企业产品之间的兼容性，减少了由于企业产品之间标准不一致带来的巨大社会浪费。

(9)保障身体健康和生命安全，大量的环保标准、卫生标准和安全标准制定发布后，用法律形式强制执行，对保障人民的身体健康和生命财产安全具有重大作用。

二、测绘标准化

为提升自然资源治理效能，促进科学技术进步，加强自然资源标准化工作，依据《中华人民共和国标准化法》《全国专业标准化技术委员会管理办法》及其他相关规定，2020年6月24日，自然资源部印发了《自然资源标准化管理办法》，加强自然资源调查、监测、评价评估、确权登记、保护、资产管理和合理开发利用，国土空间规划、用途管制、生态修复，海洋和地质防灾减灾等业务，以及土地、地质矿产、海洋、测绘地理信息等领域的标准化工作。

(一)测绘标准化概述

1. 测绘标准的概念

测绘标准是针对性很强的技术标准，具体是指对测绘活动的过程、成果、产品、服务等，针对一定范围内需要统一的技术要求、规格格式、精度指标、管理程序，从设计、生产、检验、应用等方面所制定的需要共同遵守的规定。

2. 测绘标准的特征

(1)科学性。任何一种测绘标准都是运用科学理论和科学方法并在长期科学实践的基础上提出的概念性规则和规定，符合常规测绘生产需要，兼顾测绘新技术应用与发展并被大家遵守，因此测绘标准具有科学性。

(2)实用性。测绘标准是测绘活动必须遵守的规则，因此测绘标准必须具有实用性，才能被普遍遵守，实用性是测绘标准的基本特性。

(3)权威性。测绘标准的立项、制定由国务院自然资源主管部门或者标准化机构组织实施。测绘标准的发布严格按照国家法定程序进行，测绘标准的内容严格按照相关学科或者专业理论进行延伸和推广。因此，测绘标准一经发布便具有权威性。

(4)法定性。标准化法、标准化法实施细则以及测绘法等法律法规明确规定测绘标准，要求严格执行国家测绘标准，从而使测绘标准具有法定性。

(5)协调性。不同的测绘标准涉及工序不同、专业不同，而测绘成果具有兼容性、协调性，这必然要求测绘标准具有协调性，各相关测绘标准必须保持协调一致，才能被各个专业共同遵守。

(二)测绘标准的制定

1. 测绘国家标准

需要在全国范围内统一的技术要求，应当制定测绘国家标准。

(1)测绘术语、分类、模式、代号、代码、符号、图式、图例等技术要求。

(2)国家大地基准、高程基准、重力基准和深度基准的定义和技术参数，国家大地坐标系统、平面坐标系统、高程系统、地心坐标系统和重力测量系统的实现、更新和维护的仪器、方法、过程等方面的技术要求。

(3)国家基本比例尺地图、公众版地图及其测绘的方法、过程、质量、检验和管理等方面的技术要求。

(4)基础航空摄影的仪器、方法、过程、质量、检验和管理等方面的技术指标和技术要求，用于测绘的遥感卫星影像的质量、检验和管理等方面的技术要求。

(5)基础地理信息数据生产及基础地理信息系统建设、更新与维护的方法、过程、质量、检验和管理等方面的技术要求。

(6)测绘工作中需要统一的其他技术要求。

2. 强制性测绘标准

测绘国家标准及测绘行业标准分为强制性标准和推荐性标准。下列情况应当制定强制性测绘标准或者标准强制性条款。

(1)涉及国家安全、人身及财产安全的技术要求。

(2)建立和维护测绘基准与测绘系统必须遵守的技术要求。

(3)国家基本比例尺地图测绘与更新必须遵守的技术要求。

(4)基础地理信息标准数据的生产和认定。

(5)测绘行业范围内必须统一的技术术语、符号、代码、生产与检验方法等。

(6)需要控制的重要测绘成果质量的技术要求。

(7)国家法律、行政法规规定强制执行的内容及其技术要求。

测绘行业标准不得与测绘国家标准相违背，测绘地方标准不得与测绘国家标准和测绘行业标准相违背。

3. 测绘标准化指导性技术文件

符合下列情形之一的，可以制定测绘标准化指导性技术文件。

(1)技术尚在发展中，需要有相应的测绘标准文件引导其发展，或者具有标准化价值，但尚不定为标准的。

(2)采用国际标准化组织以及其他国际组织(包括区域性国际组织)技术报告的。

(3)国家基础测绘项目及有关重大专项实施过程中，没有国家标准和行业标准而又需要的。

4. 测绘标准的分类

2022年5月19日，自然资源部办公厅印发《自然资源标准体系》。其中测绘地理信息标准在自然资源标准体系中处于第二层，代号CH2-00。从测绘地理信息及自然资源卫星应用技术发展、事业转型升级和服务保障需求出发，兼顾现行测绘地理信息国家标准和行业标准情况，将子体系划分为测绘地理信息通用、测绘地理信息获取与处理、测绘地理信息成果与应用服务、测绘地理信息管理、自然资源卫星应用五个门类，如图5-1所示。

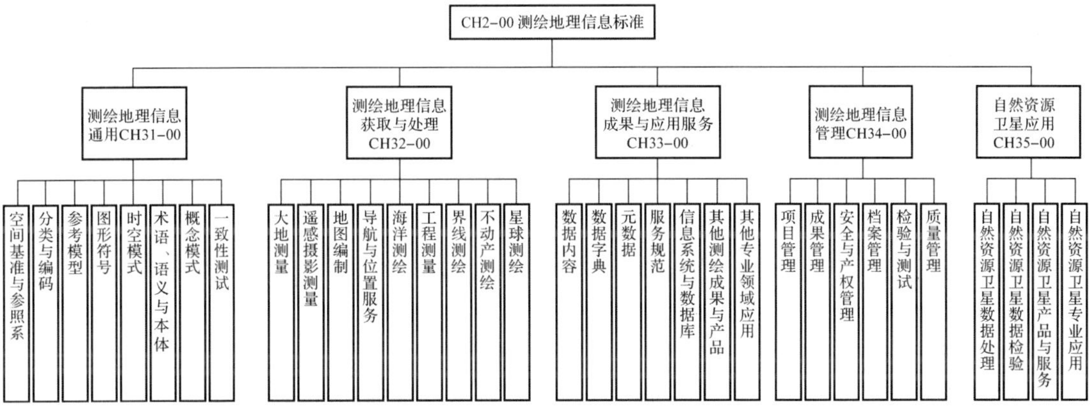

图5-1 测绘地理信息标准体系

通过测绘地理信息标准体系明细表可查看到：

CH31-00测绘地理信息通用合计120项；

CH32-00测绘地理信息获取与处理合计235项；

CH33-00测绘地理信息成果与应用服务合计227项；

CH34-00测绘地理信息管理合计140项；

CH35-00自然资源卫星应用合计128项；

测绘地信相关标准共850项，其中部分标准为待制定状态。

(三)测绘标准化管理

1. 测绘标准的发布

按照《测绘标准化工作管理办法》，属于测绘国家标准和国家标准化指导性技术文件的报国务院标准化行政主管部门批准、编号、发布；属于测绘行业标准和行业标准化指导性技术文件的，由自然资源部批准、编号、发布。

测绘行业标准和行业标准化指导性技术文件的编号由行业标准代号、标准发布的顺序号及标准发布的年号构成，如图 5-2 所示。

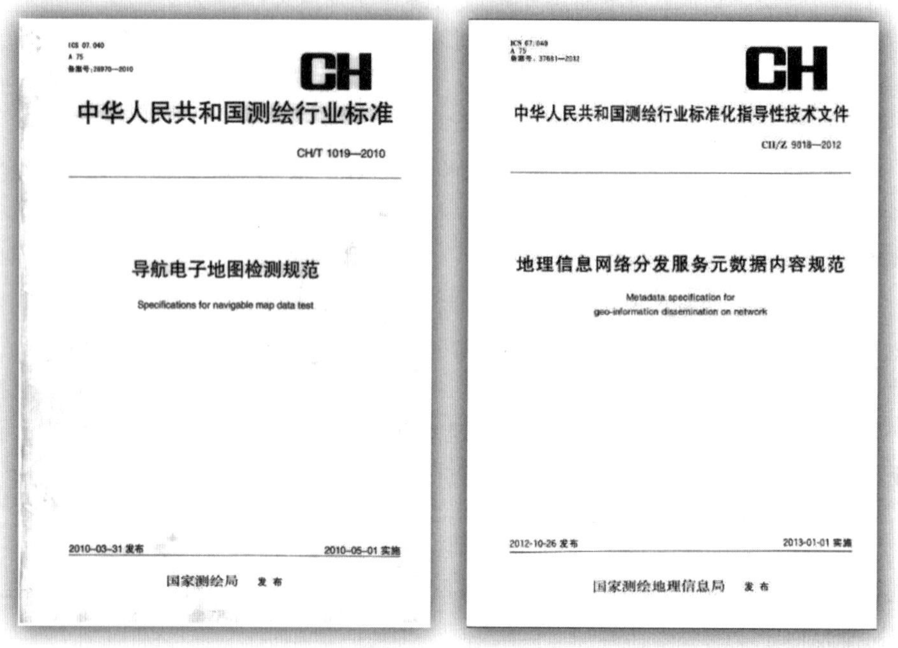

图 5-2　测绘行业标准化文件

(1)强制性测绘行业标准编号：CH ××××(顺序号)—××××(发布年号)。

(2)推荐性测绘行业标准编号：CH/T ××××(顺序号)—××××(发布年号)。

(3)测绘行业标准化指导性技术文件编号：CH/Z ××××(顺序号)—××××(发布年号)。

测绘地方标准的发布，按照国家和地方有关规定执行。测绘地方标准发布后 30 日内，省级自然资源主管部门应当向自然资源部备案。备案材料包括：地方标准批文、地方标准文本、标准编制说明及相关材料等。

强制性测绘标准及标准强制性条款必须执行。推荐性标准被强制性测绘标准引用的，也必须强制执行。不符合强制性标准或强制性条款的测绘成果或者地理信息产品，禁止生产进口、销售、发布和使用。

测绘企事业单位应当积极采用和推广测绘标准，并应当在成果或者其说明书、包装物上标注所执行标准的编号和名称。

2. 标准的复审

测绘标准的复审工作由自然资源部组织测绘标委会实施。标准复审周期一般不超过 5 年。下列情况应当及时进行复审：

(1)不适应科学技术的发展和经济建设需要的。

(2)相关技术发生了重大变化的。

(3)标准实施过程中出现重大技术问题或有重要反对意见的。

测绘国家和行业标准化指导性技术文件发布后 3 年内必须复审，以决定是否继续有效、转化为标准或者撤销。

三、测绘计量管理

为了加强计量监督管理，保障国家计量单位制的统一和量值的准确可靠，有利于生产、贸易和科学技术的发展，适应社会主义现代化建设的需要，维护国家、人民的利益，我国于1985年颁布了《中华人民共和国计量法》，并于2018年进行了第五次修订。为加强测绘计量管理，确保测绘量值准确溯源和可靠传递，保证测绘产品质量，依据《中华人民共和国计量法》及其配套法规，1996年5月，国家测绘局制定了《测绘计量管理暂行办法》。

(一)测绘计量概念

计量属于测量的范畴，也可以说计量是一种特定形式的为使被测量的单位量值在允许范围内溯源到基本单位的测量。

测绘计量是指以测绘技术和法制手段保证测绘量值准确可靠、单位统一的测量活动。测绘计量标准是指用于测量器具检定、测试各类测绘计量器具的标准装置、器具和设施。测绘计量器具是指用于直接或间接传递量值的测绘工作用仪器、仪表和器具，如图5-3所示。

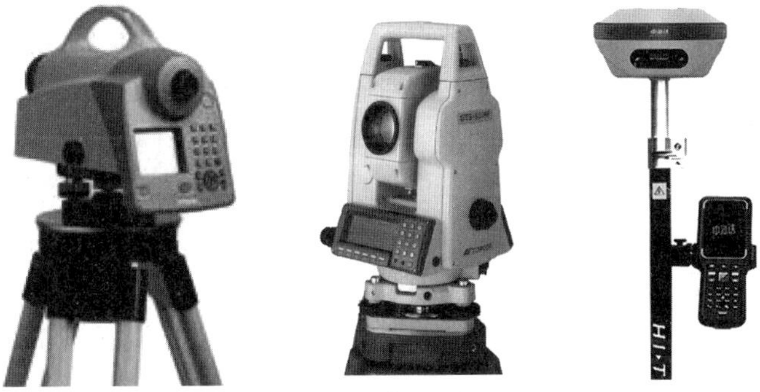

图5-3 测绘计量器具

(二)测绘计量检定机构的相关规定

(1)省级以上测绘主管部门和其他有关主管部门建立的各项最高等级的测绘计量标准，以及政府计量行政主管部门授权建立的社会公用计量标准，必须有计量溯源，并且向同级政府计量行政主管部门申请建标考核。取得计量标准证书后，即具备在本部门或本单位开展计量器具检定的资格。计量标准考核的内容和要求，执行国务院计量行政主管部门发布的《计量标准考核办法》的规定。

(2)取得计量标准证书后，属社会公用计量标准的，由组织建立该项标准的政府计量行政主管部门审批核发社会公用计量标准证书，方可使用，并向同级测绘主管部门备案；属部门最高等级计量标准的，由主管部门批准使用，并向国务院测绘主管部门备案。

测绘计量标准在合格证书期满前六个月，应按规定向原发证机关申请复查。

(3)社会公用计量标准、部门最高等级的测绘计量标准，均为国家强制检定的计量标准器具，应按国务院计量行政主管部门规定的检定周期向同级政府计量行政主管部门申请周期检定，周期检定结果报同级测绘主管部门备案。未按照规定申请检定或检定不合格的，不准使用。

(4)申请面向社会开展测绘计量器具检定、建立社会公用计量标准、承担测绘计量器具产品质量监督试验以及申请作为法定计量检定机构的，应根据申请承担任务的区域，向相应的政府计量行政主管部门申请授权；申请承担测绘计量器具新产品样机试验的，向当地省级政府计量行政主管部门申请授权；申请承担测绘计量器具新产品定型鉴定的，向国务院计量行政主管部门申请授权。计量授权证书复印件，报同级测绘主管部门备案。

(5)取得计量授权证书后，必须按照授权项目和授权范围开展有关检定、测试工作；需新增计量授权项目的，必须申请新增项目的授权。

被授权单位在授权证书期满前六个月应按规定向原发证机关申请复查。

(6)测绘产品质量监督检验机构，必须向省级以上政府计量行政主管部门申请计量认证。取得计量认证合格证书后，在测绘产品质量监督检验、委托检验、仲裁检验、产品质量评价和成果鉴定中提供作为公证的数据，具有法律效力。

计量认证的具体事项，执行国务院计量行政主管部门发布的《产品质量检验机构计量认证管理办法》的规定。

(三)测绘计量人员的相关规定

从事政府计量行政主管部门授权项目检定、测试的计量检定人员，必须经授权部门考核合格；其他计量检定人员，可由其上级主管部门考核合格。取得计量检定员证书后，才能开展检定、测试工作。根据实际需要，省级以上测绘主管部门也可经同级政府计量行政主管部门同意，组织计量检定人员考核并发证。

(四)测绘仪器检定与校准基本规定

1. 测绘计量标准

(1)测绘计量标准。用于检定、测试各类测绘计量器具的标准装置、器具和设施。

(2)测绘计量器具。用于直接或间接传递量值的测绘工作用仪器、仪表和器具，测绘计量器具，须定期检查。

2. 测绘计量器具校准基本规定

各级测绘主管部门应协助政府计量行政主管部门管理本行政区内的测绘计量工作，将测绘计量器具纳入测绘资格审查认证考核和产品质量监督检验管理的范畴。

应执行国家、部门或地方计量检定规程。对没有正式计量检定规程的，应执行有关测绘技术标准或自行编写检校办法报主管部门批准后使用。自行编写的检校办法应与有关测绘技术标准的内容协调一致。

(1)开展测绘计量器具检定，应执行国务院自然资源主管部门制定的收费标准。

(2)进口以销售为目的的测绘计量器具，必须由外商或其代理人向国务院计量行政主管部门申请型式批准，取得《中华人民共和国进口计量器具型式批准证书》后，方准予进口并使用有关标志。在海关验放后，订货单位必须向省级以上政府计量行政主管部门申请检定，取得检定合格证书后，方准予销售；检定不合格，需要向外索赔的，订货单位应及时向商检机构申请复验出证。没有检定合格证书的进口测绘计量器具不得销售。

(3)承担测绘任务的单位和个体测绘业者,其所使用的测绘计量器具必须经政府计量行政主管部门考核合格的测绘计量检定机构或测绘计量标准检定合格,方可申领测绘资格证书。无检定合格证书的,不予受理资格审查申请。

上述测绘单位和个体测绘业者使用的测绘计量器具,必须经周期检定合格,才能用于测绘生产,检定周期见附表规定。未经检定、检定不合格或超过检定周期的测绘计量器具,不得使用。教学示范用测绘计量器具可以免检,但须向省级测绘主管部门登记,并不得用于测绘生产。在测绘计量器具检定周期内,可由使用者依据仪器使用状况自行检校。

(五)测绘计量的法律责任

(1)违反《测绘计量管理暂行办法》第四、五、七、八、十二条规定,使用未经考核合格的计量标准开展测绘计量器具检定的,未经授权以及擅自扩大授权范围面向社会开展测绘计量器具检定、测试的,进口、销售未经型式批准和检定合格的测绘计量器具的,按照有关计量法律、法规的规定处罚。

(2)违反《测绘计量管理暂行办法》第十三条规定,使用未经检定,或检定不合格或超过检定周期的测绘计量器具进行测绘生产的,所测成果成图不予验收并不准使用,产品质量监督检验时作不合格处理;给用户造成损失的,按合同约定赔偿损失;情节严重的,由主管部门吊销其测绘资格证书。

课后练习题

一、单选题

1. 根据《标准化法》,测绘标准《导航电子地图安全处理技术基本要求》属于(   )。

A. 强制性国家标准　　B. 推荐性国家标准

C. 强制性行业标准　　D. 推荐性行业标准

2. 强制性测绘行业标准编号为(   )。

A. CH ××××(顺序号)—××××(发布年号)

B. CH/T ××××(顺序号)—××××(发布年号)

C. CH/Z ××××(顺序号)—××××(发布年号)

D. CH/G ××××(顺序号)—××××(发布年号)

3. 根据《测绘标准化工作管理办法》,对需要在全国范围内统一的测绘技术要求,应当制定(   )标准。

A. 行业　　B. 国家　　C. 通用　　D. 专业

4. 根据《测绘标准化工作管理办法》,对于基础地理信息数据生产及基础地理信息系统建设、更新与维护的方法、过程、质量和管理等方面的技术要求,应当制定测绘(   )。

A. 国际标准　　B. 国家标准　　C. 行业标准　　D. 地方标准

5. 根据《测绘标准化工作管理办法》,标准复审周期一般不超过(   )。

A. 1 年　　B. 3 年　　C. 5 年　　D. 7 年

6. 测绘计量器具是指用于直接或间接(　　)的测绘工作用仪器、仪表和器具。

A. 检定　　B. 测量　　C. 测试　　D. 传递量值

7.《测绘计量管理暂行办法》规定,测绘产品质量监督检验机构必须向(　　)申请计量认证。

A. 省级以上测绘主管部门　　B. 国务院测绘主管部门

C. 省级以上计量行政主管部门　　D. 国务院计量行政主管部门

8. 进口以销售为目的的测绘计量器具,必须由外商或其代理人向国务院计量行政主管部门申请型式批准,取得(　　)后,方准予进口并使用有关标志。

A.《中华人民共和国进出口批准证书》

B.《中华人民共和国进口计量器具型式批准证书》

C.《中华人民共和国计量标准证书》

D.《测绘计量器具检定合格证书》

二、简单题

1. 什么是标准？什么是标准化？

2. 什么是测绘标准？测绘标准的特征是什么？

3. 测绘国家标准的分类有哪些？

4. 什么是测绘计量？什么是测绘计量标准？什么是测绘计量器具？

第6章 测绘成果管理

【学习导入】

本章主要介绍了测绘成果的概念与特征、测绘成果质量、测绘成果汇交、测绘成果保管、测绘成果保密管理、测绘成果提供利用、地图管理、重要地理信息数据审核与公布。

通过对本章的学习，学生应了解测绘成果的概念与特征，测绘成果提供利用，重要地理信息数据审核与公布；掌握测绘成果汇交，测绘成果保管与保密管理，测绘成果质量检查、监督管理制度。

【学习目标】

知识目标：了解测绘成果的概念与特征，测绘成果提供利用、重要地理信息数据审核与公布的相关规定；掌握测绘成果汇交，测绘成果保管与保密管理，测绘成果质量检查、监督管理制度。了解测绘地理信息档案管理原则、分工、接收及管理有关规定；掌握测绘成果保密等级的划分及保密管理的规定及管理职责；掌握测绘成果提供利用。

能力目标：能够阐述测绘地理信息档案的工作职责分工；能够区分不同测绘成果保密等级；能够阐述测绘成果提供利用的相关规定；能够识别重要地理信息数据。

素质目标：培养学生遵守测绘法律、保守国家秘密、保护国家安全的意识；培养学生的国家安全意识、版图意识。

一、测绘成果的概述

为了加强对测绘成果的管理，维护国家安全，促进测绘成果的利用，根据《测绘法》，2006 年 5 月 27 日，国务院发布国务院令第 469 号公布了《中华人民共和国测绘成果管理条例》(简称《测绘成果管理条例》)，自 2006 年 9 月 1 日起施行。《测绘成果管理条例》全文包括总则、汇交与保管、利用、重要地理信息数据的审核与公布、法律责任、附则共六章三十二条。

(一)测绘成果的概念及表现形式

1. 测绘成果的概念

测绘成果是指通过测绘形成的数据、信息、图件以及相关的技术资料，是各类测绘活动形成的记录和描述自然地理要素或者地表人工设施的形状、大小、空间位置及其属性的地理信息、数据、资料、图件和档案，如图 6-1 所示。

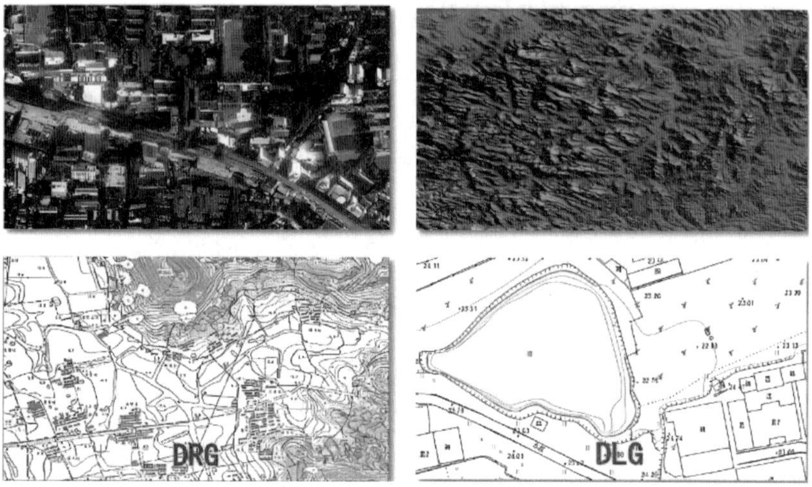

DRG.数字划线地图　　DLG.数字栅格地图

图 6-1　测绘成果

测绘成果分为基础测绘成果和非基础测绘成果。基础测绘成果包括全国性基础测绘成果和地区性基础测绘成果。

2. 测绘成果的表现形式

测绘成果的表现形式，主要包括数据、信息、图件以及相关的技术资料。

(1)天文测量、大地测量、卫星大地测量、重力测量的数据和图件。

(2)航空航天摄影和遥感的底片、磁带。

(3)各种地图(包括地形图、普通地图、地籍图、海图和其他有关的专题地图等)及其数字化成果。

(4)各类基础地理信息以及在基础地理信息基础上挖掘、分析形成的信息。

(5)工程测量数据和图件。

(6)地理信息系统中的测绘数据及其运行软件。

(7)其他有关地理信息数据。

(8)与测绘成果直接有关的技术资料、档案等。

(二)测绘成果的特征

测绘成果是国家重要的基础性信息资源，作为测绘成果主要表现形式的基础地理信息是数据量最大、覆盖面最宽、应用面最广的战略性信息资源之一，基础地理信息资源的规模、品种和服务水平等已经成为国家信息化水平的一个重要标志。从测绘成果本身的含义及应用范围等方面来归纳分析，可以看出测绘成果具有下列基本特征。

1. 科学性

测绘成果的生产、加工和处理等各个环节，都是依据一定的数学基础、测量理论和特定的测绘仪器设备以及特定的软件系统来进行的，因此测绘成果具有科学性的特点。

2. 保密性

测绘成果涉及自然地理要素和地表人工设施的形状、大小、空间位置及其属性，大部分测绘成果涉及国家安全和利益，具有严格的保密性。

3. 系统性

不同的测绘成果以及测绘成果的不同表示形式，都依据一定的数学基础和投影法则，在一定的测绘基准和测绘系统控制下，按照先控制、后碎部、先整体、后局部的原则进行，有着内在的关联，具有系统性。

4. 专业性

不同种类的测绘成果，由于专业不同，其表示形式和精度要求也不尽相同。如大地测量成果与房产测绘成果及地籍测绘成果等都有明显的区别，带有很强的专业性。这种专业性不仅体现在应用领域和成果的作用不同，还体现在成果的精度不同。

二、测绘成果质量

为加强测绘地理信息质量管理，明确质量责任，保证成果质量，依据《测绘法》《中华人民共和国产品质量法》等有关法律法规，国家测绘地理信息局局务会议审议通过《测绘地理信息质量管理办法》，自 2015 年 6 月开始执行。

(一)测绘成果质量的概念

测绘成果质量是指测绘成果满足国家规定的测绘技术规范和标准，以及满足用户期望目标值的程度。测绘成果质量不仅关系各项工程建设的质量和安全，关系经济社会发展规划决策的科学性、准确性，而且涉及国家主权、利益和民族尊严，影响着国家信息化建设的顺利进行。在实际工作中，因测绘成果质量不合格，使工程建设受到影响并造成重大损失的事例时有发生。提高测绘成果质量是国家信息化发展和重大工程建设质量的基础保证，是提高政府管理决策水平的重要途径，是维护国家主权和人民群众利益的现实需要。因此，加强测绘成果质量管理，保证测绘成果质量，对于维护公共安全和公共利益具有十分重要的意义。

(二)测绘成果质量的监督管理

县级以上人民政府自然资源主管部门应当加强对测绘成果质量的监督管理。依法进行测绘成果质量监督管理，是各级自然资源主管部门的法定职责，也是测绘统一监督管理的重要内容。

《测绘地理信息质量管理办法》规定，各级测绘地理信息行政主管部门应当严格依法行政,强化对测绘单位质量工作的日常监督管理,强化对测绘地理信息生产过程和成果质量的监督管理,强化对重大测绘地理信息项目和重大建设工程测绘地理信息项目质量的监督管理。

1. 检查周期

国家对测绘地理信息质量实行监督检查制度。甲、乙级测绘资质单位每 3 年监督检查覆盖一次。

2. 监督检查计划

国家测绘地理信息局按年度制订国家测绘地理信息质量监督检查计划。县级以上地方人民政府测绘地理信息行政主管部门依据上一级质量监督检查计划并结合本地情况,安排本级监督检查工作,报上一级测绘地理信息行政主管部门备案。同一测绘地理信息项目或同一批次成果,上级监督检查的,下级不得另行重复检查。

测绘单位应配合监督检查,任何组织、个人不得以任何理由和形式设置障碍,拒绝或妨碍监督检查。

3. 质量检验专家库建立

国家测绘地理信息局组织建立国家测绘地理信息成果质量检验专家库,专家库成员参加国家测绘地理信息成果质量监督检验工作。省级人民政府测绘地理信息行政主管部门可建立、管理省级测绘地理信息成果质量检验专家库。

4. 测绘成果质量委托

监督检查中需要进行的检验、鉴定、检测等监督检验活动,由实施监督检查的测绘地理信息行政主管部门委托测绘成果质量检验机构(简称测绘质检机构)承担。

5. 监督检查结果公布

各级测绘地理信息行政主管部门应依法向社会公布监督检查结果,确属不宜向社会公布的,应依法抄告有关行政主管部门、有关权利人和利害相关人,并向上一级测绘地理信息行政主管部门备案。

6. 投诉、检举、申诉受理

各级测绘地理信息行政主管部门负责受理本行政区域内的测绘地理信息质量投诉、检举、申诉,依法进行处理。

7. 重大事故报告制度

因测绘地理信息成果质量问题造成重大事故的,测绘单位、成果使用单位应及时向相关测绘地理信息行政主管部门和其他有关部门报告。

8. 结果信息的收集、汇总、分析和管理

各级测绘地理信息行政主管部门应加强对本行政区域内测绘单位、测绘地理信息项目质量和监督检查结果等信息的收集、汇总、分析和管理,下一级向上一级报告年度质量信息。

(三)测绘单位的质量责任与义务

测绘单位是测绘成果生产的主体,必须自觉遵守国家有关质量管理的法律、法规和规章,对完成的测绘成果质量负责。测绘成果质量不合格的，不准提供使用，否则要依法承担相应的法律责任。

1. 测绘单位应当建立健全测绘成果质量管理制度

(1)测绘单位应按照质量管理体系建设要求，建立健全覆盖本单位测绘地理信息业务范围的质量管理体系，规范质量管理行为，确保质量管理体系的有效运行。

(2)甲、乙级测绘资质单位应设立质量管理和质量检查机构；丙、丁级测绘资质单位应设立专职质量管理和质量检查人员。测绘地理信息项目的技术和质检负责人等关键岗位须由注册测绘师充任。

(3)测绘单位应建立质量责任制，明确岗位职责，制定并落实岗位考核办法和质量责任。

(4)测绘单位应建立合同评审制度，确保具有满足合同要求的实施能力。

测绘地理信息项目实施，应坚持先设计后生产，不允许边设计边生产，禁止没有设计就进行生产。技术设计文件需要审核的，由项目委托方审核批准后实施。

2. 测绘单位对其完成的测绘成果质量负责，承担相应的质量责任

(1)测绘地理信息项目实行“两级检查一级验收”制度。作业部门负责过程检查，测绘单位负责最终检查。过程成果达到规定的质量要求后方可转入下一工序。必要时，可在关键工序、难点工序设置检查点，或开展首件成果检验。

项目委托方负责项目验收。基础测绘项目、测绘地理信息专项和重大建设工程测绘地理信息项目的成果未经测绘质检机构实施质量检验，不得采取材料验收、会议验收等方式验收，以确保成果质量；其他项目的验收应根据合同约定执行。

(2)测绘单位对其完成的测绘地理信息成果质量负责，所交付的成果，必须保证是合格品。

测绘单位应建立质量信息征集机制，主动征求用户对测绘地理信息成果质量的意见，并为用户提供咨询服务。

测绘单位应及时、认真地处理用户的质量查询和反馈意见。与用户发生质量争议的，报项目所在地测绘地理信息行政主管部门进行处理，或依法诉讼。

(3)测绘地理信息项目通过验收后，测绘单位应将项目质量信息报送项目所在地测绘地理信息行政主管部门。

3. 测绘单位对实施测绘地理信息项目相关要求

(1)仪器设备。测绘地理信息项目实施所使用的仪器设备应按照国家有关规定进行检定、校准。用于基础测绘项目和规模化测绘地理信息生产的新技术、新工艺、新软件等，须得到项目组织方同意或通过由项目组织方组织的检验、测试或鉴定。

(2)监理工作。国家法律法规或委托方有明确要求实施监理的测绘地理信息项目，应依法开展监理工作，监理单位资质及监理工作实施应符合相关规定。监理单位对其出具的监理报告负责。

(3)分包责任。测绘地理信息项目依照国家有关规定实行项目分包的，分包出的任务由总承包方向发包方负完全责任。

案例启示

2020 年 11 月 29 日，湖南省衡阳市某公司源江山煤矿发生重大透水事故，造成 13 人死亡，直接经济损失 3 484.03 万元。

经查明，湖南省某地质局第一勘探队耒阳项目部严重不负责任，明知该公司煤矿设置的活动铁门和孔格状结构国土密闭不符合要求，未向自然资源部门提出立即整改意见；测量该煤矿巷道"走过场"，出具的巷道测量鉴定报告结论与源江山煤矿真实开采情况严重不符。

在"11·29"湖南省耒阳市源江山煤矿重大透水事故中，湖南省某地质局第一勘探队有关测绘行为违反《中华人民共和国测绘法》第三十九条"测绘单位应当对完成的测绘成果质量负责"等规定，属于情节严重的"测绘成果质量不合格"的违法行为。

根据《中华人民共和国测绘法》第六十三条、《自然资源行政处罚办法》第二十九条等规定，对湖南省某地质局第一勘探队下达《自然资源违法案件行政处罚决定书》，决定行政处罚如下：责令停业整顿，并吊销测绘资质证书。

测绘是国民经济和社会发展必不可少的一项前期性、基础性和公益性工作，服务范围涉及与地理信息有关的国民经济和社会发展的各个领域和各个行业，发挥着重要作用。正是因为测绘工作的基础性、重要性，作为测绘工作者，在从事测绘工作过程中一定要秉持爱岗敬业、严谨认真的精神，一丝不苟，严格遵守测量规范，精益求精，践行工匠精神。

三、测绘成果的汇交

测绘成果汇交是指根据测绘成果不同的性质向测绘行政主管部门分别汇交副本或者目录。

(一)测绘成果汇交特性

1. 法定性

测绘成果汇交制度是《测绘法》确定的一项重要法律制度。《测绘法》和《测绘成果管理条例》不仅规定了测绘成果汇交的主体、接受主体和汇交的形式，同时规定了测绘成果汇交的具体内容和具体程序。因此，测绘成果汇交具有法定性特征。

2. 无偿性

测绘成果汇交的目的是促进测绘成果的广泛利用，提高测绘成果的使用效益。《测绘成果管理条例》规定了测绘成果目录或者副本实行无偿汇交的制度。

3. 完整性

测绘成果具有科学性、系统性和专业性等特点，测绘成果所包含的数据、信息、图件以及相关的技术资料是有机统一的整体，不可分割。如果只汇交了测量控制网坐标成果，而没有成果说明及技术设计等资料，那么整个控制网所采用的测量基准和测量系统等都是不可知的，测量成果也是不能使用的。因此，测绘成果汇交必须完整。

4. 时效性

测绘成果所承载的自然地理要素或者地表人工设施的形状、大小、空间位置及其属性信息会不断发生变化，测绘成果汇交必须坚持一定的时效性。《测绘成果管理条例》规定，测绘项目出资人或者承担国家投资的测绘项目的单位应当自测绘项目验收完成之日起3个月内，向测绘行政主管部门汇交测绘成果副本或者目录。

(二)测绘成果汇交的主体和内容

1. 测绘成果汇交的主体

(1)测绘项目出资人。按照现行测绘法律、行政法规的规定，对没有使用国家投资的测绘项目，或者是由公民、法人或者其他组织自行出资的测绘项目，由测绘项目出资人按照规定向测绘项目所在地省、自治区、直辖市人民政府自然资源主管部门汇交测绘成果目录，测绘成果汇交的主体为测绘项目出资人。依法汇交测绘成果目录，是测绘项目出资人的法定义务。

(2)承担测绘项目的测绘单位。基础测绘项目或者国家投资的其他测绘项目，测绘成果汇交的主体为承担测绘项目的单位，由测绘单位汇交测绘成果副本或者目录。中央财政投资完成的测绘项目，由承担测绘项目的单位向国务院自然资源主管部门汇交测绘成果资料；地方财政投资完成的测绘项目，由承担测绘项目的单位向测绘项目所在地的省、自治区、直辖市人民政府自然资源主管部门汇交测绘成果资料。

(3)中方部门或者单位。《测绘成果管理条例》对外国的组织或者个人与中华人民共和国有关部门或者单位合资、合作，经批准在中华人民共和国领域内从事测绘活动的，明确规定测绘成果归中方部门或者单位所有，并由中方部门或者单位向国务院自然资源主管部门汇交测绘成果副本。

(4)市、县级自然资源主管部门。随着我国测绘行政管理体制的不断完善，目前很多省、自治区、直辖市颁布的地方性测绘法规和政府规章，都坚持了逐级进行测绘成果汇交的原则，从而使市、县级自然资源主管部门成为成果汇交的一个特殊主体。

2. 汇交的内容

测绘成果属于基础测绘成果的，应当汇交副本；属于非基础测绘成果的，应当汇交目录。测绘成果的副本和目录实行无偿汇交。

按照《测绘法》《测绘成果管理条例》规定，测绘成果汇交的主要内容包括测绘成果目录和副本两部分。

(1)测绘成果目录。

①按国家基准和技术标准施测的一、二、三、四等天文、三角、导线、长度、水准测量成果的目录；

②重力测量成果的目录；

③具有稳固地面标志的全球定位测量(GPS)、多普勒定位测量、卫星激光测距(SLR)等空间大地测量成果的目录；

④用于测制各种比例尺地形图和专业测绘的航空摄影底片的目录；

⑤我国自己拍摄的和收集国外的可用于测绘或修测地形图及其他专业测绘的卫星摄影底片和磁带的目录；

⑥面积在 10 km^2 以上的(1∶500)～(1∶2 000)比例尺地形图和整幅的(1∶5 000)～(1∶1 000 000)比例尺地形图(包括影像地图)的目录；

⑦其他普通地图、地籍图、海图和专题地图的目录；

⑧上级有关部门主管的跨省区、跨流域，面积在 50 km^2 以上，以及其他重大国家项目的工程测量的数据和图件目录；

⑨县级以上地方人民政府主管的面积在省管限额以上(由各省、自治区、直辖市人民政府颁发的测绘行政管理规章确定)的工程测量的数据和图件目录。

(2)测绘成果副本。

①按国家基准和技术标准施测的一、二、三、四等天文、三角、导线、长度、水准测量成果的成果表、展点图(路线图)、技术总结和验收报告的副本；

②重力测量成果的成果表(含重力值归算、点位坐标和高程、重力异常值)、展点图、异常图、技术总结和验收报告的副本；

③具有稳固地面标志的全球定位测量(GPS)、多普勒定位测量、卫星激光测距(SLR)等空间大地测量的测量成果、布网图、技术总结和验收报告的副本；

④正式印制的地图，包括各种正式印刷的普通地图、政区地图、教学地图、交通旅游地图，以及全国性和省级的其他专题地图。

(三)测绘成果汇交的法律责任

测绘成果汇交的法律责任，主要包括以下三个方面。

1. 不按照规定汇交测绘成果资料的法律责任

《测绘法》对测绘成果汇交主体不按照汇交测绘成果资料的法律责任作出了规定，不汇交测绘成果资料的，责令限期汇交；逾期不汇交的，对测绘项目出资人处以重测所需费用 1 倍以上 2 倍以下的罚款，对承担国家投资的测绘项目的单位处以 1 万元以上 5 万元以下的罚款，暂扣测绘资质证书，自暂扣测绘资质证书之日起 6 个月内仍不汇交测绘成果资料的，吊销测绘资质证书。并对负有直接责任的主管人员和其他直接责任人员依法给予行政处分。

2. 自然资源主管部门的法律责任

《测绘成果管理条例》对自然资源主管部门的法律责任进行了规定，明确县级以上人民政府自然资源主管部门有下列行为之一的，由本级人民政府或者上级人民政府自然资源主管部门责令改正，通报批评；对直接负责的主管人员和其他直接责任人员，依法给予处分。

(1)接收汇交的测绘成果副本或者目录，未依法出具汇交凭证的。

(2)未及时向测绘成果保管单位移交测绘成果资料的。

(3)未依法编制和公布测绘成果资料目录的。

(4)发现违法行为或者接到对违法行为的举报后，不及时进行处理的。

(5)不依法履行监督管理职责的其他行为。

3. 测绘成果保管单位的法律责任

《测绘成果管理条例》规定，测绘成果保管单位有下列行为之一的，由自然资源主管部门给予警告，责令改正；有违法所得的，没收违法所得；造成损失的，依法承担赔偿责任；对直接负责的主管人员和其他直接责任人员，依法给予处分。

(1)未按照测绘成果资料的保管制度管理测绘成果资料，造成测绘成果资料损毁、散失的。

(2)擅自转让汇交的测绘成果资料的。

(3)未依法向测绘成果的使用人提供测绘成果资料的。

案例启示

2008年1月，浙江省金华市规划局在测绘市场监督检查时发现，2007年中国铁通集有限公司某分公司在金华市区范围内共敷设了4条地下通信管线，都没有按照规定将竣工测绘成果在工程竣工后90日内向金华市规划局备案。经调查取证，发现该公司2006年敷设和更新的地下管线项目竣工测绘成果也未备案。2008年1月14日，金华市规划局下发了《限期改正违法行为通知书》，要求该公司在2008年1月31日前将2006年、2007年两年敷设和更新的地下管线项目竣工测绘成果各一套送交备案，但该公司在规定期限内仍未送交备案。

《中华人民共和国测绘法》第三十三条规定，国家实行测绘成果汇交制度。测绘项目完成后，测绘项目出资人或者承担国家投资的测绘项目的单位，应当向国务院测绘行政主管部门或者省、自治区、直辖市人民政府测绘行政主管部门汇交测绘成果资料。属于基础测绘项目的，应当汇交测绘成果副本；属于非基础测绘项目的，应当汇交测绘成果目录。负责接收测绘成果副本和目录的测绘行政主管部门应当出具测绘成果汇交凭证，并及时将测绘成果副本和目录移交给保管单位。

该公司的行为违反了《中华人民共和国测绘法》，也违反了《浙江省测绘管理条例》关于竣工测绘成果备案的有关规定。2008年8月28日，金华市规划局依据《浙江省测绘管理条例》关于未备案竣工测绘成果的法律责任的有关规定，作出责令该公司在收到《行政处罚决定书》之日起1周内将有关地下管线项目竣工测绘成果送交备案，并处罚款人民币1万元的行政处罚。

测绘成果是国家基础性、战略性的信息资源，是国家花费大量人力、物力生产的宝贵财富和重要的空间地理信息，是国家进行各项工程建设和经济社会发展的重要基础。为充分发挥测绘成果的作用，提高测绘成果的使用效益，降低政府行政管理成本实现测绘成果的共建共享，国家实行测绘成果汇交制度。

测绘成果汇交是《测绘法》和《测绘成果管理条例》确定的一项制度，也是法律规定的测绘地理信息单位的应尽义务。大家要进一步提高认识，未来在工作岗位上履行责任，按照法律要求，认真做好测绘成果汇交相关工作，确保应交尽交。

四、测绘成果保管

(一)测绘成果保管及其特点

测绘成果保管是指测绘成果保管单位依照国家有关档案法律、行政法规的规定，采取科学的防护措施和手段，对测绘成果进行归档、保存和管理的活动。

测绘成果具有专业性、系统性、保密性等特点，同时测绘成果又以纸质资料和数据形态共同存在，使测绘成果保管不同于一般的文档资料。

1. 测绘成果保管要采取安全保障措施

由于测绘成果是广大测绘工作者在不同时期获取的自然地理要素和地表人工设施的真实反映，不仅数量大，而且测绘成果的获取需要花费大量人力、物力和财力，测绘成果一经丢失、损坏，便必须再到实地重新测绘才能获得。因此，测绘成果保管单位必须要采取安全保障措施，保障测绘成果的完整和安全。测绘成果资料的存放设施与条件，应当符合国家保密、消防及档案管理的有关规定和要求。

2. 基础测绘成果保管要采取异地备份存放制度

基础测绘是指建立全国统一的测绘基准和测绘系统，进行基础航空摄影，获取基础地理信息的遥感资料，测制和更新国家基本比例尺地图、影像图和数字化产品，建立、更新基础地理信息系统。基础测绘成果是国家经济建设、国防建设和社会发展的重要保障和基础，为保障国家基础测绘成果资料的安全，避免出现基础测绘成果资料由于意外情况造成毁坏、散失，《测绘成果管理条例》规定，测绘成果保管单位应当建立健全测绘成果资料的保管制度，配备必要的设施，确保测绘成果资料的安全，并对基础测绘成果资料实行异地备份存放制度。

3. 测绘成果不得损毁、散失和转让

由于测绘成果的重要性、保密性和具有著作权特点，《测绘成果管理条例》第十二条规定，测绘成果保管单位应当按照规定保管测绘成果资料，不得损毁、散失、转让。

(二)测绘地理信息档案

2017 年 7 月，为加强和规范测绘地理信息档案管理工作，更好地为测绘地理信息事业服务，依据《中华人民共和国档案法》及其实施办法、《中华人民共和国测绘法》等相关法律法规，结合测绘地理信息工作实际，国家测绘地理信息局、国家档案局共同制定了《测绘地理信息档案管理规定》(简称《档案管理规定》)。

1. 测绘地理信息档案的概念

测绘地理信息档案是指测绘地理信息系统各单位在履行管理职能和开展各项业务活动中直接形成的，对国家、社会和本单位具有保存价值的各种文字、图表、音像、电子数据等形式和载体的历史记录。

测绘地理信息档案是测绘地理信息事业的重要信息资源，是各单位履行职责、开展业务的信息支持和保障，是国家档案资源建设的组成部分。测绘地理信息档案属于测绘成果的，同时按照国家有关测绘成果管理的法律法规执行。

2. 测绘地理信息档案的分级管理

测绘地理信息档案工作是测绘地理信息工作的组成部分。测绘地理信息档案工作实行统一领导、分级管理的原则。《档案管理规定》规定：

(1)国家测绘地理信息局对全国测绘地理信息档案工作实行监督和指导，在业务上接受国家档案行政管理部门的监督和指导。

(2)地方各级测绘地理信息主管部门对本行政区域内测绘地理信息档案工作实行监督和指导，在业务上接受同级档案行政管理部门和上级测绘地理信息行政主管部门的监督和指导。

(3)各级测绘地理信息主管部门及其所属单位(以下统称各单位)应当依法开展档案工作，把档案工作列入本单位发展规划和工作计划，建立、健全档案管理制度，统筹安排档案工作所需经费，依法维护档案的完整与安全，为档案的科学管理和档案信息的开发利用提供保障。

(4)各单位应当加强档案法规和档案知识宣传教育，提高档案管理水平和服务意识。

3. 测绘地理信息档案的职责分工

《档案管理规定》规定：

(1)国家测绘地理信息局办公室归口负责测绘地理信息档案工作。国家测绘地理信息局办公室、测绘成果管理司按照分工履行以下职责：

①贯彻执行档案工作的法律、法规和规定，建立健全测绘地理信息档案工作规章制度；

②监督和指导测绘地理信息业务档案工作；

③监督和指导测绘地理信息系统及国家测绘地理信息局所属单位文书等门类档案工作；

④统一管理国家测绘地理信息局机关档案，对局机关各司室文件材料的形成、积累和归档工作进行业务监督和指导；

⑤负责国家测绘地理信息局机关档案信息化工作，开发机关档案信息资源，参与机关电子文件全程管理，负责局机关电子文件归档和电子档案管理；

⑥按照国家有关规定向中央档案馆移交档案。

国家测绘档案资料馆是国家测绘地理信息业务档案保管机构，承担测绘地理信息业务档案管理。

(2)各单位应当按照国家规定设立与本单位档案工作相适应的档案工作机构，并履行以下职责：

①贯彻落实上级主管部门有关档案工作规定和工作部署，承担本单位档案管理职能，制定本单位档案工作管理办法并组织实施；

②具有行政管理职能的单位在业务上受上级行政主管部门和同级档案行政主管部门的监督和指导，对所属单位档案工作进行监督和指导，并对系统内下级单位的档案工作进行业务指导；

③统一管理本单位的档案，监督和指导本单位所属部门做好各门类档案的形成、积累和归档工作；

④负责本单位档案信息化工作，参与本单位电子文件全程管理工作，负责本单位电子文件归档和电子档案管理；

⑤按照国家有关规定向同级国家综合档案馆移交档案。

国家测绘地理信息局所属各单位负责本单位档案管理的具体工作，应当明确档案工作分管领导，设立专门档案工作机构或者指定负责档案工作的综合机构，并向国家测绘地理信息局办公室备案。

(3)各单位所属部门在本单位档案工作机构指导下，履行以下职责：

①负责本部门应当归档的各种门类、形式和载体的文件材料的收集工作，保证归档文件材料的齐全完整；

②对归档的文件按照各门类档案管理办法的相关规定进行整理，做到分类清楚、鉴定准确、排列有序，并按规定向本单位档案部门归档；

③接受本单位档案工作机构的指导与检查。

(4)各单位应当为档案部门配备与本单位档案数量、门类和发展要求相适应的档案工作人员，并保持相对稳定。

各单位所属部门应当根据档案工作要求，明确档案工作承办人，并向本单位档案工作机构备案。

4. 测绘地理信息档案的接收

(1)各单位应当按要求编制本单位的文件材料归档范围和档案保管期限表，归档范围、保管期限应当划分科学、准确。国家测绘地理信息局制定和完善机关文书档案、测绘地理信息业务档案及其他门类档案的文件材料归档范围和档案保管期限表，并经批准后执行。国家测绘地理信息局所属各单位制定和完善本单位文件材料归档范围和档案保管期限表，报国家测绘地理信息局档案工作机构批准后执行。

(2)各单位应当加大档案收集整理力度，加强对档案收集整理工作的监督和指导，确保档案应收尽收、应归尽归。对重点工作、重大活动、重大建设项目、重大科研项目等活动中形成的档案，实行档案工作与专项活动工作进程同步管理。

(3)各单位应当按照相关档案管理规定，确定档案的具体接收范围，并接收本单位在工作中直接形成的各种门类、形式和载体的档案。应当归档的文件材料由各单位有关部门按照职责分工负责收集齐全并按相关规定进行整理，定期向本单位档案部门归档。与纸质或其他载体形式的文件相对应的电子文件应当一并归档。任何单位、部门或个人不得将应当归档文件材料据为己有或拒绝归档。

(4)各单位对接收范围内的档案应当按规定实行集中统一管理，不得由各承办部门和个人分散保存。各单位所属部门应当按照规定时限向本单位档案部门归档，并办理归档手续。档案部门接收的档案应当符合归档质量要求。

5. 测绘地理信息档案的管理

各单位应当依据国家相关规定，结合工作需要建立健全本单位各门类档案管理制度，并进行具体管理。

(1)鉴定。各单位对保管期限已满的档案，应当及时进行鉴定。鉴定工作结束后，应由档案工作机构提出档案鉴定报告。国家测绘地理信息局机关的档案鉴定工作在办公室负责人主持下，由档案工作机构和有关业务部门组成鉴定小组共同进行。各单位的档案鉴定工作在分管档案工作的单位负责人主持下，由办公室、档案工作机构和有关业务部门组成鉴定小组共同进行。

(2)销毁。销毁档案必须按照规定履行相关手续。未经批准,不得销毁任何档案。

(3)接收与移交。各单位档案工作机构对接收的各种门类、形式和载体的档案,应当按照国家有关档案分类的标准规范要求进行分类、整理编目和保管。档案工作机构应当分别建立接收、移出档案登记台账,及时对接收和移出的档案进行登记。

各单位应当按照国家档案移交的有关规定,定期移交档案。单位撤销或合并的,应当将本单位的全部档案认真整理,妥善保管,不得分散,并按国家有关规定保管、移交。临时机构撤销时,其档案向设立该机构的单位移交。

(4)其他相关要求。

①各单位档案工作机构应当对档案的接收、整理、保管、利用、移交、销毁等情况进行统计,并按照规定报送本单位档案工作基本情况统计表。

②各单位应当加强档案信息化建设,将档案信息化纳入本单位信息化建设整体规划,统一部署、同步实施。

③各单位应当为开展档案工作提供必要的条件,做到档案工作人员办公室、档案库房、档案阅览室三室分开。档案安全保管条件应当符合国家相关要求。

④各单位应当建立健全档案安全保密管理制度,为档案保管保密提供条件保障,确保档案信息系统、档案实体、电子档案安全有效,严防档案损毁和失泄密事件发生。

⑤各单位应当建立档案安全管理责任制,根据档案实体与信息管理实际,制定应急预案,将档案安全责任明确到人。

⑥各单位档案工作机构应当建立库存档案和设备定期检查制度,并做好检查记录。对库存档案发现可疑情况或者发生意外事故的,应当立即向本单位领导报告。

⑦重要测绘地理信息档案应当实行异地备份保管,重要电子档案应当实行异质备份保管。

6.测绘地理信息档案的开发和利用

(1)各单位档案部门应当主动开发、挖掘档案信息资源,不断创新服务形式,强化服务功能,积极提供档案信息服务,满足各方面对测绘地理信息档案的利用需求。

(2)各单位应当加快推进传统载体档案数字化和利用网络化,运用信息化手段对档案信息资源进行管理开发,以方便检索利用,实现资源共享。

(3)各单位应当加强电子档案利用基础设施建设,保证电子档案得到方便快捷的利用。对已完成数字化的档案,其原件一般不再提供利用。

(4)网络利用档案应当采取有效的安全保护措施,对上网文件、档案进行严格审查,禁止把涉密文件和档案传输到非涉密或密级不符的网络。

五、测绘成果保密管理

国家秘密关系国家的安全和利益,依照法定程序规定,在一定时间内只限一定范围的人员知悉的事项。我国国家秘密的密级分为“绝密”“机密”“秘密”三级。“绝密”是最重要的国家秘密,泄露会使国家的安全和利益受到特别严重的损害;“机密”是重要的国家秘密,泄露会使国家的安全和利益遭受严重的损害;“秘密”是一般的国家秘密,泄露会使国家的安全和利益遭受一定程度的损害。

(一)测绘成果保密的概念和保密等级的划分

1. 测绘成果保密的概念

测绘成果保密,是指测绘成果由于涉及国家秘密,综合运用法律和行政手段将测绘成果严格限定在一定范围内和被一定的人员知悉的活动。

2. 测绘成果等级的划分

2020 年 6 月,自然资源部、国家保密局根据《中华人民共和国保守国家秘密法》(简称《保守国家秘密法》)和《测绘法》有关规定,制定《测绘地理信息管理工作国家秘密范围的规定》,规定了测绘管理工作国家秘密范围。

(1)绝密级事项。

①泄露后会对国家安全、利益和领土主权及海洋权益造成特别严重威胁或者损害的;

②泄露后会对国家重要军事设施、国家安全警卫目标造成特别严重威胁或者损害的;

③泄露后会对国家整体军事防御能力造成特别严重威胁或者损害的。

(2)机密级事项。

①泄露后会对国家安全、利益和领土主权及海洋权益造成严重威胁或者损害的;

②泄露后会对国家重要军事设施、国家安全警卫目标造成严重威胁或者损害的;

③泄露后会对国家整体军事防御能力造成严重威胁或者损害的;

④泄露后会对社会稳定和民族团结造成严重损害的。

(3)秘密级事项。

①泄露后会对国家安全、利益和领土主权及海洋权益造成威胁或者损害的;

②泄露后会对国家重要军事设施、国家安全警卫目标造成威胁或者损害的;

③泄露后会对国家局部军事防御能力造成损害的;

④泄露后会对国家测绘地理信息核心技术水平、知识产权保护造成损害的;

⑤泄露后会对社会稳定和民族团结造成损害的。

(二)测绘成果保密管理规定

1.《测绘法》的相关规定

测绘成果属于国家秘密的,适用保密法律、行政法规的规定;需要对外提供的,按照国务院和中央军事委员会规定的审批程序执行。测绘成果的秘密范围和秘密等级,应当依照保密法律、行政法规的规定,按照保障国家秘密安全、促进地理信息共享和应用的原则确定并及时调整、公布。

2.《测绘成果管理条例》的相关规定

(1)测绘成果保管单位应当建立健全测绘成果资料的保管制度,配备必要的设施,确保测绘成果资料的安全,并对基础测绘成果资料实行异地备份存放制度。

(2)利用涉及国家秘密的测绘成果开发生产的产品,未经国务院测绘行政主管部门或者省、自治区、直辖市人民政府测绘行政主管部门进行保密技术处理的,其秘密等级不得低于所用测绘成果的秘密等级。

(3)法人或者其他组织需要利用属于国家秘密的基础测绘成果的,应当提出明确的利用目的和范围，报测绘成果所在地的测绘行政主管部门审批。测绘行政主管部门审查同意的。应当以书面形式告知测绘成果的秘密等级、保密要求以及相关著作权保护要求。

(4)对外提供属于国家秘密的测绘成果，应当按照国务院和中央军事委员会规定的审批程序，报国务院测绘行政主管部门或者省、自治区、直辖市人民政府测绘行政主管部门审批；测绘行政主管部门在审批前，应当征求军队有关部门的意见。

3.《保守国家秘密法》的相关规定

(1)国家秘密载体的制作、收发、传递、使用、复制、保存、维修和销毁，应当符合国家保密规定。绝密级国家秘密载体应当在符合国家保密标准的设施、设备中保存，并指定专人管理；未经原定密机关、单位或者其上级机关批准，不得复制和摘抄；收发、传递和外出携带，应当指定人员负责，并采取必要的安全措施。

(2)存储、处理国家秘密的计算机信息系统(简称涉密信息系统)按照涉密程度实行分级保护。涉密信息系统应当按照国家保密标准配备保密设施、设备。保密设施、设备应当与涉密信息系统同步规划，同步建设，同步运行。

(3)机关、单位对外交往与合作中需要提供国家秘密事项，或者任用、聘用的境外人员因工作需要知悉国家秘密的，应当报国务院有关主管部门或者省、自治区、直辖市人民政府有关主管部门批准，并与对方签订保密协议。

4.《国家测绘地理信息局关于加强涉密测绘地理信息安全管理的通知》的相关规定

(1)充分认识加强涉密测绘地理信息安全管理的重要性和紧迫性。各级测绘地理信息行政主管部门和各级各类测绘地理信息生产、保管、使用单位，必须高度重视、加强领导，充分认识新形势下地理信息安全的极端重要性，增强责任意识和紧迫感，切实加强涉密测绘地理信息安全管理。

(2)狠抓涉密测绘地理信息安全管理基础工作。认真落实安全保密工作责任制；着力健全安全保密管理制度；大力开展安全保密宣传教育；切实加强安全保密检查。

(3)明确涉密测绘地理信息安全重点环节管理要求。包括涉密计算机和涉密信息系统管理要求、介质使用和保管要求、涉密计算机外接设备管理要求、涉密信息系统配置管理要求、涉密载体销毁管理要求。

(4)强化涉密测绘地理信息监管措施。严格涉密测绘成果提供使用审批管理；加强涉密测绘成果跟踪监管；落实核心涉密人员保密管理制度；建立健全监管机制；加强监管能力建设；营造监管良好环境。

(三)主管部门监督管理职责

1. 确定测绘成果的秘密范围和秘密等级

《测绘成果管理条例》第十六条规定，国家保密工作部门、国务院测绘行政主管部门应当商军队测绘主管部门，依照有关保密法律、行政法规的规定，确定测绘成果的秘密范围和秘密等级。

2. 进行保密技术处理

《测绘成果管理条例》第十六条规定，利用涉及国家秘密的测绘成果开发生产的产品，未经国务院测绘行政主管部门或者省、自治区、直辖市人民政府测绘行政主管部门进行保密技术处理的，其秘密等级不得低于所用测绘成果的秘密等级。

3. 审批属于国家秘密的基础测绘成果

《测绘成果管理条例》第十七条规定，法人或者其他组织需要利用属于国家秘密的基础测绘成果的，应当提出明确的利用目的和范围，报测绘成果所在地的测绘行政主管部门审批。

4. 告知申请人测绘成果的秘密等级、保密要求以及相关著作权保护要求

《测绘成果管理条例》第十七条规定，测绘行政主管部门审查同意的，应当以书面形式告知测绘成果的秘密等级、保密要求以及相关著作权保护要求。

5. 对外提供属于国家秘密的测绘成果审批

《测绘成果管理条例》第十八条规定，对外提供属于国家秘密的测绘成果，应当按照国务院和中央军事委员会规定的审批程序，报国务院测绘行政主管部门或者省、自治区、直辖市人民政府测绘行政主管部门审批；测绘行政主管部门在审批前，应当征求军队有关部门的意见。

6. 配合保密部门进行保密检查

《保守国家秘密法》第四十四条规定，保密行政管理部门对机关、单位遵守保密制度的情况进行检查，有关机关、单位应当配合。

7. 对提供、使用保密成果的单位进行监督检查

《行政许可法》第六十一条规定，行政机关应当建立健全监督制度，通过核查反映被许可人从事行政许可事项活动情况的有关材料，履行监督责任。行政机关依法对被许可人从事行政许可事项的活动进行监督检查时，应当将监督检查的情况和处理结果予以记录，由监督检查人员签字后归档。公众有权查阅行政机关监督检查记录。

(四)对测绘成果涉密人员的规定

1.《保守国家秘密法》的相关规定

(1)在涉密岗位工作的人员(简称涉密人员)，按照涉密程度分为核心涉密人员、重要涉密人员和一般涉密人员，实行分类管理。任用、聘用涉密人员应当按照有关规定进行审查。

(2)涉密人员应当具有良好的政治素质和品行，具有胜任涉密岗位所要求的工作能力。涉密人员的合法权益受法律保护。

(3)涉密人员上岗应当经过保密教育培训，掌握保密知识技能，签订保密承诺书，严格遵守保密规章制度，不得以任何方式泄露国家秘密。

(4)涉密人员出境应当经有关部门批准，有关机关认为涉密人员出境将对国家安全造成危害或者对国家利益造成重大损失的，不得批准出境。

(5)涉密人员离岗离职实行脱密期管理。涉密人员在脱密期内，应当按照规定履行保密义务，不得违反规定就业，不得以任何方式泄露国家秘密。

2.《关于进一步贯彻落实测绘成果核心涉密人员保密管理制度的通知》的相关规定

(1)进一步完善测绘成果核心涉密人员岗位管理制度。明确测绘成果核心涉密人员工作职责；强化测绘成果核心涉密人员履职能力；坚持测绘成果核心涉密人员持证上岗制度。

(2)进一步完善测绘成果核心涉密人员岗位培训机制。加强岗位培训工作的组织领导；明确岗位培训工作的职责分工；规范岗位培训证书的使用与管理。

(3)进一步加大测绘成果核心涉密人员保密管理力度。严格审查测绘成果核心涉密人员任职资格;健全测绘成果核心涉密人员各项管理制度;切实落实测绘成果核心涉密人员监管要求。

案例启示

2014 年 5 月,桂林市国土资源局联合有关部门在开展测绘成果保密检查中发现,广西某公司擅自复印、复制大量的涉密测绘成果。经查,该公司未经提供测绘成果的部门批准,擅自对测绘成果进行复制,涉及涉密图纸共计 259 幅。该公司的行为违反了《中华人民共和国测绘法》第二十九条“测绘成果保管单位应当采取措施保障测绘成果的完整和安全”的规定,以及《广西壮族自治区测绘管理条例》第二十六条“任何单位和个人不得擅自复制、转让或者转借涉密测绘成果”的规定。鉴于该公司曾于 2010 年因擅自复制测绘成果被处以行政处罚,现再次擅自复制测绘成果,且复制数量巨大,故对其从重处罚。2015 年 2 月,桂林市国土资源局依据《广西壮族自治区测绘管理条例》第五十三条的规定,对该公司做出责令改正违法行为,并处 104 500 元罚款的行政处罚。

不同于其他成果,测绘成果的内容涉及国家秘密和国家安全。在信息化时代,基础地理信息被称为“国之神器,不可予人”,一个国家重大关键设施的精确地理信息如果发生泄露,也就意味着该国的国防和经济命脉都逃不过对手的耳目。测绘成果保密关系国家总体安全,《测绘法》明确规定对属于国家秘密的地理信息实行可追溯管理,党的二十大报告指出“必须坚定不移贯彻总体国家安全观”,国家多次召开会议要求广大从业者切实做好地理信息安全监管工作。测绘从业者要从自身做起增强保密观念,时时刻刻维护国家和集体利益。

六、测绘成果的提供和利用

《测绘法》《测绘成果管理条例》对于测绘成果的提供和利用进行了规定,测绘成果提供包括基础测绘成果提供和非基础测绘成果提供。为规范基础测绘成果提供使用的管理,保障基础测绘成果的有效利用,自然资源部于 2023 年 3 月印发的《涉密基础测绘成果提供使用管理办法》对基础测绘成果及涉密测绘成果的提供利用进行了规定。

(一)促进测绘成果的社会化应用

《测绘法》第三十四条规定,县级以上人民政府测绘地理信息主管部门应当积极推进公众版测绘成果的加工和编制工作,通过提供公众版测绘成果、保密技术处理等方式,促进测绘成果的社会化应用。测绘成果保管单位应当采取措施保障测绘成果的完整和安全,并按照国家有关规定向社会公开和提供利用。

《测绘成果管理条例》第十四条规定，县级以上人民政府测绘行政主管部门应当积极推进公众版测绘成果的加工和编制工作，并鼓励公众版测绘成果的开发利用，促进测绘成果的社会化应用。

《涉密基础测绘成果提供使用管理办法》第五条规定，各级自然资源主管部门之间应当加强基础测绘成果的共享和统筹利用。

（二）充分利用已有的测绘成果

《测绘法》第三十五条规定，使用财政资金的测绘项目和涉及测绘的其他使用财政资金的项目，有关部门在批准立项前应当征求本级人民政府测绘地理信息主管部门的意见；有适宜测绘成果的，应当充分利用已有的测绘成果，避免重复测绘。

《测绘成果管理条例》第十五条规定，使用财政资金的测绘项目和使用财政资金的建设工程测绘项目，有关部门在批准立项前应当书面征求本级人民政府测绘行政主管部门的意见。测绘行政主管部门应当自收到征求意见材料之日起 10 日内，向征求意见的部门反馈意见。有适宜测绘成果的，应当充分利用已有的测绘成果，避免重复测绘。

（三）基础测绘成果和财政投资完成的其他测绘成果的提供和利用

《测绘法》第三十六条规定，基础测绘成果和国家投资完成的其他测绘成果，用于政府决策、国防建设和公共服务的，应当无偿提供。除前款规定情形外，测绘成果依法实行有偿使用制度。但是，各级人民政府及有关部门和军队因防灾减灾、应对突发事件、维护国家安全等公共利益的需要，可以无偿使用。测绘成果使用的具体办法由国务院规定。

《测绘成果管理条例》第十九条规定，基础测绘成果和财政投资完成的其他测绘成果，用于国家机关决策和社会公益性事业的，应当无偿提供。除前款规定外，测绘成果依法实行有偿使用制度。但是，各级人民政府及其有关部门和军队因防灾、减灾、国防建设等公共利益的需要，可以无偿使用测绘成果。依法有偿使用测绘成果的，使用人与测绘项目出资人应当签订书面协议，明确双方的权利和义务。

（四）涉密测绘成果的提供和利用

《测绘法》第三十四条规定，测绘成果属于国家秘密的，适用保密法律、行政法规的规定；需要对外提供的，按照国务院和中央军事委员会规定的审批程序执行。测绘成果的秘密范围和秘密等级，应当依照保密法律、行政法规的规定，按照保障国家秘密安全、促进地理信息共享和应用的原则确定并及时调整、公布。

《测绘成果管理条例》第十六条规定，国家保密工作部门、国务院测绘行政主管部门应当商军队测绘主管部门，依照有关保密法律、行政法规的规定，确定测绘成果的秘密范围和秘密等级。

利用涉及国家秘密的测绘成果开发生产的产品，未经国务院测绘行政主管部门或者省、自治区、直辖市人民政府测绘行政主管部门进行保密技术处理的，其秘密等级不得低于所用测绘成果的秘密等级。

2023 年 3 月 13 日，为规范涉密基础测绘成果提供使用的管理，根据《中华人民共和国测绘法》《中华人民共和国行政许可法》《中华人民共和国保守国家秘密法》《中华人民共和国测绘成果管理条例》等有关法律法规，自然资源部印发了《涉密基础测绘成果提供使用管理办法》。提供使用涉密基础测绘成果，应当遵守《涉密基础测绘成果提供使用管理办法》。《涉密基础测绘成果提供使用管理办法》所称涉密基础测绘成果，是指按照《测绘地理信息管理工作国家秘密范围的规定》属于国家秘密事项的基础测绘成果。境外机构、组织、个人以及外商投资企业申请使用涉密基础测绘成果，按照对外提供我国涉密测绘成果相关规定执行。

1. 审批主体

(1)自然资源部负责中央财政投资生产的涉密基础测绘成果(简称国家级涉密基础测绘成果)的提供使用审批。

(2)省级自然资源主管部门负责本行政区域国家级涉密基础测绘成果的提供使用审批。省级自然资源主管部门确定本行政区域地方财政投资生产的涉密基础测绘成果的提供使用审批权限。

申请人可按照便利原则选择向自然资源部或者省级自然资源主管部门申请使用国家级涉密基础测绘成果。申请人不得就同一事项同时向自然资源部和省级自然资源主管部门申请。各级自然资源主管部门之间应当加强基础测绘成果的共享和统筹利用。

2. 申请使用涉密基础测绘成果应当符合的条件

(1)申请人为法人或者其他组织。

(2)有明确、合法、具体的使用目的。

(3)申请的涉密基础测绘成果范围、种类、数量与使用目的相一致。

(4)保管和使用条件符合国家保密法律法规及政策要求。

3. 申请材料

(1)《涉密基础测绘成果提供使用申请表》。

(2)项目批准文件、任务书、合同书或其他可以说明使用目的的材料。

(3)申请人签署的《涉密基础测绘成果使用安全保密责任书》。

(4)经办人有效身份证件复印件。

(5)加载统一社会信用代码的营业执照、登记证照等复印件。

(6)具备保密管理有关条件的机构人员、管理制度、场所设施等的相关说明材料或测绘资质证书复印件。

4. 处理

审批机关对申请人提出的涉密基础测绘成果提供使用申请，应当根据下列情形分别作出处理：

(1)申请材料齐全并符合法定形式的，应当决定受理并出具受理通知书。

(2)申请材料不齐全或者不符合法定形式的，应当当场或者在5个工作日内一次性告知申请人需要补正的全部内容，逾期不告知的，自收到申请材料之日起即为受理。

(3)申请事项依法不属于本审批机关职责范围的，应当即时作出不予受理的决定，并告知申请人向有关审批机关申请。

5. 审批

审批机关应当自受理申请之日起10个工作日内作出决定。10个工作日内不能作出决定的，经审批机关负责人批准，可以延长 10 个工作日，并将延长期限的理由告知申请人。必要时，审批机关可以组织专家对申请材料进行评审或者实地核查。

审批机关作出审批决定的，应当自决定之日起 5 个工作日内向申请人送达决定，并抄送申请人所在地的省级自然资源主管部门。

6. 测绘成果保管单位职责

测绘成果保管单位应当按照批准决定的内容，及时向申请人提供涉密基础测绘成果，对提供情况进行登记并长期保存。

7. 被许可使用人职责

被许可使用人应当严格按照下列规定保管和使用涉密基础测绘成果：

(1)必须按照国家有关保密法律法规的要求采取有效的保密措施，严防失泄密。

(2)严格按照批准的使用目的，在批准的使用范围内使用所领取的涉密基础测绘成果，不得擅自转让或者转借涉密基础测绘成果。

(3)使用目的或项目完成后，应当在 6 个月内将所领取的涉密基础测绘成果送至保密行政管理部门设立的销毁工作机构或指定的单位销毁；确因工作需要自行销毁少量涉密基础测绘成果的，应当严格履行清点、登记和审批手续，并使用符合国家保密标准的销毁设备和方法，确保销毁的涉密信息无法还原；确有困难的，可将所领取的涉密基础测绘成果交回审批机关。销毁的登记、审批记录应当长期保存备查。各地自然资源主管部门对销毁工作已有明确规定的，从其规定。

(4)被许可使用人委托第三方从事批准用途的应用开发，应与第三方签订相应的保密责任书，实施有效管理，负责在项目完成后及时销毁或督促销毁相应涉密基础测绘成果。第三方为境外机构、组织、个人以及外商投资企业的，必须按照对外提供涉密测绘成果有关规定，经有关自然资源主管部门审批。

(5)被许可使用人分立或合并时，应当将涉密基础测绘成果移交给承接其职能的机关、单位，并履行登记、签收手续，同时将有关情况报告审批机关；被许可使用人解散时，应当将涉密基础测绘成果按照国家保密规定销毁或交回审批机关。

(6)被许可使用人应当对申领的涉密基础测绘成果的保管、使用、复制、销毁等情况进行登记并长期保存，实行可追溯管理。

8. 监管部门职责

县级以上自然资源主管部门应当建立健全检查抽查制度，创新监管手段，加强对全国和所辖行政区域内单位涉密基础测绘成果使用情况的事中事后监管。

9. 法律责任

(1)被许可使用人未按规定保管和使用涉密基础测绘成果，自然资源主管部门要求其进行整改的，整改措施未落实到位前，停止向其提供涉密基础测绘成果。存在重大失泄密隐患或发生失泄密的，收回涉密基础测绘成果，并将有关线索报送保密行政管理部门。

(2) 申请人隐瞒有关情况或提供虚假信息申请提供使用涉密基础测绘成果的，一年内再次申请使用涉密基础测绘成果，审批机关可不予受理。

(3) 申请人属于测绘资质单位，有以下情形的，还应按照有关程序纳入测绘地理信息行业不良信用记录：

①隐瞒有关情况或提供虚假信息申请提供使用涉密基础测绘成果；

②拒不接受和配合涉密基础测绘成果使用事中事后监管的；

③未按规定保管和使用涉密基础测绘成果，存在重大失泄密隐患或发生失泄密的。

(4)审批机关及测绘成果保管单位工作人员在涉密基础测绘成果提供使用工作中滥用职权、玩忽职守、徇私舞弊的，依法给予处分；涉嫌构成犯罪的，移送有关机关依法追究刑事责任。

(五)基础测绘成果的应急提供

为了在应对突发事件过程中主动快速提供基础测绘成果服务，维护国家和人民生命财产安全，更好地发挥测绘保障作用，根据《中华人民共和国突发事件应对法》《中华人民共和国测绘法》《中华人民共和国测绘成果管理条例》等法律法规以及《国家突发公共事件总体应急预案》，2006 年 12 月，国家测绘局制定《基础测绘成果应急提供办法》。

1. 突发事件的概念

突发事件，是指《中华人民共和国突发事件应对法》所规定的突然发生，造成或者可能造成严重社会危害，需要采取紧急处置措施予以应对的自然灾害、事故灾难、公共卫生事件和社会安全事件。

2. 遵循原则

(1)时效性。及时提供应对突发事件所需的各种基础测绘成果。

(2)安全性。按照国家保密法律法规的相关要求提供基础测绘成果，确保国家秘密安全。

(3)可靠性。所提供基础测绘成果的范围、种类、数量等应当与所需一致，各种相关资料应当一致。

(4)无偿性。应对突发事件所需的基础测绘成果无偿提供使用。

3. 申请原则

(1)发生突发事件。

(2)申请人为应对突发事件的相关部门或者单位。

4. 申请流程

申请基础测绘成果应急服务，采用简化申请程序的方式办理。

(1)申请人可先电话向相应测绘行政主管部门提出要求，再以加盖本部门印章的传真形式如实提交应急申请材料，主要包括突发事件的概况以及所需测绘成果的范围、种类、数量等。

(2)各级测绘行政主管部门应当当场或者在 4 小时内完成基础测绘成果应急服务申请的审核与批复，明确并及时通知相关测绘成果保管单位。

基础测绘成果不能满足应对突发事件需求时，测绘行政主管部门应予以说明，并提出有关应急解决方案。

(3)基础测绘成果应急提供时，各级测绘行政主管部门可无偿调用所缺的基础测绘成果。被调用方接到调用方加盖本机关印章的书面通知(传真)后，应在 8 小时内(特殊情况不超过 24 小时)准备好相关基础测绘成果，并及时通知调用方领取。无正当理由，被调用方不得以任何借口拒绝或者延迟提供。

测绘成果保管单位负责提供应对突发事件时所需的基础测绘成果。

测绘成果保管单位应当根据相关批复或者调用通知(情况特别紧急时,可以依据相关测绘行政主管部门的电话通知),在最短时间内完成基础测绘成果应急提供,一般提供期限为 8 小时,特殊情况不超过 24 小时。

(4)被许可使用人应当到指定的测绘成果保管单位领取应对突发事件所需的基础测绘成果,并同时按照《基础测绘成果提供使用管理暂行办法》的规定办理领用手续。

情况特别紧急时,测绘行政主管部门可以及时向有关部门送达所需的基础测绘成果。在确保安全的前提下,也可经涉密网络传输有关数据,以提高应急时效。

被许可使用人应当在 7 个工作日内,按照《基础测绘成果提供使用管理暂行办法》的规定,向测绘行政主管部门提交有关申请材料,补齐基础测绘成果使用审批手续。

5. 处罚责任

在应对突发事件时,有关测绘行政主管部门违反本办法第九条的规定,拒绝或者延迟无偿调用基础测绘成果的,由上一级测绘行政主管部门责令立即改正;对主要负责人、负有责任的主管人员和其他责任人员依法给予处分;构成犯罪的,依法追究刑事责任。

申请、审批、提供基础测绘成果过程中存在违规行为,或者擅自将所申请基础测绘成果另作他用的,根据有关法律法规的规定予以处罚;构成犯罪的,依法追究刑事责任。

七、重要地理信息数据

《测绘法》第三十七条规定,中华人民共和国领域和中华人民共和国管辖的其他海域的位置、高程、深度、面积、长度等重要地理信息数据,由国务院测绘地理信息主管部门审核,并与国务院其他有关部门、军队测绘部门会商后,报国务院批准,由国务院或者国务院授权的部门公布。

(一)重要地理信息数据的概念及特点

1. 重要地理信息数据的概念

重要地理信息数据是指在中华人民共和国领域和管辖的其他海域内的重要自然和人文地理实体的位置、高程、深度、面积、长度等位置信息数据和重要属性信息数据。主要包括:

(1)涉及国家主权、政治主张的地理信息数据。

(2)国界、国家面积、国家海岸线长度,国家版图重要特征点、地势、地貌分区位置等地理信息数据。

(3)拟冠以“全国”“中国”“中华”“国家”等字样的地理信息数据。

(4)经相邻省级人民政府联合勘定并经国务院批复的省级界线长度及行政区域面积,沿海省、自治区、直辖市海岸线长度。

(5)法律法规规定以及需要由国务院自然资源主管部门审核的其他重要地理信息数据。

2. 重要地理信息数据的特点

(1)权威性。重要地理信息数据的获取是依据科学的观测方法和手段进行的。重要地理信息数据的审核是由国务院自然资源主管部门审核,并要与国务院其他有关部门、军队测绘主管部门会商后，报国务院批准，由国务院或者国务院授权的部门以公告形式公布，并在全国范围内发行的报纸或者互联网上刊登，体现出了重要地理信息数据的权威性。

(2)准确性。重要地理信息数据涉及在中华人民共和国领域和管辖的其他海域内的重要自然和人文地理实体的位置、高程、深度、面积、长度等位置信息数据和重要属性信息数据，这些数据是依据科学的技术方法和手段获取的，建议人提出建议后，国务院自然资源主管部门还要对数据的科学性、完整性、可靠性等进行严格审核。因而，重要地理信息数据具有严格的准确性。

(3)法定性。重要地理信息数据审核公布制度由国家法律规定，重要地理信息数据的审核、批准、公布的主体和程序都必须严格按照《测绘法》和《行政许可法》执行，任何单位和个人不得擅自审核公布。因此，重要地理信息数据具有法定性。

(二)重要地理信息数据的申请流程

根据《自然资源部关于规范重要地理信息数据审核公布管理工作的通知》，重要地理信息数据审核流程如下。

1. 提出建议

自然资源部负责受理单位和个人(以下称为建议人)提出的审核公布重要地理信息数据的建议。

建议人也可以直接向省、自治区、直辖市自然资源主管部门提出审核公布重要地理信息数据建议。省、自治区、直辖市自然资源主管部门应当在10个工作日内将建议转报国务院自然资源主管部门。

建议人建议审核公布重要地理信息数据，应当向国务院自然资源主管部门提交以下书面资料：

(1)建议人基本情况；

(2)重要地理信息数据的详细数据成果资料，科学性及公布的必要性说明；

(3)重要地理信息数据获取的技术方案及对数据验收评估的有关资料；

(4)审核需要的其他资料。

建议人为各级地方人民政府、国务院各部门的，可以不提供建议人基本情况。

2. 审核

国务院自然资源主管部门应当组织对建议人提交的重要地理信息数据进行审核。

审核主要包括以下内容：

(1)重要地理信息数据公布的必要性；

(2)提交的有关资料的真实性与完整性；

(3)重要地理信息数据的可靠性与科学性；

(4)公布重要地理信息数据是否符合国家利益，是否影响国家安全；

(5)与相关历史数据、已公布数据的对比。

3. 上报

国务院自然资源主管部门应当会同国务院有关部门、军队测绘部门，对通过审核的重要地理信息数据公布的必要性、公布部门等内容进行会商，并向国务院上报公布建议。

(三)重要地理信息数据的公布与处罚

1. 公布

国务院批准公布的重要地理信息数据,由国务院或者国务院授权的部门公布。重要地理信息数据以公告形式公布,并在全国范围内发行的报纸或者互联网上刊登。重要地理信息数据公布时,应当注明审核、公布部门。

依照本规定公布重要地理信息数据的国务院有关部门,应当在公布时,将公布公告抄送国务院自然资源主管部门。国务院自然资源主管部门收到公布公告后,应当在10日内书面通知建议人。建议人建议审核公布的重要地理信息数据,在受理后未被批准公布的,国务院自然资源主管部门应当及时书面通知建议人,并说明理由。

2. 处罚

国务院有关部门具有下列情形之一的,由国务院自然资源主管部门依法给予警告,责令改正,可以并处十万元以下罚款;构成犯罪的,依法追究刑事责任;尚不够刑事处罚的,对负有直接责任的主管人员和其他直接责任人员,依法给予行政处分:

(1)擅自发布已经国务院批准并授权国务院有关部门公布的重要地理信息数据的;

(2)擅自发布未经国务院批准的重要地理信息数据的。

单位和个人具有下列情形之一的,由省级自然资源主管部门依法给予警告,责令改正,可以并处十万元以下罚款;构成犯罪的,依法追究刑事责任;尚不够刑事处罚的,对负有直接责任的主管人员和其他直接责任人员,依法给予行政处分:

(1)擅自发布已经国务院批准并授权国务院有关部门公布的重要地理信息数据的;

(2)擅自发布未经国务院批准的重要地理信息数据的。

八、地图的管理

《测绘法》第三十八条规定,地图的编制、出版、展示、登载及更新应当遵守国家有关地图编制标准、地图内容表示、地图审核的规定。互联网地图服务提供者应当使用经依法审核批准的地图,建立地图数据安全管理制度,采取安全保障措施,加强对互联网地图新增内容的核校,提高服务质量。县级以上人民政府和测绘地理信息主管部门、网信部门等有关部门应当加强对地图的编制、出版、展示、登载和互联网地图服务的监督管理,保证地图质量,维护国家主权、安全和利益。

为了加强地图管理,维护国家主权、安全和利益,促进地理信息产业健康发展,为经济建设、社会发展和人民生活服务,根据《中华人民共和国测绘法》制定了《地图管理条例》,经2015年11月11日国务院第111次常务会议通过,2015年11月26日中华人民共和国国务院令第664号公布,自2016年1月1日起施行。

(一)地图的概念和特点

1. 地图的概念

地图是指根据特定的数学法则,将地球上的自然和社会现象,通过制图综合,并以符号和注记缩绘在平面或者曲面上的图像。地图是地理空间信息的图形表现形式，是为人们提供自然地理要素或者地表人工设施的形状、大小、空间位置及其属性的图形。

地图按比例尺大小，可分为大比例尺地图，中比例尺地图和小比例尺地图；按其内容可分为普通地图和专题地图；按用途分为参考图、教学地图、地形图、航空图、海图、天文图以及交通图、旅游图等；按地图表现形式分为缩微地图、数字地图、电子地图、影像地图等。由于地图是对自然地理现象和社会经济现象的直观表达，通俗易懂，因此成为各级领导宏观决策、经济建设、国防军事和人民群众日常生活需要的必备读物和实用工具。

2. 地图的特点

(1)科学性。地图的生产过程是一个复杂的过程，包括从建立测量控制网开始，到野外实地采集地理信息数据，然后通过一定的数学法则和制图规范，经过公式化、符号化和抽象化、直观化的技术处理，最终编辑形成地图。地图的生产过程，自始至终都是依靠严格的测绘科学理论、数学法则和制图规范来进行的，因而地图具有严密的科学性特征。

(2)政治性。地图作为人类生存空间的重要地理信息载体，是人们认识世界和改造世界、实现经济社会可持续发展的重要工具之一，有其特定的价值。绘有完整国界线的地图是国家版图的主要表现形式，体现着一个国家在主权方面的意志和在国际社会中的政治外交立场，具有严肃的政治性。

(3)法定性。地图是测绘成果的直观表达形式，但地图又不同于其他的测绘成果。地图上国界线、行政区域界线的画法及标准由国家法律明确规定，由国务院自然资源主管部门会同有关部门拟定后报国务院批准公布；地图编制、出版、展示、登载等都有严格的法律规定；地图审核由具有法定权限的自然资源主管部门依法进行：地图的著作权受国家法律保护。地图具有严格的法定性。

(二)地图编制

1. 资质管理

《地图管理条例》第七条规定，从事地图编制活动的单位应当依法取得相应的测绘资质证书，并在资质等级许可的范围内开展地图编制工作。

《地图管理条例》第四十八条规定，违反本条例规定，未取得测绘资质证书或者超越测绘资质等级许可的范围从事地图编制活动或者互联网地图服务活动的，依照《中华人民共和国测绘法》的有关规定进行处罚。

2. 地图编制内容规定

《地图管理条例》对地图编制内容进行了严格的规定，主要内容如下：

(1)编制地图，应当执行国家有关地图编制标准，遵守国家有关地图内容表示的规定。地图上不得表示下列内容：

①危害国家统一、主权和领土完整的；

②危害国家安全、损害国家荣誉和利益的；

③属于国家秘密的；

④影响民族团结、侵害民族风俗习惯的；

⑤法律、法规规定不得表示的其他内容。

(2)编制地图,应当选用最新的地图资料并及时补充或者更新,正确反映各要素的地理位置、形态、名称及相互关系,且内容符合地图使用目的。

编制涉及中华人民共和国国界的世界地图、全国地图,应当完整表示中华人民共和国疆域。

(3)在地图上绘制中华人民共和国国界、中国历史疆界、世界各国间边界、世界各国间历史疆界,应当遵守下列规定:

①中华人民共和国国界,按照中国国界线画法标准样图绘制;

②中国历史疆界,依据有关历史资料,按照实际历史疆界绘制;

③世界各国间边界,按照世界各国国界线画法参考样图绘制;

④世界各国间历史疆界,依据有关历史资料,按照实际历史疆界绘制。

中国国界线画法标准样图、世界各国国界线画法参考样图,由外交部和国务院测绘地理信息行政主管部门拟订,报国务院批准后公布。

(4)在地图上绘制我国县级以上行政区域界线或者范围,应当符合行政区域界线标准画法图、国务院批准公布的特别行政区行政区域图和国家其他有关规定。行政区域界线标准画法图由国务院民政部门和国务院测绘地理信息行政主管部门拟订,报国务院批准后公布。

(5)在地图上表示重要地理信息数据,应当使用依法公布的重要地理信息数据。

3. 涉密处理

利用涉及国家秘密的测绘成果编制地图的,应当依法使用经国务院测绘地理信息行政主管部门或者省、自治区、直辖市人民政府测绘地理信息行政主管部门进行保密技术处理的测绘成果。

(三)地图审核

《地图管理条例》对地图的审核作出了以下规定。

1. 送审主体及材料

出版地图的,由出版单位送审;展示或者登载不属于出版物的地图的,由展示者或者登载者送审;进口不属于出版物的地图或者附着地图图形的产品的,由进口者送审;进口属于出版物的地图,依照《出版管理条例》的有关规定执行;出口不属于出版物的地图或者附着地图图形的产品的,由出口者送审;生产附着地图图形的产品的,由生产者送审。

送审应当提交以下材料:

(1)地图审核申请表;

(2)需要审核的地图样图或者样品;

(3)地图编制单位的测绘资质证书。

进口不属于出版物的地图和附着地图图形的产品的,仅需提交前款第(1)项、第(2)项规定的材料。利用涉及国家秘密的测绘成果编制地图的,还应当提交保密技术处理证明。

2. 审核主体

(1)国务院测绘地理信息行政主管部门负责下列地图的审核:

①全国地图以及主要表现地为两个以上省、自治区、直辖市行政区域的地图;

②香港特别行政区地图、澳门特别行政区地图以及台湾地区地图;

③世界地图以及主要表现地为国外的地图；

④历史地图。

(2)省、自治区、直辖市人民政府测绘地理信息行政主管部门负责审核主要表现地在本行政区域范围内的地图。其中，主要表现地在设区的市行政区域范围内不涉及国界线的地图，由设区的市级人民政府测绘地理信息行政主管部门负责审核。

(3)涉及专业内容的地图，应当依照国务院测绘地理信息行政主管部门会同有关部门制定的审核依据进行审核。没有明确审核依据的，由有审核权的测绘地理信息行政主管部门征求有关部门的意见，有关部门应当自收到征求意见材料之日起20个工作日内提出意见。征求意见时间不计算在地图审核的期限内。

世界地图、历史地图、时事宣传地图没有明确审核依据的，由国务院测绘地理信息行政主管部门商外交部进行审核。

(4)全国性中小学教学地图，由国务院教育行政部门会同国务院测绘地理信息行政主管部门、外交部组织审定；地方性中小学教学地图，由省、自治区、直辖市人民政府教育行政部门会同省、自治区、直辖市人民政府测绘地理信息行政主管部门组织审定。

3. 审核批准

有审核权的测绘地理信息行政主管部门应当自受理地图审核申请之日起20个工作日内，作出审核决定。时事宣传地图、时效性要求较高的图书和报刊等插附地图的，应当自受理地图审核申请之日起7个工作日内，作出审核决定。应急保障等特殊情况需要使用地图的，应当即送即审。

送审地图符合下列规定的，由有审核权的测绘地理信息行政主管部门核发地图审核批准文件，并注明审图号：

(1)符合国家有关地图编制标准，完整表示中华人民共和国疆域；

(2)国界、边界、历史疆界、行政区域界线或者范围、重要地理信息数据、地名等符合国家有关地图内容表示的规定；

(3)不含有地图上不得表示的内容。

地图审核批准文件和审图号应当在有审核权的测绘地理信息行政主管部门网站或者其他新闻媒体上及时公告。经审核批准的地图，应当在地图或者附着地图图形的产品的适当位置显著标注审图号。其中，属于出版物的，应当在版权页标注审图号。经审核批准的地图，送审者应当按照有关规定向有审核权的测绘地理信息行政主管部门免费送交样本。

任何单位和个人不得出版、展示、登载、销售、进口、出口不符合国家有关标准和规定的地图，不得携带、寄递不符合国家有关标准和规定的地图进出境。

4. 法律责任

(1)违反《地图管理条例》规定，应当送审而未送审的，责令改正，给予警告，没收违法地图或者附着地图图形的产品，可以处10万元以下的罚款；有违法所得的，没收违法所得；构成犯罪的，依法追究刑事责任。

(2)违反《地图管理条例》规定，不需要送审的地图不符合国家有关标准和规定的，责令改正，给予警告，没收违法地图或者附着地图图形的产品，可以处10万元以下的罚款；有违法所得的，没收违法所得；情节严重的，可以向社会通报；构成犯罪的，依法追究刑事责任。

(3)违反《地图管理条例》规定，经审核不符合国家有关标准和规定的地图未按照审核要求修改即向社会公开的，责令改正，给予警告，没收违法地图或者附着地图图形的产品，可以处10万元以下的罚款；有违法所得的，没收违法所得；情节严重的，责令停业整顿，降低资质等级或者吊销测绘资质证书，可以向社会通报；构成犯罪的，依法追究刑事责任。

(4)违反《地图管理条例》规定，弄虚作假、伪造申请材料骗取地图审核批准文件，或者伪造、冒用地图审核批准文件和审图号的，责令停止违法行为，给予警告，没收违法地图和附着地图图形的产品，并处10万元以上20万元以下的罚款；有违法所得的，没收违法所得；情节严重的，责令停业整顿，降低资质等级或者吊销测绘资质证书；构成犯罪的，依法追究刑事责任。

(5)违反《地图管理条例》规定，未在地图的适当位置显著标注审图号，或者未按照有关规定送交样本的，责令改正，给予警告；情节严重的，责令停业整顿，降低资质等级或者吊销测绘资质证书。

(四)地图出版

《地图管理条例》对地图出版有如下规定。

(1)县级以上人民政府出版行政主管部门应当加强对地图出版活动的监督管理，依法对地图出版违法行为进行查处。

(2)出版单位从事地图出版活动的，应当具有国务院出版行政主管部门审核批准的地图出版业务范围，并依照《出版管理条例》的有关规定办理审批手续。

(3)出版单位根据需要，可以在出版物中插附经审核批准的地图。

(4)任何出版单位不得出版未经审定的中小学教学地图。

(5)出版单位出版地图，应当按照国家有关规定向国家图书馆、中国国家版本馆和国务院出版行政主管部门免费送交样本。

(6)地图著作权的保护，依照有关著作权法律、法规的规定执行。

(五)互联网地图服务

《地图管理条例》对互联网地图服务有如下规定。

国家鼓励和支持互联网地图服务单位开展地理信息开发利用和增值服务。县级以上人民政府应当加强对互联网地图服务行业的政策扶持和监督管理。

1.资质管理

互联网地图服务单位向公众提供地理位置定位、地理信息上传标注和地图数据库开发等服务的，应当依法取得相应的测绘资质证书。

互联网地图服务单位从事互联网地图出版活动的，应当经国务院出版行政主管部门依法审核批准。

2.安全与隐私保障

(1)互联网地图服务单位应当将存放地图数据的服务器设在中华人民共和国境内，并制定互联网地图数据安全管理制度和保障措施。县级以上人民政府测绘地理信息行政主管部门应当会同有关部门加强对互联网地图数据安全的监督管理。

(2)互联网地图服务单位收集、使用用户个人信息的，应当明示收集、使用信息的目的、方式和范围，并经用户同意。互联网地图服务单位需要收集、使用用户个人信息的，应当公开收集、使用规则，不得泄露、篡改、出售或者非法向他人提供用户的个人信息。互联网地图服务单位应当采取技术措施和其他必要措施，防止用户的个人信息泄露、丢失。

3. 禁止表示

(1)互联网地图服务单位用于提供服务的地图数据库及其他数据库不得存储、记录含有按照国家有关规定在地图上不得表示的内容。互联网地图服务单位发现其网站传输的地图信息含有不得表示的内容的，应当立即停止传输，保存有关记录，并向县级以上人民政府测绘地理信息行政主管部门、出版行政主管部门、网络安全和信息化主管部门等有关部门报告。

(2)任何单位和个人不得通过互联网上传标注含有按照国家有关规定在地图上不得表示的内容。

4. 检核校对

互联网地图服务单位应当使用经依法审核批准的地图，加强对互联网地图新增内容的核查校对，并按照国家有关规定向国务院测绘地理信息行政主管部门或者省、自治区、直辖市测绘地理信息行政主管部门备案。

5. 其他规定

(1)互联网地图服务单位对在工作中获取的涉及国家秘密、商业秘密的信息，应当保密。

(2)互联网地图服务单位应当加强行业自律，推进行业信用体系建设，提高服务水平。

6. 法律责任

(1)违反《地图管理条例》规定，互联网地图服务单位使用未经依法审核批准的地图提供服务，或者未对互联网地图新增内容进行核查校对的，责令改正，给予警告，可以处20万元以下的罚款；有违法所得的，没收违法所得；情节严重的，责令停业整顿，降低资质等级或者吊销测绘资质证书；构成犯罪的，依法追究刑事责任。

(2)违反《地图管理条例》规定，通过互联网上传标注了含有按照国家有关规定在地图上不得表示的内容的，责令改正，给予警告，可以处10万元以下的罚款；构成犯罪的，依法追究刑事责任。

案例启示

2016年1月，上海海关发现浙江省苍南县某公司申报出口的一批世界地图疑似"问题地图"，通报上海市规划和国土资源管理局核查。

经审核，该批世界地图未按规定送审，且存在违反"一个中国"原则、克什米尔地区表示不符合我国有关规定、中沙群岛岛点底色设置错误等问题。上海市规划和国土资源管理局与上海海关、浙江省测绘与地理信息局共同进行现场调查后，按照属地管辖原则，将该案移送浙江省测绘与地理信息局。2016年5月，浙江省测绘与地理信息局将该案件交由苍南县测绘与地理信息局立案调查。经查，苍南县某公司为外方印制纸质世界地图，图样由外方设计。2015年8月，该公司将地图电子稿送国家测绘地理信息局审核，并取得地图审图号。

2015年9月至12月，该公司分两批印制了2 500张和1 620张世界地图，经上海海关出口美国。第三批地图印制前，外方将图样做了修改，该公司未将修改后的地图样图送审，导致产生"问题地图"。该公司的行为违反了《地图管理条例》第十五条"向社会公开的地图，应当报送有审核权的测绘地理信息行政主管部门审核"和第二十四条"任何单位和个人不得出版、展示、登载、销售、进口、出口不符合国家有关标准和规定的地图"的规定。

2016年5月，苍南县测绘与地理信息局依据《地图管理条例》第四十九条的规定，对该公司作出责令限期改正，警告，没收违法纸质地图及电子地图，并处50 000元罚款的行政处罚。

正确的国家版图是国家主权和领土完整的象征，体现了国家在主权方面的意志和在国际社会中的政治、外交立场。作为测绘工作人员，在今后的工作中，应认同并支持政府在处理国家领土争端问题中所持有的政治、外交立场，自觉维护国家领土和主权完整。

课后练习题

一、单选题

1. 测绘成果分为(　　)。

A. 基础测绘成果和非基础测绘成果　　B. 重要测绘成果和普通测绘成果

C. 高级测绘成果和低级测绘成果　　D. 秘密测绘成果和公开测绘成果

2. 根据《测绘地理信息管理工作国家秘密范围的规定》，下列测绘成果中，属于机密级成果的是(　　)。

A. 涉及军事禁区的大于或等于1∶1万国家基本比例尺地形图

B. 重力加密点成果

C. 1∶50万、1∶25万、1∶1万国家基本比例尺地形图

D. 1∶1万、1∶5万全国高精度数字高程模型

3. 泄露会使国家安全和利益遭受特别严重损害的国家秘密属于(　　)级。

A. 绝密　　B. 机密　　C. 秘密　　D. 内部

4. 法人或者其他组织需要利用属于国家秘密的基础测绘成果的，应当提出明确的利用目的和范围，报(　　)。

A. 自然资源主管部门审批

B. 测绘成果所在地的自然资源主管部门审批

C. 省级以上人民政府自然资源主管部门审核

D. 县级以上人民政府自然资源主管部门审批

5. 根据测绘成果管理条例，测绘成果的秘密范围和秘密等级由(　　)依法确定。

A. 国家保密工作部门

B. 国务院自然资源主管部门

C. 国务院自然资源主管部门会同军队测绘部门

D. 国家保密工作部门、国务院自然资源主管部门会商军队测绘部门

6. 根据《公开地图内容表示规范》，关于利用涉及国家秘密的测绘成果编制的公开地图的编制与送审管理表述正确的是（　　）。

A. 不得利用涉及国家秘密的测绘成果编制的公开地图

B. 利用涉及国家秘密的测绘成果编制的公开地图不受限制

C. 利用涉及国家秘密的测绘成果编制的公开地图，在依法送自然资源主管部门进行地图审核时，由自然资源部统一进行保密技术处理

D. 利用涉及国家秘密的测绘成果编制的公开地图，在依法送自然资源主管部门进行地图审核前应当采用自然资源部规定的统一方法进行保密技术处理

7. 利用涉及国家秘密的测绘成果开发生产的产品，未经国务院自然资源主管部门或者省、自治区、直辖市人民政府自然资源主管部门进行保密技术处理的，其秘密等级与所用测绘成果的秘密等级的关系正确的是？（　　）

A. 高于　　B. 不高于　　C. 低于　　D. 不低于

8. 在涉密岗位工作的人员，按照涉密程度分为（　　）类。

A. 3　　B. 4　　C. 5　　D. 6

9. 某甲级测绘资质单位依法承担一项省级财政投资的基础测绘项目。根据测绘成果条例，下列关于该项目测绘成果汇交的说法中，错误的是（　　）。

A. 应当由该测绘单位负责汇交成果

B. 应当向国务院自然资源主管部门汇交成果

C. 应当汇交测绘成果副本

D. 应当无偿汇交测绘成果

10. 根据《测绘成果管理条例》，外国公司与中方公司共同组建合资公司，合资公司经批准在我国从事测绘活动的，由（　　）负责汇交测绘成果。

A. 外国公司　　B. 中方公司

C. 合资公司　　D. 中方公司的主管部门

11. 测绘成果保管单位应当建立健全测绘成果资料的保管制度，配备必要的设施，确保测绘成果资料的安全，并对基础测绘成果资料实行（　　）制度。

A. 备份存放　　B. 异地备份存放　　C. 严格管理　　D. 专人保管

12. 国务院批准公布的重要地理信息数据，由（　　）公布。

A. 提出审核重要地理信息数据的建议人

B. 省级自然资源主管部门

C. 国务院或者国务院授权的部门

D. 重要地理信息所在地省级人民政府或其授权部门

二、简答题

1. 简述测绘成果的概念。

2. 简述测绘成果的表现形式。

3. 什么是测绘成果汇交？测绘成果汇交具有哪些特性？

4. 测绘成果汇交的主体有哪些？

5. 简述不按照规定汇交测绘成果资料的法律责任。

6. 简述我国国家秘密的密级。

7. 简述重要地理信息数据的概念及内容。

8. 在地图上绘制中华人民共和国国界、中国历史疆界、世界各国间边界、世界各国间历史疆界，应当遵守哪些规定？

第7章 测绘地理信息安全管理

【学习导入】

本章主要介绍了外国人来华测绘、军事测绘、海洋测绘、地理信息系统建设管理等相关法律知识。

通过对本章的学习，学生应掌握《测绘法》中有关外国组织或者个人来华测绘的规定，以及《外国的组织或者个人来华测绘管理暂行办法》，能确认外国人来华从事测绘活动的合法性，了解与外国人合资合作测绘的合法性和履行义务的情况，正确处理涉外测绘活动的有关问题；了解军事测绘、海洋测绘的相关规定；掌握地理信息系统建设管理的相关要求。

【学习目标】

知识目标：掌握外国人来华测绘管理的法律依据；掌握外国人来华测绘的审批条件；

能力目标：能够阐述外国人来华测绘的监督及法律责任。

素质目标：引导学生遵纪守法，关注国家信息安全。

一、外国组织或个人来华测绘管理

测绘是经济社会发展和国防建设的一项基础性工作，测绘所产生的测绘成果广泛应用于国防军事，事关国家主权、国防安全和国家秘密。近年来，外国人未经批准，擅自在我国从事测绘活动的事件时有发生，损害了我国的安全和利益。为保证并推进我国与国际社会经济、科技、文化的交流与合作事务顺利、有序地开展，规范和引导外国人在我国领域和管辖的其他海域依法从事测绘活动，国家对外国人来华测绘实行管理。

根据《中华人民共和国测绘法》的有关规定，2007 年 1 月 19 日，国土资源部第 38 号令发布了《外国的组织或者个人来华测绘管理暂行办法》，于 2007 年 3 月 1 日起施行。根据 2011

年4月27日《国土资源部关于修改〈外国的组织或者个人来华测绘管理暂行办法〉的决定》第一次进行修正，根据2019年7月16日自然资源部第2次部务会议《自然资源部关于第一批废止和修改的部门规章的决定》第二次进行修正。

(一)外国人来华测绘的概念、原则及禁止从事领域

1. 概念

来华测绘是指外国的组织或者个人在中华人民共和国领域和管辖的其他海域从事测绘活动。

2. 遵守的原则

来华测绘应当遵循以下原则：

(1)必须遵守中华人民共和国的法律、法规和国家有关规定；

(2)不得涉及中华人民共和国的国家秘密；

(3)不得危害中华人民共和国的国家安全。

3. 不得从事的测绘活动

合资、合作测绘不得从事下列活动：

(1)大地测量；

(2)测绘航空摄影；

(3)行政区域界线测绘；

(4)海洋测绘；

(5)地形图、世界政区地图、全国政区地图、省级及以下政区地图、全国性教学地图、地方性教学地图和真三维地图的编制；

(6)导航电子地图编制；

(7)国务院自然资源主管部门规定的其他测绘活动。

(二)外国组织或个人来华测绘审批及监督

(1)国务院自然资源主管部门会同军队测绘主管部门负责来华测绘的审批。

(2)县级以上各级人民政府自然资源主管部门依照法律、行政法规和规章的规定，对来华测绘履行监督管理职责。

(3)县级以上地方人民政府自然资源主管部门，应当加强对本行政区域内来华测绘的监督管理，定期对下列内容进行检查：

①是否涉及国家安全和秘密；

②是否在《测绘资质证书》载明的业务范围内进行；

③是否按照国务院自然资源主管部门批准的内容进行；

④是否按照《中华人民共和国测绘成果管理条例》的有关规定汇交测绘成果副本或者目录；

⑤是否保证了中方测绘人员全程参与具体测绘活动。

(三)外国组织或个人来华测绘的形式

1. 合资、合作的形式

外国的组织或者个人在中华人民共和国领域测绘，必须与中华人民共和国的有关部门或

者单位依法采取合资、合作的形式(以下简称合资、合作测绘)。

前款所称合资、合作的形式,是指依照外商投资的法律法规设立的合资、合作企业。

(1)合资、合作测绘应当取得国务院自然资源主管部门颁发的《测绘资质证书》。

合资、合作企业申请测绘资质应当具备下列条件:

①符合《中华人民共和国测绘法》以及外商投资的法律法规的有关规定;

②符合《测绘资质管理规定》的有关要求;

③已经依法进行企业登记,并取得中华人民共和国法人资格。

(2)合资、合作企业申请测绘资质应当提供下列材料。

①《测绘资质管理规定》中要求提供的申请材料;

②企业法人营业执照;

③国务院自然资源主管部门规定应当提供的其他材料。

(3)测绘资质许可依照下列程序办理。

①提交申请:合资、合作企业应当向国务院自然资源主管部门提交申请材料;

②受理:国务院自然资源主管部门在收到申请材料后依法作出是否受理的决定;

③审查:国务院自然资源主管部门决定受理后10个工作日内送军队测绘主管部门会同审查,并在接到会同审查意见后10个工作日内作出审查决定;

④发放证书:审查合格的,由国务院自然资源主管部门颁发相应等级的《测绘资质证书》;审查不合格的,由国务院自然资源主管部门作出不予许可的决定。

2. 一次性测绘

经国务院及其有关部门或者省、自治区、直辖市人民政府批准,外国的组织或者个人来华开展科技、文化、体育等活动时,需要进行一次性测绘活动的(以下简称一次性测绘),可以不设立合资、合作企业,但是必须经国务院自然资源主管部门会同军队测绘主管部门批准,并与中华人民共和国的有关部门和单位的测绘人员共同进行。

(1)申请一次性测绘的,应当提交下列申请材料。

①申请表;

②国务院及其有关部门或者省、自治区、直辖市人民政府的批准文件;

③按照法律法规规定应当提交的有关部门的批准文件;

④外国的组织或者个人的身份证明和有关资信证明;

⑤测绘活动的范围、路线、测绘精度及测绘成果形式的说明;

⑥测绘活动时使用的测绘仪器、软件和设备的清单和情况说明;

⑦中华人民共和国现有测绘成果不能满足项目需要的说明。

(2)一次性测绘应当依照下列程序取得国务院自然资源主管部门的批准文件。

①提交申请:经国务院及其有关部门或者省、自治区、直辖市人民政府批准,外国的组织或者个人来华开展科技、文化、体育等活动时,需要进行一次性测绘活动的,应当向国务院自然资源主管部门提交申请材料;

②受理:国务院自然资源主管部门在收到申请材料后依法作出是否受理的决定;

③审查:国务院自然资源主管部门决定受理后10个工作日内送军队测绘主管部门会同审查,并在接到会同审查意见后10个工作日内作出审查决定;

④批准:准予一次性测绘的,由国务院自然资源主管部门依法向申请人送达批准文件,并

抄送测绘活动所在地的省、自治区、直辖市人民政府自然资源主管部门;不准予一次性测绘的,应当作出书面决定。

合资、合作企业应当在《测绘资质证书》载明的业务范围内从事测绘活动。一次性测绘应当按照国务院自然资源主管部门批准的内容进行。

合资、合作测绘或者一次性测绘的,应当保证中方测绘人员全程参与具体测绘活动。

来华测绘成果的管理依照有关测绘成果管理法律法规的规定执行。来华测绘成果归中方部门或者单位所有的,未经依法批准,不得以任何形式将测绘成果携带或者传输出境。

(四)外国组织或个人来华测绘的法律责任

(1)违反《外国的组织或者个人来华测绘管理暂行办法》规定,法律、法规已规定行政处罚的,从其规定。

违反《外国的组织或者个人来华测绘管理暂行办法》规定,来华测绘涉及中华人民共和国的国家秘密或者危害中华人民共和国的国家安全的行为的,依法追究其法律责任。

(2)违反《外国的组织或者个人来华测绘管理暂行办法》规定,有下列行为之一的,由国务院自然资源主管部门撤销批准文件,责令停止测绘活动,处 3 万元以下罚款。有关部门对中方负有直接责任的主管人员和其他直接责任人员,依法给予处分;构成犯罪的,依法追究刑事责任。对形成的测绘成果依法予以收缴:

①以伪造证明文件、提供虚假材料等手段,骗取一次性测绘批准文件的;

②超出一次性测绘批准文件的内容从事测绘活动的。

(3)违反本办法规定,未经依法批准将测绘成果携带或者传输出境的,由国务院自然资源主管部门处 3 万元以下罚款;构成犯罪的,依法追究刑事责任。

案例启示

2016 年 8 月,新疆维吾尔自治区测绘地理信息局接到有关部门移送的一起蒙古国公民涉嫌非法实施一次性测绘活动的案件,即刻将案件交由新疆阿勒泰地区测绘地理信息局查办。经查,2016 年 3 月,蒙古国公民阿某在新疆阿勒泰地区旅游过程中,使用手持 GPS 接收机采集新疆境内多个地理坐标点位信息。阿某在未经依法批准的情况下,擅自采集我国地理信息坐标数据的行为,违反了《中华人民共和国测绘法》第七条“外国的组织或者个人在中华人民共和国领域和管辖的其他海域从事测绘活动,必须经国务院测绘行政主管部门会同军队测绘部门批准”的规定。2016 年 9 月,新疆阿勒泰地区测绘地理信息局依据《中华人民共和国测绘法》第五十一条的规定,对阿某作出责令停止违法测绘行为,没收测绘成果和测绘工具,并处 10 000 元罚款的行政处罚。

近年来,在我国窃取地理信息的行为大都带有隐蔽性,境外人员往往假借科学研究、旅游探险的形式进行,且往往与我国人员在一起,利用中国人当掩护。但如果留心观察,这些人员就能被识别。这些窃取地理信息的人员与普通旅游者不同,他们对沿途风景不太关心,对标有军事管理区的路牌视而不见

（军事管理区路牌一般都有英文翻译），拿着类似指南针的坐标定位设备或外文版地形图，走走停停，很像在找寻某件物品。他们往往利用GPS接收机采集具有明显特征的房屋角、独立大石、独立大树等的坐标，往往将前进路径或采集的信息在地形图上标注。手持GPS接收机是类似手机的物件，一般有3～5个智能手机大小，颜色单一，略显笨重，往往与地图一起使用。

一起起铁证如山的非法测绘案在提醒我们，国家安全警钟长鸣。随着时代的发展进步，国家安全将是各国特别是大国间竞争和博弈的重要内容。这一点，既体现在对战略安全优势的争夺上，也体现在对安全话语权的抢夺上。测绘工作者一定要时刻警惕非法测绘，同时应该做好保密工作，不可有一丝疏忽，切实维护国家地理信息数据安全。

二、军事测绘

（一）军事测绘概念及特点

1. 军事测绘的概念

军事测绘，是指具有军事内容或者为军队作战、训练、军事工程、战场准备等实施的测绘工作。军事测绘是为军事需要获取和提供地理、地形资料和信息的专业勤务，是国防建设和军队指挥的保障之一。

军事测绘包括生产测绘成果和实施测绘保障两方面的任务。一是生产测绘成果，主要是测制符合规范要求的测绘产品，由军队专业部门进行；二是实施测绘保障，主要是提供测绘成果和为部队作战、训练准备地形资料而采取的综合措施，由测绘勤务部门、分队进行。军事测绘成果的种类繁多，需要经过复杂的技术工作才能完成，这些技术工作主要包括大地测量、摄影测量、地图制图、海洋测绘和工程测量等。

2. 军事测绘的特点

军事测绘的特殊性主要体现在以下几个方面。

（1）保密性。军事测绘是为军队作战、训练、军事工程、战场准备而实施的测绘工作，军事测绘成果承载了大量军事设施、军事工程和军队作战、训练等重要信息，这些信息与国家安全和利益紧密相关，属于军事秘密。军事测绘的基本比例尺地图为1∶5万地形图，属于国家机密。因此，军事测绘的一个重要特征就是保密性。

（2）精确性。地理信息为数字化战场和信息化战争构建了基础框架，是建设现代化军队、打赢信息化战争、建立国家安全保障体系重要的信息支撑。现代战争的精确制导和精确打击都离不开精确的地理信息数据。有了精确、及时、可靠的军事测绘保障，才能正确地感知战场，拥有空间信息优势，才能更及时、有效地运用作战力量，发挥作战效能。因此，军事测绘成果必须要具有精确性。

（3）实时性。现代军事战争是信息化战争，地理信息为赢得现代战争提供了保障。军事测绘的根本要求是及时、准确、真实。军事测绘成果必须注重实时性，实时地把握战场地形条件和地貌特征，为赢得战争提供保障条件。

(二)相关法律规定

《测绘法》第四条规定，军队测绘部门负责管理军事部门的测绘工作，并按照国务院、中央军事委员会规定的职责分工负责管理海洋基础测绘工作。

《测绘法》第十七条规定，军队测绘部门负责编制军事测绘规划，按照国务院、中央军事委员会规定的职责分工负责编制海洋基础测绘规划，并组织实施。

《测绘法》第二十八条规定，军队测绘部门负责军事测绘单位的测绘资质审查。

《测绘法》第三十四条规定，测绘成果属于国家秘密的，适用保密法律、行政法规的规定；需要对外提供的，按照国务院和中央军事委员会规定的审批程序执行。

《测绘法》第六十七条规定，军事测绘管理办法由中央军事委员会根据本法规定。

三、海洋测绘

(一)海洋测绘的概念及内容

1. 海洋测绘的概念

海洋测绘是研究海洋定位、测定海洋大地水准面和平均海面、海底和海面地形、海洋重力、磁力、海洋环境等自然和社会信息的地理分布及编制各种海图的理论和技术。

2. 海洋测绘的内容

海洋测绘的主要内容包括水深、地形、海底地貌、海底岩性、海底植物、海底动物、海底沉积物、海洋水文环境、海流等海洋物理要素，还包括海洋生态、海洋资源、海洋环境等海洋科学的研究对象。

(二)海洋测绘的管理

海上交通的开辟，海洋地质勘探，海洋资源开发，海洋工程建设，海洋疆界划定，海洋环境保护，海岛保护和建设，海上军事活动的进行，地壳变迁、大陆漂移、板块构造、海底扩张、冰盖运动、地球形状的研究，以及海啸预报、营救、水下考古、水下遗址和沉船定位等，都要应用海洋测绘的成果资料。

从广义上讲，从事海洋测绘活动，必须遵守《测绘法》及有关的法律、法规和规章，必须依法取得海洋测绘资质。海洋测绘工作是全国测绘工作的重要组成部分，是测绘行政主管部门负责统一监督管理的重要内容，但海洋测绘有其特殊性，《测绘法》第四条规定，军队测绘主管部门负责管理军事部门的测绘工作并按照国务院、中央军事委员会规定的职责分工负责管理海洋基础测绘工作。根据《测绘法》规定，海洋基础测绘工作由军事测绘主管部门按照国务院、中央军事委员会规定的职责分工具体负责。

四、地理信息系统建设管理

(一)地理信息系统的概念及特点

1. 地理信息系统的概念

地理信息系统是一种集成地理数据采集、处理、分析和展示的技术系统。它以地理空间为中心,将各类地理数据进行整合与关联,通过数据的可视化展示,帮助用户理解地理现象的空间关系。

2. 地理信息系统的特点

(1)地理信息系统是信息系统中的一类,属于空间信息系统。

(2)与非空间信息系统,如管理信息系统的区别在于它能够处理空间走位数据。

(3)与计算机辅助设计或制造系统相比具有空间分析能力。

(二)地理信息系统的管理

1. 基础测绘是地理信息系统的构建基础

《测绘法》第十五条规定,基础测绘是公益性事业。国家对基础测绘实行分级管理。本法所称基础测绘,是指建立全国统一的测绘基准和测绘系统,进行基础航空摄影,获取基础地理信息的遥感资料,测制和更新国家基本比例尺地图、影像图和数字化产品,建立、更新基础地理信息系统。

《测绘法》第二十四条规定:建立地理信息系统,应当采用符合国家标准的基础地理信息数据。

2. 鼓励地理信息产业发展与共享

《测绘法》第四十条规定,国家鼓励发展地理信息产业,推动地理信息产业结构调整和优化升级,支持开发各类地理信息产品,提高产品质量,推广使用安全可信的地理信息技术和设备。

县级以上人民政府应当建立健全政府部门间地理信息资源共建共享机制,引导和支持企业提供地理信息社会化服务,促进地理信息广泛应用。

县级以上人民政府测绘地理信息主管部门应当及时获取、处理、更新基础地理信息数据,通过地理信息公共服务平台向社会提供地理信息公共服务,实现地理信息数据开放共享。

3. 加强地理信息安全管理

《测绘法》第四十六条规定,县级以上人民政府测绘地理信息主管部门应当会同本级人民政府其他有关部门建立地理信息安全管理制度和技术防控体系,并加强对地理信息安全的监督管理。

4. 保障地理信息数据的真实性与合法性

《测绘法》第四十七条规定,地理信息生产、保管、利用单位应当对属于国家秘密的地理信息的获取、持有、提供、利用情况进行登记并长期保存,实行可追溯管理。

从事测绘活动涉及获取、持有、提供、利用属于国家秘密的地理信息,应当遵守保密法律、行政法规和国家有关规定。

地理信息生产、利用单位和互联网地图服务提供者收集、使用用户个人信息的,应当遵守法律、行政法规关于个人信息保护的规定。

课后练习题

一、单选题

1. 根据《外国的组织或者个人来华测绘管理暂行办法》,经批准在我国境内从事一次性测绘的,向申请人送达批准文件的部门是(　　)。

A. 外交部　　B. 国务院自然资源主管部门

C. 省级自然资源主管部门　　D. 县市级自然资源主管部门

2. 中外合资、合作企业申请测绘资质应当向(　　)提供申报资料。

A. 国务院自然资源主管部门和其所在地的省、自治区、直辖市人民政府自然资源主管部门

B. 所在地的省、自治区、直辖市人民政府自然资源主管部门

C. 国务院自然资源主管部门

D. 军队测绘部门

3. 根据测绘成果管理条例,外国的组织或个人依法在我国合资、合作从事测绘活动的,测绘成果归(　　)所有。

A. 外国的组织或个人　　B. 合资、合作企业

C. 中方部门或者单位　　D. 自然资源主管部门

4. 根据测绘成果管理条例,外国的组织或者个人依法在中华人民共和国领域内从事测绘活动的,应当向(　　)汇交测绘成果。

A. 国务院自然资源主管部门　　B. 省级自然资源主管部门

C. 市级自然资源主管部门　　D. 军队测绘部门

5. 关于外国组织或者个人携带我国测绘成果出境的说法,正确的是(　　)。

A. 可以携带出境

B. 不可携带出境

C. 未经依法批准,不得以任何形式携带出境

D. 经中方合作单位同意后可以携带出境

6. 根据《外国的组织或者个人来华测绘管理暂行办法》,合资、合作测绘不得从事的测绘活动是(　　)。

A. 地方性教学地图编制　　B. 互联网地图服务

C. 房产图测绘　　D. 地籍图测绘

7. (　　)是指具有军事内容或者为军队作战、训练、军事工程、战场准备等实施的测绘工作,主要包括生产测绘成果和实施测绘保障两方面的任务。

A. 实施测绘　　B. 生产测绘　　C. 军事测绘　　D. 军队测绘

8.(　　)负责管理军事部门的测绘工作,并按照国务院、中央军事委员会规定的职责分工负责管理海洋基础测绘工作。

A.国务院自然资源主管部门　　B.军队测绘部门

C.中华人民共和国有关部门　　D.自然资源主管部门

9.(　　)涉及地理信息定密、获取、持有、提供、利用等全过程的一整套制度体系。

A.地理信息安全管理制度　　B.网络安全管理制度

C.系统安全管理制度　　D.网络安全管理措施

二、简答题

1.简述外国人来华测绘的概念。其主要形式有哪些?

2.简述来华测绘应当遵循的原则。

3.外国人来华测绘不得从事的测绘活动有哪些?

4.简述军事测绘的概念。军事测绘包括哪些任务?

5.简述海洋测绘的概念及主要内容。

6.简述地理信息系统的概念及其特点。

第8章 不动产及其他测绘

【学习导入】

本章主要介绍了不动产测绘、房产测绘、界线测绘的管理规定。

通过对本章的学习，学生应掌握不动产测绘管理的概念及测绘的内容；房产测绘管理的概念及测绘的内容；界线测绘管理的概念及测绘的内容。

【学习目标】

知识目标：掌握国界线、行政区域界线测绘；掌握地籍测绘。

能力目标：了解我国的界线测绘与其他测绘管理的基本要求。

素质目标：培养学生的国家版图和信息安全意识。

一、不动产测绘

不动产是指实物形态的土地和附着于土地上的改良物，包括附着于地面或位于地上和地下的附属物。不动产可分为土地、林木、草原、河流、湖泊及其他土地附着物，并且以土地为基础。

根据2021年实施的《中华人民共和国民法典》(简称《民法典》)，界址、面积等数据是不动产登记的必要材料，也是不动产权利实现和流转的重要基础，这明确了不动产测绘的地位和作用。

(一)不动产测绘的概念及目的

1. 不动产测绘的概念

不动产测绘指的是获取不动产信息的主要方式。其含义有广义和狭义之分，在测绘学类别中分为房产测绘、地籍测绘、行政区域界线测绘以及不动产测绘监理四个部分。不动产测绘为法定测绘，是受法律肯定的，其主要测绘对象是房屋及与房屋相关的土地、地籍和界线等，最后，将对以上对象的测量结果用文字与数据图表等形式表现出来。

建立和实施不动产统一登记制度是一项重大的改革任务和系统工程，是党中央、国务院作出的重大战略部署，它具有保障不动产权利人的合法权益、维护不动产交易秩序等重要功能，社会影响广泛而深远。

2. 不动产测绘的目的

不动产测绘的目的是通过了解和确定不动产相关信息，对不动产进行有效控制和管理。目前，中国房地产事业快速发展，但是在不断进步的同时存在一些问题，如果不对其进行有效管理，就会造成公民个人资产不明确、财产安全得不到保障、国家经济混乱的现象。因此，保障社会主义市场经济体制的正常实行，促进国家经济平稳增长，不动产测绘是不可或缺的环节。

(二)不动产测绘的规定

(1)《中华人民共和国民法典》第二百一十一条规定，当事人申请登记，应当根据不同登记事项提供权属证明和不动产界址、面积等必要材料。

(2)《测绘法》第二十二条规定，县级以上人民政府测绘地理信息主管部门应当会同本级人民政府不动产登记主管部门，加强对不动产测绘的管理。

(3)《测绘资质管理办法》《测绘资质分级标准》明确了不动产测绘资质业务范围。

(4)2015 年 5 月国土资源部颁布了《不动产权籍调查技术方案(试行)》，对不动产测量执行现行技术规范、精度指标、工作方法等作统一的要求。

二、地籍测绘与房产测绘

(一)地籍测绘的概念及特点

1. 地籍测绘的概念

地籍测绘是为获取和表达地籍信息所进行的测绘工作。其基本内容是测定土地及其附着物的位置、权属界线、类型、面积等。具体内容如下：

(1)进行地籍控制测量，测设地籍基本控制点和地籍图根控制点。

(2)测定行政区划界线和土地权属界线的界址点坐标。

(3)测绘地籍图，测算地块和宗地的面积。

(4)进行土地信息的动态监测，进行地籍变更测量，包括地籍图的修测、重测和地籍簿册的修编，以保证地籍成果资料的现势性与正确性。

(5)根据土地整理、开发与规划的要求，进行有关的地籍测绘工作。

2. 地籍测绘的特点

地籍测绘内容横跨多个学科，涉及面广，地籍测绘与基础测绘和专业测量有着明显不同，其本质的不同表现在凡涉及土地及其附着物的权利的测量都可视为地籍测绘，具体表现如下：

(1)地籍测绘是一项基础性的具有政府行为的测绘工作，是政府行使土地行政管理职能的具有法律意义的行政性技术行为。

(2)地籍测绘为土地管理提供了精确、可靠的地理参考系统。

(3)地籍测绘是在地籍调查的基础上进行的。

(4)地籍测绘具有勘验取证的法律特征。

(5)地籍测绘的技术标准必须符合土地法律的要求。

(6)地籍测绘工作有非常强的现势性。

(7)地籍测绘技术和方法是对当今测绘技术和方法的应用集成。地籍测绘技术是普通测量、数字测量、摄影测量与遥感、面积测算、误差理论和平差、大地测量、空间定位技术等技术的集成式应用。根据土地管理和房地产管理对图形、数据和表册的综合要求组合不同的测绘技术和方法。

(8)从事地籍测绘的技术人员应有丰富的土地管理知识。

(二)房产测绘的概念及工作内容

1. 房产测绘的概念

房产测绘(房产测量)主要采集和表述房屋和房屋用地的有关信息,为房产产权、产籍管理、房地产开发利用、交易、征收税费及城镇规划建设等提供数据和资料。

2. 房产测绘的主要工作和基本内容

(1)房产测绘的主要工作。确定房屋的位置、界线、质量、数量、属性和现状等,并以文字、数据及图件表示出来。

(2)房产测绘的基本内容。房产平面控制测量、房产调查、房产要素测量、房产图绘制、房产面积测算、房产变更测量、成果资料的检查与验收。

(三)地籍测绘及房产测绘的管理

(1)《测绘法》第二十二条规定,县级以上人民政府测绘地理信息主管部门应当会同本级人民政府不动产登记主管部门,加强对不动产测绘的管理。

测量土地、建筑物、构筑物和地面其他附着物的权属界址线,应当按照县级以上人民政府确定的权属界线的界址点、界址线或者提供的有关登记资料和附图进行。权属界址线发生变化的,有关当事人应当及时进行变更测绘。

(2)2011 年国土资源部等四部门《关于农村集体土地确权登记发证的若干意见》、2012 年农业部《农村土地承包经营权登记试点工作规程(试行)》规定申请海域使用权和集体土地所有权、农地承包经营权登记,需要提交相关权属界线、地块的测绘成果。

(3)2008 年施行的《土地登记办法》和《房屋登记办法》(2019 年废止)明确土地登记和房屋登记中,应当提交地籍调查表,宗地图及宗地界址坐标或者房屋测绘报告。

三、界线测绘管理

界线测绘是指对各类界线的测量和绘制工作,包括国界、省界、县界等各种行政区域的界线测绘,以及河流、道路、土地等自然地理和人工设施的界线测绘。

(一)国界线测绘管理

1. 国界线测绘的概念和特征

(1)国界线测绘的概念。国界线是指相邻国家领土的分界线,是划分国家领土范围的界线,也是国家行使领土主权的界线。国界可以分为陆地国界、水域国界和空中国界。

国界线测绘是指划定国家间的共同边界线而进行的测绘活动,是与邻国明确划定边界线、签订边界条约和议定书,以及日后定期进行联合检查的基础工作。国界线测绘的主要成果是边界线位置和走向的文字说明、界桩点坐标及边界线地形图。

(2)国界线测绘的特征。

①国界线测绘涉及国家主权和领土完整。如果在国界线测绘上出现错误,会直接影响我国的主权和领土完整。

②国界线测绘涉及我国的外交关系和政治主张。国界线测绘成果出现质量问题或者错误,将会引起国际边界争议和争端,必然会对我国的外交关系产生不利影响。

③国界线测绘涉及国家安全和利益,属于国家秘密范围。国界线测绘成果包括边界地图、未定国界的勘测资料等,属于国家绝密级资料,直接涉及国家安全和利益。因此,国界线测绘有不同于其他测绘活动的特殊性。

2. 国界线测绘管理

国界线测绘具有严格的法定性、政治性和严肃性。因此,国家对国界线测绘活动的管理历来十分严格。

(1)《测绘法》第二十条规定,中华人民共和国国界线的测绘,按照中华人民共和国与相邻国家缔结的边界条约或者协定执行,由外交部组织实施。中华人民共和国地图的国界线标准样图,由外交部和国务院测绘地理信息主管部门拟定,报国务院批准后公布。

按照中华人民共和国与相邻国家缔结的边界条约或者协定进行国界线测绘不仅涉及我国的主权问题,而且涉及我国与邻国之间的外交关系。国界线测绘必须按照边界条约和协定中所商定的两国国界线的主要位置及基本走向,认真进行国界线实地勘测,并准确绘制国界线地图,这是国界线测绘的基本原则。

(2)制定和公布国界线标准样图。国界线标准样图是指国界线画法的标准样图,是指按照一定原则制作的有关中国国界线画法的统一的、标准的地图。制定国界线标准样图的目的是维护我国的领土和主权,提高地图上绘制国界线的准确度,避免出现国界线绘制方面的错误。国界线标准样图涉及我国与相邻国家之间的领土划分,因此《测绘法》规定,拟定国界线标准样图的工作由外交部和国务院测绘行政主管部门共同负责,其他任何部门都无权制定国界线标准样图。

制定国界线标准样图必须坚持以下两个原则。

①我国与邻国之间已经订立边界条约、边界协定或者边界议定书的,在拟定国界线标准样图时,严格按照有关的边界条约、边界协定或者边界议定书及其附图进行。

②我国与有关相邻国家之间没有订立边界条约、边界协定或者边界议定书的,按照中华人民共和国地图的习惯画法拟定。中华人民共和国地图的习惯画法,是指在我国与相邻国家之间还没有通过订立边界条约、边界协定或者边界议定书而正式划定边界线的情况下,根据在长

期的历史过程中形成的双方行政管辖所及的范围以及我国政府对边界线的主张，在地图上表示国界线。

《测绘法》第二十条规定，中华人民共和国地图的国界线标准样图，由外交部和国务院测绘地理信息主管部门拟定，报国务院批准后公布。从而明确了国界线标准样图的公布机关只能是国务院或者国务院授权的部门。公布国界线标准样图的目的是维护我国的主权和领土完整，为使用国界线的单位和个人提供法定依据。

(二)行政区域界线测绘管理

1. 行政区域界线的概念

行政区域界线是指国务院或者省、自治区、直辖市人民政府批准的行政区域毗邻的各有关人民政府行使行政区域管辖权的分界线。行政区域界线涉及行政区域界线周边地区的稳定与发展和行政争议。因此，加强行政区域界线的管理，具有十分重要的意义。为了加强对行政区域界线的管理，巩固行政区域界线勘定成果，维护行政区域界线附近地区稳定，2002 年 5 月 13 日，国务院颁布了《行政区域界线管理条例》，并自 2002 年 7 月 1 日起施行。

2. 行政区域界线测绘的概念与内容

(1)行政区域界线测绘的概念。行政区域界线测绘是指利用测绘技术手段和原理，为划定行政区域界线的走向、分布以及周边地理要素而进行的测绘工作。行政区域界线测绘是测绘行政主管部门为勘定行政区域界线而实施的一种行政行为，行政区域界线测绘的成果具有法律效力，因此，行政区域界线测绘被认定是一种法定测绘。

(2)行政区域界线测绘的内容。行政区域界线测绘的主要内容，包括界桩的埋设与测定、边界线的标绘、边界协议书附图的绘制、边界线走向和界桩位置说明的编写、中华人民共和国省级行政区域界线详图集的编纂和制印。行政区域界线测绘采用全国统一的大地坐标系统、平面坐标系统和高程系统，执行国家现行的有关测绘技术规范和标准。

3. 行政区域界线测绘管理

行政区域界线测绘管理，是测绘行政管理的重要组成部分，测绘法对行政区域界线测绘的管理作出了法律规定。

《测绘法》第二十一条规定，行政区域界线的测绘，按照国务院有关规定执行。省、自治区、直辖市和自治州、县、自治县、市行政区域界线的标准画法图，由国务院民政部门和国务院测绘地理信息主管部门拟定，报国务院批准后公布。

《地图管理条例》第十一条规定，在地图上绘制我国县级以上行政区域界线或者范围，应当符合行政区域界线标准画法图、国务院批准公布的特别行政区行政区域图和国家其他有关规定。

行政区域界线的标准画法图，是指根据国务院及各省、自治区、直辖市人民政府批准的行政区域界线协议书、附图及勘界有关成果，按照一定的编绘方式编制的反映各级行政区域界线画法的地图。勘定行政区域界线体现了我国的国家意志，民政部是国务院管理行政区域界线的部门，国家测绘地理信息局是行政区域界线测绘的主管部门，因此，《测绘法》明确行政区域界线标准画法图的拟订工作，由民政部和国家测绘地理信息局共同负责。由民政部和国家测绘地理信息局拟订后，行政区域界线的标准画法图要经国务院批准后才能公布，并且只能由国务院或者国务院授权的部门公布。公布的行政区域界线的标准画法图,是地图上行政区域界线画法的法定依据,在编制地图涉及行政区域界线时,必须严格按照行政区域界线的标准画法图执行。

(三)权属界线测绘管理

确定土地、建筑物、构筑物以及地面上其他附着物的所有权和使用权,对于维护社会的正常经济秩序,保护权利人的合法权益,具有十分重要的意义和作用。

1. 权属界线测绘的概念

(1)权属的概念。权属是指所有权和使用权,这里是指土地、建筑物、构筑物以及地面上其他附着物的所有权和使用权。所有权是指所有者对其所有物依法享有的占有、使用、收益和处分的权利。使用权是指使用者对其使用的土地、建筑物、构筑物以及地面上其他附着物依法享有的占有、使用和收益的权利。

(2)权属界线的概念。权属界线是指土地、建筑物、构筑物以及地面上其他附着物的权属的分界线,也称为权属界址线。权属界线的转折点称为界址点,将所有界址点连接起来,就形成了一块土地、建筑物、构筑物以及地面上其他附着物的权属界线。

(3)权属界线测绘的概念。权属界线测绘是指测定权属界线的走向和界址点的坐标及绘制权属界线图的活动。权属界线测绘是确定权属的重要手段,只有通过权属界线测绘才能准确地将权属界线用数据和图形的形式表示出来。

权属界线测绘的成果,主要包括权属调查表、权属界址点坐标、权属面积统计表、权属界线图等。

2. 权属界线测绘管理

《测绘法》第二十二条规定,县级以上人民政府测绘地理信息主管部门应当会同本级人民政府不动产登记主管部门,加强对不动产测绘的管理。

测量土地、建筑物、构筑物和地面其他附着物的权属界址线,应当按照县级以上人民政府确定的权属界线的界址点、界址线或者提供的有关登记资料和附图进行。权属界址线发生变化的,有关当事人应当及时进行变更测绘。

课后练习题

一、单选题

1. 以下不属于不动产的是(　　)。

A. 土地　　B. 海域　　C. 林木　　D. 现金

2. 按照《测绘资质分级标准》,不动产测绘不包括(　　)。

A. 房产测绘　　B. 面积测绘　　C. 行政区域界线测绘　　D. 地籍测绘

3. 根据《民法典》,下列有关材料中,申请登记不动产登记时不需要提供的是(　　)。

A. 不动产权属证明　　B. 不动产界址资料

C. 不动产权面积资料　　　　D. 不动产登记簿

4.《测绘法》规定，中华人民共和国地图的国界线标准样图由(　　)拟定。

A. 外交部和国务院民政部门

B. 外交部和军队测绘部门

C. 外交部和国务院测绘地理信息主管部门

D. 民政部和国务院测绘地理信息主管部门

5.《测绘法》规定，拟定省、自治区、直辖市和自治州、县、自治县、市行政区域界线的标准画法图的部门是(　　)。

A. 国务院民政部门和外交部

B. 国务院测绘地理信息主管部门

C. 外交部和国务院测绘地理信息主管部门

D. 国务院民政部门和国务院测绘地理信息主管部门

二、简答题

1. 简述不动产的概念。
2. 简述不动产测绘的概念。
3. 简述地籍测绘的概念及内容。
4. 简述国界线及国界线测绘的概念。

第9章 测绘项目招投标与合同管理

【学习导入】

本章主要介绍了承发包与招投标的概念和规定，合同内容，合同的订立、履行、变更、违约责任，以及成本预算。

通过对本章的学习，学生能够掌握《中华人民共和国招标投标法》《中华人民共和国反不正当竞争法》《中华人民共和国民法典》和测绘收费的有关规定，了解测绘项目招投标、承发包的合法性和有关当事人义务的履行情况；掌握测绘项目合同内容，以及合同的订立、履行、变更、违约责任。

【学习目标】

知识目标：掌握测绘合同的评审、订立、履行和变更以及合同的违约责任；了解测绘生产成本费用细则定额。

能力目标：能够阐述测绘合同的主要内容。

素质目标：培养学生遵纪守法、诚实守信、光明磊落的优秀品质，树立社会主义核心价值观。

一、承发包与招投标

《测绘法》第二十九条规定，测绘单位不得超越资质等级许可的范围从事测绘活动，不得以其他测绘单位的名义从事测绘活动，不得允许其他单位以本单位的名义从事测绘活动。

测绘项目实行招投标的，测绘项目的招标单位应当依法在招标公告或者投标邀请书中对测绘单位资质等级作出要求，不得让不具有相应测绘资质等级的单位中标，不得让测绘单位低于测绘成本中标。

(一)承包与发包

1. 发包

发包是指将工程项目、加工生产项目等生产经营项目交给承担单位或者个人来完成。一般来说,发包的方式包括招标发包和直接发包两种。

测绘项目的发包也是按照这两种方式进行的。就当前情况来说,较大规模的工程测绘项目、地籍测绘项目、房产测绘项目等一般采取招标发包的方式;小规模的工程测绘项目、地籍测绘项目、房产测绘项目采取直接发包的方式。由于基础测绘成果往往属于保密范畴,基础测绘项目尚不宜采用招标的方式确定承担单位,目前仍以直接发包为主。

根据《测绘市场管理暂行办法》的规定,测绘项目发包方的条件、权利、义务如下。

(1)发包方的条件。

①测绘项目发包方须符合有关法律法规规定的资格,其委托行为应当符合法律法规的规定;

②在中华人民共和国领域和管辖的其他海域内,外国的组织或者个人与中华人民共和国有关部门或单位合资、合作进行测绘活动的,须报经国务院自然资源主管部门和军队测绘部门审查批准;

③香港特别行政区、澳门特别行政区、台湾地区的组织或者个人来内地(大陆)从事测绘活动的,依照前条规定进行审批。

(2)发包方的权利。

①检验承包方的《测绘资质证书》;

②对委托的项目提出符合国家有关规定的技术、质量、价格、工期等要求;

③明确规定承包方完成的成果的验收方式;

④对由于承包方未履行合同造成的经济损失,提出赔偿要求;

⑤按合同约定享有测绘成果的所有权或使用权。

(3)发包方的义务。

①遵守有关法律、法规,履行合同;

②向承包方提供与项目有关的可靠的基础资料,并为承包方提供必要的工作条件;

③向测绘项目所在省、自治区、直辖市自然资源主管部门汇交测绘成果目录或副本。

2. 测绘项目承包

承包是指接受工程、加工、订货或其他生产经营项目并且负责完成。在测绘项目的承包中,承担测绘项目的单位必须具备相应的测绘资质,要有完成所承担测绘项目的能力,不能将测绘项目转包他人,应当对测绘成果质量负责。

根据《测绘市场管理暂行办法》的规定,测绘项目承包方的条件、权利、义务如下:

(1)承包方的条件。

①进入测绘市场承担测绘任务的单位,必须持有国务院自然资源主管部门或省、自治区、直辖市人民政府自然资源主管部门颁发的测绘资质证书,并按证书规定的业务范围和作业限额从事测绘活动。

②从事经营性测绘活动的单位,依照国家有关规定,须经市场监督管理部门核准登记,在

核准登记的经营范围内从事测绘活动。

③测绘事业单位在测绘市场活动中收费的，应当持有物价主管部门颁发的收费许可证。

(2)承包方的权利。

①公平参与市场竞争；

②获得所承包的测绘项目应得的价款；

③按合同约定享有测绘成果的所有权或使用权；

④拒绝委托方提出的违反国家规定的不正当要求；

⑤对由于委托方未履行合同而造成的经济损失提出赔偿要求。

(3)承包方的义务。

①遵守有关的法律、法规，全面履行合同，遵守职业道德；

②保证成果质量合格，按合同约定向委托方提交成果资料；

③根据各省、自治区、直辖市的有关规定，向自然资源主管部门备案登记测绘项目；

④按合同约定，不向第三方提供受委托完成的测绘成果。

(二)招标与投标

1. 招标

招标是发包的一种方式，招标是发包方对自愿参加某一特定工程项目的承包单位进行审查、评比和选定的过程。实行招标的最显著特征是将竞争机制引入交易过程，与直接发包相比，其优越性在于：一是招标方通过对自愿参加承包的单位的条件进行综合比较，从中选择报价低、技术力量强、质量保证体系可靠、具有良好信誉的承包者，与其签订合同，有利于节约和合理使用资金，保证发包项目质量；二是招标活动要求依照法定程序公开进行，有利于防止行贿受贿等腐败和不正当竞争行为；三是有利于创造公平竞争的市场环境，促进公平竞争。

招标分为公开招标、邀请招标、议标三种方式。公开招标也称为无限竞争性招标，是招标方按照法定程序，在公开的媒体上发布招标公告，所有符合条件自愿承包的单位都可以平等参加投标竞争，从中选择承包者的方式。邀请招标也称有限竞争性选择招标，是招标方选择若干自愿承包的单位，向其发出邀请，由被邀请的单位竞争，从中选择承包者的方式。议标也称非竞争性招标或指定性招标，是发包者邀请两家或者两家以上愿意承包的单位直接协商确定承包者。

2. 投标

投标是有意承包项目的单位响应招标，向招标方书面提出自己提供的项目报价及其他响应招标要求的条件，参与项目竞争。对于实行招标的项目来说，投标者往往较多，招标方在公平、公正、公开、平等竞争的原则下，择优选择承包单位。

从理论上讲，发包方通过招标发包测绘项目，不仅对于发包方合理使用资金，保证项目质量具有重要意义，而且测绘单位通过投标竞争承揽测绘项目，对于保护公平竞争，维护测绘市场秩序，提高测绘成果质量，促进测绘事业发展也具有重要意义。但是，如果招投标活动不规范，也会造成恶性竞争、市场混乱、测绘成果质量低劣等不良后果。例如，招标方任意压低项目价格，迫使测绘单位以低于成本的价格承包；测绘单位为了承揽项目，任意压低报价，以低于成本的价格投标；投标方与招标方相互勾结，采取不正当的手段承揽测绘项目等，其结果以牺牲测绘成果质量，危害公共安全和公共利益，破坏测绘市场秩序为代价。因此，相关行政主管部门对测绘项目招投标活动进行监督是十分必要的。

（三）《测绘法》的有关规定

《测绘法》对测绘项目招投标作出的规定，主要包括以下内容。

1. 测绘项目的招标单位不得让不具有相应测绘资质等级的单位中标

（1）对于测绘项目发包单位来说，必须查验承包单位的测绘资质，不得把测绘项目发包给没有测绘资质或者测绘资质等级不符合要求的测绘单位。

（2）对于承包单位来说，未取得相应的测绘资质，不得承包测绘项目，也不得以其他单位的名义承包测绘项目。

2. 测绘项目的招标单位不得迫使测绘单位低于测绘成本中标

所谓"迫使"，是指测绘项目发包方不正确地利用自己所处的项目发包优势地位，以将要发生的损害或者以直接实施损害相威胁，使对方测绘单位产生恐惧而与之订立合同。因迫使而订立合同要具有如下构成要件：

（1）迫使人具有迫使的故意。即迫使人明知自己的行为将会对受迫使方从心理上造成恐惧而故意为之的心理状态，并且迫使方希望通过迫使行为使受迫使方作出的意思表示与迫使方的意愿一致。

（2）迫使方必须实施了迫使行为。

（3）迫使行为必须是非法的。迫使人的迫使行为是给对方施加一种强制和威胁，但这种威胁必须是没有法律依据的。

（4）必须要有受迫使方因迫使行为而违背自己的真实意思与迫使方订立合同。如果受迫使方虽受到了对方的迫使行为但不为之所动，没有与对方订立合同或者订立合同不是由于对方的迫使，则不构成迫使。

3. 测绘单位不得将承包的测绘项目转包

所谓"转包"，是指承包方将所承揽的测绘项目全部转给他人完成，或者将测绘项目的主体工作或大部分工作转包给他人完成。测绘合同的签订是测绘项目发包单位对承包单位能力的信任，承包单位应当以自己的设备、技术和劳力完成承揽的主要工作。这里的主要工作一般是指对测绘成果的质量起决定性作用的工作，也可以说是技术要求高的那部分工作。

《招标投标法》第四十八条规定，中标人应当按照合同的约定履行义务，完成中标项目。中标人不得向他人转让中标项目，也不得将中标项目肢解后分别向他人转让。因此，测绘单位不得将承包的测绘项目转包。

4. 法律责任

（1）测绘项目的发包单位将测绘项目发包给不具有相应资质等级的测绘单位或者迫使测绘单位以低于测绘成本承包的，责令改正，可以处测绘约定报酬 2 倍以下的罚款。发包单位的工作人员利用职务上的便利，索取他人财物或者非法收受他人财物，为他人谋取利益，构成犯罪的，依法追究刑事责任；尚不够刑事处罚的，依法给予行政处分。

（2）测绘单位将测绘项目转包的，责令改正，没收违法所得，处测绘约定报酬 1 倍以上 2 倍以下的罚款，并可以责令停业整顿或者降低资质等级；情节严重的，吊销测绘资质证书。

(四)《招标投标法》有关规定

《招标投标法》是从事测绘项目招标投标必须遵守的,测绘工作者可以结合测绘项目的特点有重点地去学习和理解。

1. 招标

招标是整个招标投标过程的第一个环节,也是对投标、评标、定标有直接影响的环节,所以在《招标投标法》中对这个环节确立了一系列的明确的规范。要求在招标中有严格的程序、较高的透明度、严谨的行为规则,以求有效地调整在招标中形成的社会经济关系。在这一部分涉及以下几个重要问题。

(1)招标人。招标人应当具备的基本条件有三项:一是要有可以依法进行招标的项目,比如,有些涉及国家秘密的项目不适宜招标;二是具有合格的招标项目,比如,具有与项目相适应的资金或者可靠的资金来源;三是招标人为法人或者其他组织,应是依法进入市场进行活动的实体,能独立地承担责任、享有权利。

(2)招标方式。在《招标投标法》中规定了两种招标方式,即公开招标和邀请招标。公开招标公开发布招标信息,公开程度高,参加竞争的投标人多,竞争比较充分,招标人的选择余地大。邀请招标在有限的范围内发布信息,进行竞争,虽然可以选择,但选择余地不大。因此,在《招标投标法》中鼓励采用公开招标方式,但也允许在某些特定的情况采用邀请招标方式。

(3)招标代理。《招标投标法》规定,招标人可以自行招标,也可以委托招标代理机构办理招标事项,并在法律中明确,只有招标人具有编制招标文件和组织评标能力的,才可以自行办理招标事宜。对于代理招标,《招标投标法》一是规定招标代理机构必须依法设立,二是其资格要由法定的部门认定,三是招标人有权自行选择招标代理机构,四是任何单位和个人不得以任何方式为招标人指定招标代理机构,五是招标代理机构与行政机关和其他国家机关不得存在隶属关系或者其他利益关系,六是招标代理机构应当在招标人委托的范围内办理招标事宜。这些规定的用意在于保证代理招标的质量,形成规范的代理关系,维护招标人自主权。

(4)招标公告、投标邀请书。公开招标的显著特点是要发布招标公告,只有这样才能邀请不特定的法人或者其他组织进行投标,参加竞争。邀请招标的做法是由招标人向3个以上具备承担招标项目的能力、资信良好的特定的法人或者其他组织发出投标邀请书,它的基本内容与招标公告是一致的,所以特别规定了向至少3个潜在投标人发出投标邀请书,目的是保持邀请招标有一定的竞争性,防止以邀请招标为名,搞假招标、形式招标,而不起招标的作用。

(5)招标文件。这是招标投标过程中最具重要意义的文件,它由招标人编制,所根据的是招标项目的特点和需要。招标文件的内容由《招标投标法》作出规定,应当包括招标项目的技术要求、对投标人资格审查的标准、投标报价要求和评标标准等所有实质性要求和条件以及拟签订合同的主要条款。

2. 投标

在《招标投标法》中主要是对投标人和投标活动作出规定,确立有关的行为规则,主要有下列几项。

(1)投标人。投标人有三个条件,一是响应招标,二是参加投标竞争的行列,三是具有法人资格或者是依法设立的其他组织。

(2)投标文件。具备承担招标项目的能力的投标人，按照招标文件的要求编制的文件，对招标文件提出的实质性要求和条件作出响应。招标投标法还对投标文件的送达、签收、保存的程序作出规定，有明确的规则。对于投标文件的补充、修改、撤回也有具体规定，明确了投标人的权利义务，这些都是适应公平竞争需要而确立的共同规则。

(3)投标联合体。《招标投标法》对投标人组成联合体共同投标是允许的，这也是符合实际情况的，特别是大型的、复杂的招标项目更有可能采用这种形式，但要对其加以规范，防止和排除在现实中已经出现的以组织联合体为名，低资质的充当高资质的、不合格的混同合格的、责任不明、关系不清等弊端。

(4)投标中的禁止事项。对于投标人的行为，招标投标法还对禁止的事项作出规定，以维护招标投标的正常秩序，保护合法的竞争。一是禁止串通投标，二是禁止投标人以向招标人或者评标委员会成员行贿的手段谋取中标，三是投标人不得以低于成本的报价竞标，四是投标人不得以他人名义投标或者以其他方式弄虚作假，骗取中标。

3. 评标和中标

评标和中标是招标投标整个过程中两个有决定性影响的环节，在《招标投标法》中对这两个环节作出了一系列的规定，确定了有关的行为规则。

(1)组织评标委员会。评标是对投标文件进行审查、评议、比较，其根据是法定的原则和招标文件的规定及要求，这是确定中标人的必经程序，也是保证招标获得有效成果的关键环节。评标应当有专家和有关人员参加，由招标人依法组建的评标委员会负责。而不能只由招标人独自进行，以求有足够的知识、经验进行判断，力求客观公正。《招标投标法》对评标委员会的组成规则也作出了规定。

(2)评标规则。评标必须按法定的规则进行，这是公正评标的必要保证，《招标投标法》对此作出了规定。

(3)中标。在招标投标中选定最优的投标人，从投标人来说，就是投标成功，争取到了招标项目的合同。《招标投标法》对确定中标人的程序、标准和中标人应当切实履行义务等方面作出了规定，这既是保证竞争的公平、公正，也是为了维护竞争的成果。

案例启示

根据广东省自然资源厅官方网站公示信息，深圳市某勘察测绘院有限公司因违法转让测绘项目，违反了《测绘法》第二十九条的规定。

《测绘法》第二十九条规定，测绘单位不得超越资质等级许可的范围从事测绘活动，不得以其他测绘单位的名义从事测绘活动，不得允许其他单位以本单位的名义从事测绘活动。中标的测绘单位不得向他人转让测绘项目。

广东省自然资源厅于 2019 年 10 月 10 日对该企业违法向他人转让测绘项目、允许其他单位以本单位名义从事测绘活动一案立案调查。该企业于 2017 年 11 月 22 日至 2018 年 9 月 21 日期间，将本公司中标的“揭西县农村地籍调查项目”非法转让给深圳市某勘测设计有限公司实施，违反了如上相关的规定。

2020 年 4 月 26 日，根据《测绘法》第五十六条的规定，广东省自然资源厅对该企业作出如下行政决定处罚：(1)没收违法所得人民币 2 745 799.38 元；(2)罚款人民币 5 180 686.00 元。上述罚没款合计人民币 7 926 485.38 元。

招标投标作为规范选择交易主体、订立合同的法定程序，通过招标投标订立的合同，对招标人和中标人双方均有法律约束力。中标人应当按照合同约定的有关招标项目的标的、质量、数量、履行期限等，全面履行其义务、完成中标项目，不得瑕疵履行、擅自变更合同，也不得随意毁约。相关法规禁止中标人转让合同。

作为未来的测绘工作者，大家要从自己做起，成为测绘行业健康发展的推动者；诚信经营，成为测绘行业自律的践行者；携手共建，成为测绘市场秩序的维护者，共同维护良好的市场秩序和相关各方合法权益。

二、测绘合同

《中华人民共和国合同法》是为了规范合同的签订和履行，保护合同当事人的合法权益，维护社会经济秩序而制定的一部法律，是民商法的重要组成部分，是规范市场交易的基本法律，它涉及生产、生活领域的方方面面，与企业的生产经营和人们的生活密切相关。2020 年 5 月《中华人民共和国合同法》废止，《中华人民共和国民法典》自 2021 年 1 月 1 日起施行，其中第三编为合同。

(一)合同概述

1. 合同的概念

合同是平等主体的自然人、法人、其他组织之间设立、变更、终止民事权利义务关系的协议。

2. 订立合同应遵循以下基本原则

(1)当事人法律地位平等。

(2)自愿的原则。

(3)公平的原则。

(4)诚实信用的原则。

(5)遵守法律和不得损害社会公共利益的原则。

(6)合同效力原则。

3. 合同的订立

(1)合同当事人的资格。当事人订立合同，应当具有相应的民事权利能力和民事行为能力。当事人依法可以委托代理人订立合同。

民事权利能力是指法律赋予民事主体享有民事权利和承担民事义务的能力，如法律规定，国家保护公民的财产所有权，则每个公民都享有行使财产所有权的能力。民事行为能力是指民事主体以自己的行为享有民事权利、承担民事义务的能力。

(2)合同的形式。当事人订立合同，有书面形式、口头形式和其他形式。法律、行政法规规定采用书面形式的，应当采用书面形式。当事人约定采用书面形式的，应当采用书面形式。

(3)合同的主要条款。合同的内容由当事人约定，一般包括以下条款：

①当事人的名称或者姓名和住所；②标的；③数量；④质量；⑤价款或者报酬；⑥履行期限、地点和方式；⑦违约责任；⑧解决争议的方法。

(4)合同的示范文本。当事人可以参照各类合同的示范文本订立合同。

合同示范文本是指由一定机关事先拟定的对当事人订立相关合同起示范作用的合同文本。

①此类合同文本中的合同条款有些内容是拟定好的，有些内容是没有拟定需要当事人双方协商一致填写的。

②合同的示范文本只供当事人订立合同时参考使用，因此合同示范文本与格式条款合同不同。

4. 合同无效

合同无效是指虽经合同当事人协商订立，但引起不具备或违反了法定条件，国家法律规定不承认其效力的合同。

有下列情形之一的，合同无效：

(1)一方以欺诈、胁迫的手段订立合同，损害国家利益。

(2)恶意串通，损害国家、集体或者第三人利益。

(3)以合法形式掩盖非法目的。

(4)损害社会公共利益。

(5)违反法律、行政法规的强制性规定。

5. 合同变更

有效成立的测绘合同在尚未履行完毕之前，双方当事人协商一致而使测绘合同内容发生改变，双方签订变更后的测绘合同。测绘合同内容变更包括测绘的范围、测绘的内容、测绘的工程费用、项目的进度、提交的成果等。

(1)测绘合同变更的条件。

①原测绘合同关系的有效存在。测绘合同变更是在原测绘合同的基础上，通过当事人双方的协商或者法律的规定改变原测绘合同关系的内容。

②当事人双方协商一致，不损害国家及社会公共利益。在协商变更合同的情况下，变更合同的协议必须符合相关法律的有效要件，任何一方不得采取欺诈、胁迫的方式来欺骗或强制他方当事人变更合同。

③合同非要素内容发生变更。须有合同内容的变化合同变更仅指合同的内容发生变化，不包括合同主体的变更，因而合同内容发生变化是合同变更不可或缺的条件。当然，合同变更必须是非实质性内容的变更，变更后的合同关系与原合同关系应当保持同一性。

④须遵循法定形式。合同变更必须遵守法定的方式，法律、行政法规规定变更合同应当办理批准、登记等手续的，依照其规定。

(2)合同变更的效力。

①就合同变更的部分发生债权债务关系消灭的后果,合同变更的实质在于使变更后的合同代替原合同。因此,合同变更后,当事人应按变更后的合同内容履行。

②仅对合同未履行部分发生法律效力,即合同变更没有溯及力合同变更原则上向将来发生效力,未变更的权利义务继续有效,已经履行的债务不因合同的变更而失去合法性。

③不影响当事人请求赔偿的权利合同的变更不影响当事人要求赔偿的权利。原则上,提出变更的一方当事人对对方当事人因合同变更所受损失应负赔偿责任。

(二)测绘合同内容

1. 测绘范围

测绘项目有别于其他工程项目,它是针对特定的地理位置和空间范围展开的工作,所以在测绘合同中,必须明确该测绘项目所涉及的工作地点、具体的地理位置、测区边界和所覆盖的测区面积等内容。这也是合同标的的重要内容之一,测绘范围、测绘内容和测绘技术依据及质量标准构成了对测绘合同标的的完整描述。对于测绘范围,尤其是测区边界,必须有明确的、较为精细的界定,因为它是项目完工和项目验收的一个重要参考依据。测区边界可以用自然地物或人工地物的边界线来描述,如测区范围东边××河,西至××公路,北至××山脚,南至××单位围墙;也可以由委托方在小比例尺地图上以标定测区范围的概略地理坐标来确定,如测区范围地理位置为东经 105°45′～105°56′,北纬 32°22′～32°30′。

2. 测绘内容

合同中的测绘内容直接规约受托方必须完成的实际测绘任务,它不仅包括所需开展的测绘任务种类,还必须包括具体应完成任务的数量(或大致数量),即明确界定本项目所涉及的具体测绘任务,以及必须完成的工作量,测绘内容也是合同标的的重要内容之一。测绘内容必须用准确简洁的语言加以描述,明确地逐一罗列出所需完成的任务及需提交的测绘成果种类、等级、数量及质量,这些内容也是项目验收及成果移交的重要依据。例如,某测绘合同为某市委托某测绘单位完成该市的控制测量任务,其测绘内容包括:

(1)城市四等 GPS 测量约 60 点;(2)三等水准测量约 80 km;(3)一级导线测量约 80 km;(4)四等水准测量约 120 km;(5)5″级交会测量 1～2 点。

城市四等 GPS 网点和三等水准网点属××市城市平面、高程基础(首级)控制网,控制面积约 120 km^2;一级导线网点和四等水准网属××市城市平面、高程加密控制网,控制面积约 30 km^2。

3. 技术依据和质量标准

和一般的技术服务合同不同,测绘项目的实施过程和所提交的测绘成果必须按照国家的相关技术规范(或规程)来执行,需依据这些规范及规程来完成测绘生产的过程控制及质量保证。所以,测绘合同中需对所采用的技术依据及测绘成果质量检查及验收标准有明确的约定,这是项目技术设计、项目实施及项目验收等的主要参照标准。一般情况下,技术依据及质量标准的确定需在合同签订前由当事人双方协商认定;对于未约定的情形,应注明按照本行业相关规范及技术规程执行,以避免出现合同漏洞导致不必要的争议。

还有一个极为重要的内容是约定测绘工作开展及测绘成果的数据基准,包括平面控制基准和高程控制基准。例如，某测绘合同中该部分文本如下。

经双方协商约定执行的技术依据及标准为：

(1)《城市测量规范》;(2)《全球定位系统城市测量技术规程》;(3)对于本合同未提及情形，以相应的测绘行业规范、规程为准;(4)平面控制测量采用 1954 北京坐标系，并需计算出 1980 西安坐标系坐标成果，以满足甲方今后多方面工作的需要;(5)测区坐标投影，需满足长度变形值不大于 2.5 cm/km;(6)高程控制采用 1956 黄海高程系，并需计算出 1985 国家高程基准高程。

4. 工程费用及其支付方式

合同中工程费用的计算，首先应注明所采用的国家正式颁布的收费依据或收费标准，然后需全部罗列出本项目涉及的各项收费分类细项，而后根据各细项的收费单价及其估算的工程量得出该细项的工程费用。除直接的工程费用外可能还包括其他费用，都需在费用预算列表中逐一罗列，整个项目的工程总价为各细项费用的总和。

费用的支付方式由甲、乙双方参照行业惯例协商确定，一般按照工程进度(或合同执行情况)分阶段支付，包括首付款、项目进行中的阶段性付款及尾款几个部分。视项目规模大小不同，阶段性付款可以为一次或多次。阶段性付款的阶段划分一般由甲、乙双方约定，可以按阶段性标志性成果来划分，也可以按照完成工程进度的百分比来划分，具体支付方式及支付额度需由双方协商解决。如《测绘合同》示范文本对工程费用的支付方式描述如下。

(1)自合同签订之日起××日内甲方向乙方支付定金人民币××元，并预付工程预算总价款的××%，人民币×××元。

(2)当乙方完成预算工程总量的××%时，甲方向乙方支付预算工程价款的××%，人民币×××元。

(3)当乙方完成预算工程总量的××%时，甲方向乙方支付预算工程价款的××%，人民币×××元。

(4)乙方自工程完工之日起××日内，根据实际工作量编制工程结算书，经甲、乙双方共同审定后，作为工程价款结算依据。自测绘成果验收合格之日起××日内，甲方应根据工程结算结果向乙方全部结清工程价款。

5. 项目进度安排

项目进度安排也是合同中的一项重要内容，对项目承接方(测绘单位)实际测绘生产有指导作用，是委托方及监理方监督和评价承接方是否按计划执行项目，及是否达到约定的阶段性目标的重要依据，也是阶段性工程费用结算的重要依据。进度安排应尽可能详细，一般应将拟定完成的工程内容罗列出来，标明每项工作计划完成的具体时间，以及预期的阶段性成果。对工程内容出现时间重叠和交错的情形，应按照完成的工程量进行阶段性分割。概括来说，进度计划必须明确，既要有时间分割标志，也应注明预期所获得的阶段性标志成果，使项目关联的各方都能准确理解及把握，避免产生歧义与分歧。

6. 甲、乙双方的义务

测绘项目的完成需要双方共同协作及努力，双方应尽的义务也必须在合同中予以明确陈述。

(1)甲方应尽义务主要包括：

①向乙方提交该测绘项目相关的资料。

②完成对乙方提交的技术设计书的审定工作。

③保证乙方的测绘队伍顺利进入现场工作,并对乙方进场人员的工作、生活提供必要的条件,保证工程款按时到位。

④允许乙方内部使用执行本合同所生产的测绘成果等。

(2)乙方的义务主要包括:

①根据甲方的有关资料和本合同的技术要求完成技术设计书的编制,并交甲方审定。

②组织测绘队伍进场作业。

③根据技术设计书要求确保测绘项目如期完成。

④允许甲方内部使用乙方为执行本合同所提供的属乙方所有的测绘成果。

⑤未经甲方允许,乙方不得将本合同标的全部或部分转包给第三方等内容。

在合同中一般还需对各方拟尽义务的部分条款进行时间约束,以保证限期完成或达到要求,从而保障项目的顺利开展。

7.提交成果及验收方式

合同中必须对项目完成后拟提交的测绘成果进行详细说明,并逐一罗列出成果名称、种类、技术规格、数量及其他需要说明的内容。成果的验收方式须由双方协商确定,一般情况下,应根据提交成果的不同类别进行分类验收,在存在监理方的情况下,验收工作必须由委托方、项目承接方和项目监理方三方共同来完成成果的质量检查及成果验收工作。

8.其他内容

除了上述内容外,合同中还需包括下列内容。

(1)对违约责任的明确规定。

(2)对不可抗拒因素的处理方式。

(3)争议的解决方式及办法。

(4)测绘成果的版权归属和保密约定.

(5)合同未约定事宜的处理方式及解决办法等。

三、成本预算

测绘单位取得与甲方签订的测绘合同后,财务部门根据合同规定的指标、项目施工技术设计书、测绘生产定额、测绘单位的承包经济责任制及有关的财务会计资料等编制测绘项目成本预算。测绘项目成本预算一般分为两种情况:如果项目是生产承包制的,其成本预算由生产成本预算和应承担的期间费用预算组成;如果项目是生产经营承包制的,其成本预算由生产成本预算、应承担承包部门费用预算和应承担的期间费用预算组成。

(一)成本预算的依据

根据测绘单位的具体情况,其成本管理可分为三个层次:

(1)为适应测绘项目生产承包制的要求,第一层次管理的成本就是测绘项目的直接生产费用,它包括直接工资、直接材料、折旧费及生产人员的交通差旅费等,这一层次的项目成本合计数应等于该项目生产承包的结算金额。

(2)为适应测绘项目生产经营承包制的要求，第二层次管理的成本不仅包括测绘项目的直接生产费用，还包括可直接记入项目的相关费用和按规定的标准分配记入项目的承包部门费用。可直接记入项目的相关费用包括项目联系、结算、收款等销售费用、项目检查验收费用、按工资基数计提的福利费、工会经费、职工教育经费、住房公积金、养老保险金等。分配记入项目的承包部门费用包括承包部门开支的各项费用及根据承包责任制应上缴的各项费用。

(3)为了正确反映测绘项目的投入产出效果，及全面有效地控制测绘项目成本，第三层次管理的成本包括测绘项目应承担的完全成本，它要求采用完全成本法进行管理。鉴于会计制度规定采用制造成本法进行成本核算，可在会计核算的成本报表中加入两栏，即可直接记入项目的期间费用和分配记入项目的期间费用，以全面反映和控制测绘项目成本。

(二)成本预算的内容

成本预算除了直接的项目实施工程费用外，还包括多项其他内容(如员工他项费用及机构运作成本等)。成本预算方式也包括多种形式，其具体采用的方式依赖于所在单位的机构组织模式、分配机制和相关的会计制度等。总体来说，成本预算的主要内容包括以下几个部分。

1. 生产成本

生产成本即直接用于完成特定项目所需的直接费用，主要包括直接人工费、直接材料费、交通差旅费、折旧费等，实行项目承包(或费用包干)的情形则只需计算直接承包费用和折旧费等内容。

2. 经营成本

除去直接的生产成本外，成本预算还应包含维持测绘单位正常运作的各种费用分配，主要包括两大类：

(1)员工福利及他项费用，包括按工资基数计提的福利费、职工教育经费、住房公积金、养老保险金、失业保险等分配记人项目的部分。

(2)机构运营费用，包括业务往来费用、办公费用、仪器购置、维护及更新费用、工会经费、社团活动费用、质量及安全控制成本、基础设施建设等反映测绘单位正常运作的费用分配记入项目的部分。

(三)成本预算的注意事项

成本预算具体操作需视情况而定。如前所述，它和单位的组织形式、用工方式和会计制度都有直接关系。当然，严格的、合理的项目成本预算有利于调动测绘人员的积极性，同时能最大限度地降低成本、创造效益。

四、《测绘合同》示范文本

国家测绘局发布的《测绘合同》示范文本(GF-2000-0306)如下。

《测绘合同》示范文本

工程名称：________________

定作人(甲方)：________________　　合同编号：________________

承揽人(乙方)：________________　　签订地点：________________

承揽人测绘资质等级：________________　　签订时间：________________

根据《中华人民共和国民法典》《中华人民共和国测绘法》和有关法律法规，经双方协商一签订本合同。

第一条　测绘范围(包括测区地点、面积，测区地理位置等)

____

____

第二条　测绘内容(包括测绘项目和工作量等)

____

____

第三条　执行技术标准：

序号	标准名称	标准代号	标准级别

其他技术要求：________________

第四条　测绘工程费

1. 取费依据：国家颁布的测绘产品价格标准。

2. 取费项目及预算工程总价款：

序号	项目名称	工作量	单价/元	合计/元	备注

3. 工程完工后，根据实际测绘工作量核计实际工程价款。

4. ________________________________

第五条　甲方的义务

1. 自合同签订之日起________日内向乙方提交有关资料。

2. 自接到乙方编制的技术设计书之日起________日内完成技术设计书的审定工作，并提出书面审定意见。

3. 应当保证乙方的测绘队伍顺利进入现场工作，并对乙方进场人员的工作、生活提供必要的条件。

4. 甲方保证工程款按时到位，以保证工程的顺利进行。

5. 允许乙方内部使用执行本合同所生产的测绘成果。

6. ____

第六条 乙方的义务

1. 自收到甲方的有关资料之日起________日内，根据甲方的有关资料和本合同的技术要求完成技术设计书的编制，并交甲方审定。

2. 自收到甲方对技术设计书同意实施的审定意见之日起________日内组织测绘队伍进场作业。

3. 乙方应当根据技术设计书要求确保测绘项目如期完成。

4. 允许甲方内部使用乙方为执行本合同所提供的属乙方所有的测绘成果。

5. 未经甲方允许，乙方不得将本合同标的的全部或部分转包给第三方。

6. ____

第七条 测绘项目完成工期

全部测绘成果应于________年________月________日前交甲方验收。

第八条 乙方应当于工程完工之日起________日内书面通知甲方验收，甲方应当自接到完工通知之日起________日内，组织有关专家，依据本合同约定使用的技术标准和技术要求。对乙方所完工的测绘工程完成验收，并出具测绘成果验收报告书。

对乙方所提供的测绘成果的质量有争议的，由测区所在地的省级测绘产品质量监督检验站裁决。其费用由败诉方承担。

第九条 对乙方测绘成果的所有权、使用权和著作权归属的约定：

____

第十条 测绘工程费支付日期和方式

1. 自合同签订之日起________日内甲方向乙方支付定金人民币________元。并预付工程预算总价款的________%，人民币________元。

2. 当乙方完成预算工程总量的________%时，甲方向乙方支付预算工程价款的________%，人民币________元。

3. 当乙方完成预算工程总量的________%时，甲方向乙方支付预算工程价款的________%，人民币________元。

4. 乙方自工程完工之日起________日内，根据实际工作量编制工程结算书，经甲、乙双方共同审定后，作为工程价款结算依据。自测绘成果验收合格之日起________日内，甲方应根据工程结算结果向乙方全部结清工程价款。

5. ____。

第十一条

1. 自测绘工程费全部结清之日起________日内，乙方根据技术设计书的要求向甲方交付全部测绘成果。

序号	成果名称	规格	数量	备注

乙方向甲方交付约定的测绘成果________份。甲方如需增加测绘成果份数，需另行向乙方支付每份工本费________元。

第十二条 甲方违约责任

1.合同签订后，由于甲方工程停止而终止合同的，乙方未进入现场工作前，甲方无权请求返还定金。双方没有约定金，向偿付乙方预算工程费的30%，人民币________元；乙方已进入现场工作，甲方应按完成的实际工作量支付工程价款，并按预算工程费的________%（________元）向乙方偿付违约金。

2.乙方进场后，甲方未给乙方提供必要的工作、生活条件而造成停窝工时，甲方应支付给乙方停窝工费，停窝工费按合同约定的平均工日产值(________元/日)计算，同时工期顺延。

3.甲方未按期要求支付乙方工程费，应按顺延天数和当时银行贷款利息，向乙方支付违约金。影响工程进度的，甲方应承担顺延工期的责任，并根据本条第二项的约定向乙方支付停窝工费。

4.对于乙方提供的图纸等资料以及属于乙方的测绘成果，甲方有义务保密，不得向第三方提供或用于本合同以外的项目，否则乙方有权要求甲方按本合同工程款总额的20%赔偿损失。

5.________________________________。

第十三条 乙方违约责任

1.合同签订后，如乙方擅自中途停止或解除合同，乙方应向甲方双倍返还定金。双方没有约定定金的，乙方向甲方赔偿已付工程价款的________%，人民币________元，并归还甲方预付的全部工程款。

2.在甲方提供了必要的工作、生活条件，并且保证了工程款按时到位，乙方未能按合同规定的日期提交测绘成果时，应向甲方偿付拖期损失费，每天的拖期损失费按本合同约定的工程总价款的________%计算。因天气、交通、政府行为、甲方提供的资料不准确等影响测绘作业的客观原因造成的工程拖期，乙方不承担赔偿责任。

3.乙方提供的测绘成果质量不合格的，乙方应负责无偿予以重测或采取补救措施，以达到质量要求。因测绘成果质量不符合合同要求（而又非甲方提供的图纸资料原因所致）造成后果时，乙方应对因此造成的直接损失负赔偿责任，并承担相应的法律责任（由于甲方提供的图纸资料原因产生的责任由甲方自己负责）。返工周期为________天，到________年________月________日完成，并向甲方提供测绘成果。

4.对于甲方提供的图纸和技术资料以及属于甲方的测绘成果，乙方有保密义务，不得向第三方转让，否则，甲方有权要求乙方按本合同工程款总额的20%赔偿损失。

5.乙方擅自转包本合同标的的，甲方有权解除合同，并可要求乙方偿付预算工程费的30%（人民币________元）的违约金。

6. ______________________________。

第十四条 由于不可抗力，致使合同无法履行时，双方应按有关法律规定及时协商处理。

第十五条 其他约定：______________________________

第十六条 本合同执行过程中的未尽事宜，双方应本着实事求是友好协商的态度加以解决。双方协商一致的，签订补充协议。补充协议与本合同具有同等效力。

第十七条 因本合同发生争议，由双方当事人协商解决或由双方主管部门调解，协商或调解不成的，当事人双方同意________仲裁委员会仲裁（当事人双方未在合同中约定仲裁机构，事后又未达成书面仲裁协议的，可向人民法院起诉）。

第十八条 附则

1. 本合同由双方代表签字，加盖双方公章或合同专用章即生效。全部成果交接完毕和测绘工程费结算完成后，本合同终止。

2. 本合同一式________份，甲方________份，乙方________份。

定作人名称（盖章）：________________	承揽人名称（盖章）：________________
定作人住所：________________	承揽人住所：________________
邮政编码：________________	邮政编码：________________
联系人：________________	联系人：________________
电话：________________	电话：________________
传真：________________	传真：________________
E-mail：________________	E-mail：________________
开户银行：________________	开户银行：________________
银行账号：________________	银行账号：________________
法定代表人：________________	法定代表人：________________
签字：________________	签字：________________
（委托代理人）________________	（委托代理人）________________

课后练习题

一、单选题

1. 根据测绘合同示范文本，甲方按约定结清全部工程费用后，乙方应当按照（　　）向甲方交付全部测量成果。

A. 技术设计书要求　　B. 测绘技术标准要求

C. 测绘法律法规要求　　D. 技术总结说明

2. 按照测绘合同示范文本，乙方向甲方交付全部测绘成果的时间是（　　）。

A. 测绘生产工作完成后　　B. 测绘成果验收通过后

C. 测绘成果整理结束后　　D. 测绘工程费结清后

3. 下列内容中，表示测绘内容的是（　　）。

A. 质量标准　　B. 测绘数量　　C. 测绘成果种类　　D. 技术依据

4. 根据测绘合同示范文本，下列选项中不属于测绘项目合同乙方义务的是(　　)。

A. 作业根据技术设计书要求确保测绘项目如期完成

B. 完成对技术设计书的审定工作

C. 组织测绘队伍进场

D. 允许甲方内部使用乙方为执行本合同所提供的属乙方所有的测绘成果

5. 甲、乙双方签订了一份测绘合同，下列关于该合同变更的说法中正确的是(　　)。

A. 经双方协商一致，可以变更

B. 任何情况下，双方都不得变更

C. 一方不履行合同，另一方可以变更

D. 需要变更的，双方必须协商一致，并报主管部门审批

6. 下面内容中表示测绘的范围是(　　)。

A. 测绘数量　　B. 测区边界　　C. 测绘目的　　D. 测区条件

7. 有效成立的测绘合同在尚未履行完毕之前，双方当事人协商一致而使测绘合同发生改变，称为(　　)。

A. 合同订立　　B. 合同违约　　C. 合同履行　　D. 合同变更

8. 根据测绘合同示范文本，如果甲乙双方签订合同后，发现乙方擅自转包合同标约，甲方有权解除合同，并可要求乙方偿付的违约金数额为(　　)。

A. 预算工程费的 30%　　B. 定金的 2 倍

C. 工程款总额的 20%　　D. 已付工程款的 2 倍

9. 根据测绘合同示范文本规定，下列关于乙方违约责任说法错误的是(　　)。

A. 合同签订后，如乙方擅自中途停止或解除合同，乙方应向甲方 3 倍返还定金

B. 在甲方提供了必要的工作、生活条件，并且保证了工程款按时到位，乙方未能按合同规定的日期提交测绘成果时，应向甲方赔偿拖期损失费

C. 乙方提供的测绘成果质量不合格的，乙方应负责无偿予以重测或采取补救措施，以达到质量要求

D. 乙方擅自转包本合同标的的，甲方有权解除合同，并可要求乙方偿付预算工程费 30% 的违约金

10. 成本核算时，下列选项中的属于经营成本的是哪一项？(　　)

A. 设备折旧费　　B. 交通差旅费　　C. 员工福利　　D. 直接材料费

11. 下列选项中哪一项不属于生产成本？(　　)。

A. 设备折旧费　　B. 交通差旅费　　C. 养老保险费　　D. 直接材料费

二、简答题

1. 简述项目发包方的权利和义务。

2. 简述项目承包方的权利和义务。

3. 简述合同的概念。

4. 简述订立合同的基本原则。

5. 简述测绘合同的基本内容。

第10章 测绘项目技术设计

【学习导入】

本章主要介绍测绘技术设计基本规定、测绘技术设计书的主要内容、专业技术设计书的主要内容和编写要求，以及设计评审、验证和审批。

通过对本章的学习，学生能够了解测绘技术设计概述，设计评审、验证和审批；掌握测绘技术设计书的主要内容；技术设计书的编写要求；专业技术设计书的主要内容和编写要求。

【学习目标】

知识目标：掌握测绘技术设计基本规定、踏勘调查、测绘技术设计的主要内容。

能力目标：能够阐述测绘技术设计的主要内容。

素质目标：培养精益求精的工匠精神。崇德向善、诚实守信、爱岗敬业、严肃认真，一丝不苟，严格遵守测量规范。

一、测绘技术设计概述

（一）术语和定义

1. 测绘项目

由一组有起止日期的、相互协调的测绘活动组成的独特过程，该过程要达到符合包括时间、成本和资源的约束条件在内的规定要求的目标，且其成果（或产品）可供社会直接使用和流通。

2. 测绘技术设计概念

测绘技术设计是将顾客或社会对测绘成果的要求（即明示的、通常隐含的或必须履行的需求或期望)转换为测绘成果(或产品)、测绘生产过程或测绘生产体系规定的特性或规范的一组过程。

3. 测绘技术设计的目的

测绘技术设计的目的是为测绘项目制订切实可行的技术方案,保证测绘成果(或产品)符合技术标准和满足顾客要求,并获得最佳的社会效益和经济效益。因此,每个测绘项目作业前都应进行技术设计。

4. 测绘技术设计文件

为绘图成果(或产品)固有特性和生产过程或体系提供规范性依据的文件。主要包括项目设计书、专业技术设计书以及相应的技术设计更改文件。技术设计更改文件是设计更改过程中由设计人员提出并经过评审、验证(必要时)和审批的技术设计文件。技术设计更改文件既可以是对原设计文件的技术性更改,也可以是对原设计文件的技术性补充。

(二)设计过程

一组设计输入转化成为设计输出的相互关联或相互作用的活动称为设计过程。设计过程通常由一组设计活动构成,主要包括策划、设计输入、设计输出、设计审评、设计验证(必要时)、审批和更改。

1. 设计输入

设计输入通常又称设计依据,与成果(或产品)、生产过程或生产体系要求有关,设计输出必须满足的要求或依据的基础性资料。

2. 设计输出

设计输出指设计过程的结果,测绘技术设计输出的表现形式为测绘技术设计文件。

3. 设计评审

设计评审是为确定设计输出达到规定目标的适宜性、充分性和有效性所进行的活动。

4. 设计验证

设计验证是通过提供客观证据,对设计输出满足输入要求的认定。

(三)测绘技术设计分类

测绘技术设计分为项目设计和专业技术设计。

1. 项目设计

项目设计是对测绘项目进行的综合性整体设计,一般由承担项目的法人单位负责。

2. 专业技术设计

专业技术设计是对测绘专业活动的技术要求进行设计,它是在项目设计基础上,按照测绘活动内容进行的具体设计,是指导测绘生产的主要技术依据,专业技术设计一般由具体承担相应测绘专业任务的法人单位负责编写。

对于工作量较小的项目,可根据需要将项目设计和专业技术设计合并为项目设计。

(四)测绘技术设计编写依据

技术设计应依据设计输入内容,充分考虑顾客的要求,引用适用的国家、行业或地方的相关标准或规范,重视社会效益和经济效益。相关标准或规范一经引用,便构成技术设计内容的一部分。

技术设计方案应先考虑整体而后局部,而且应考虑未来发展。要根据作业区实际情况,考虑作业单位的资源条件,如作业单位人员的技术能力、仪器设备配置等情况,挖掘潜力,选择最适用的方案。

(五)测绘技术设计书的编写要求

1. 技术设计书编写

(1)专业技术设计一般由具体承担相应测绘专业任务的法人单位负责编写。

(2)内容明确,文字简练,对标准或规范中已有明确规定的,一般可直接引用,并根据引用内容的具体情况,标明所引用标准或规范名称、日期以及引用的章、条编号,且应在其引用文件中列出。对于作业生产中容易混淆和忽视的问题,应重点描述。

(3)名词、术语、公式、符号、代号和计量单位等应与有关法规和标准一致。

(4)技术设计书的幅面、封面格式和字体、字号等应符合相关要求。

(5)技术设计文件编写完成后,承担测绘任务的法人单位必须对其进行全面审核,并在技术设计文件和(或)产品样品上签署意见并签名(或盖章),一式二至四份报测绘任务的委托单位审批。

2. 精度指标设计

技术设计书不仅要明确作业或成果的坐标系、高程基准、时间系统、投影方法,而且须明确技术等级或精度指标。对于工程测量项目,在精度设计时,应综合考虑放样误差和构件制造误差等影响,既要满足精度要求,又要考虑经济效益。

3. 工艺技术流程设计

工艺技术流程设计应说明项目实施的主要生产过程和这些过程之间输入、输出的接口关系。必要时,应用流程图或其他形式清晰、准确地规定生产作业的主要过程和接口关系。

4. 工程进度设计

工程进度设计应对以下内容作出规定:

(1)划分作业区的困难类别。

(2)根据设计方案,分别计算统计各工序的工作量。

(3)根据统计的工作量和计划投入的生产实力,参照有关生产定额,分别列出年度进度计划和各工序的衔接计划。

工程进度设计可以编制工程进度图或工程进度表。

5. 质量控制设计

质量控制设计内容主要包括:

(1)组织管理措施。规定项目实施的组织管理和主要人员的职责和权限。

(2)资源保证措施。对人员的技术能力或培训的要求;对软、硬件装备的需求等。

(3)质量控制措施。规定生产过程中的质量控制环节和产品质量检查、验收的主要要求。

(4)数据安全措施。规定数据安全和备份方面的要求。

6. 项目经费预算

根据设计方案和进度安排编制分年度(或分期)经费和总经费计划,并作出必要说明。

7. 提交成果设计

提交的成果应符合技术标准和满足顾客要求,根据具体成果(或产品),规定其主要技术指标和规格,一般可包括成果(或产品)类型及形式、坐标系统、高程基准、重力基准、时间系统,比例尺、分带、投影方法,分幅编号及其空间单元,数据基本内容、数据格式、数据精度以及其他技术指标等。

二、测绘技术设计书的主要内容

根据《测绘技术设计规定》(CH/T 1004—2005)要求,为测绘项目制定切实可行的技术方案,保证测绘成果(或产品)符合技术标准和满足顾客要求,并获得最佳的社会效益和经济效益,每个测绘项目作业前都应进行技术设计。

(一)收集资料

技术设计前,需要收集作业区自然地理概况和已有资料情况。

1. 自然地理概况

根据测绘项目的具体内容和特点,需要说明与测绘作业有关的作业区的自然地理概况,内容可包括:

(1)作业区的地形概况、地貌特征,如居民地、道路、水系、植被等要素的分布与主要特征,地形类别、困难类别、海拔高度、相对高差等。

(2)作业区的气候情况,如气候特征、风雨季节等。

(3)其他需要说明的作业区情况等。

2. 已有资料情况

对于收集到的已有资料,需总结其数量、形式、主要质量情况(包括已有资料的主要技术指标和规格等)和评价,分析已有资料利用的可能性和利用方案等。

说明项目设计书编写过程中所引用的标准、规范或其他技术文件。文件一经引用,便构成项目设计书设计内容的一部分。

(二)踏勘调查

为了保证技术设计的可行性和可操作性,应根据项目的具体情况实施踏勘调查,并编写出踏勘报告。

踏勘报告应包含以下内容:

(1)作业区的行政区划、经济水平、踏勘时间、人员组成及分工、踏勘线路及范围。

(2)作业区的自然地理情况。

(3)作业区的交通情况。

(4)居民的风俗习惯和语言情况。

(5)作业区的供应情况。

(6)作业区的测量标志完好情况。

(7)对技术设计方案和作业的建议。

(三)项目设计(总体设计)

项目设计书的编写应包含以下内容:

1. 概述

说明项目来源、内容和目标、作业区范围和行政隶属、任务量、完成期限、项目承担单位和成果(或产品)接收单位等。

2. 作业区自然地理概况和已有资料情况

(1)作业区自然地理概况。结合测绘项目的具体内容和特点,根据需要说明与测绘作业有关的作业区自然地理概况。

(2)已有资料情况。说明已有资料的数量、形式、主要质量情况(包括已有资料的主要技术指标和规格等)和评价,说明已有资料利用的可能性和利用方案等。

3. 引用文件

说明项目设计书编写过程中所引用的标准、规范或其他技术文件。

4. 成果(或产品)主要技术指标和规格

说明成果(或产品)的种类及形式、坐标系统、高程基准,比例尺、分带、投影方法,分幅编号及其空间单元,数据基本内容、数据格式、数据精度以及其他技术指标等。

5. 设计方案

(1)软件和硬件配置要求。规定测绘生产过程中的硬、软件配置要求。

①硬件:规定对生产过程所需的主要测绘仪器、数据处理设备、数据存储设备、数据传输网络等设备的要求。其他硬件配置方面的要求,如对于外业测绘,可根据作业区的具体情况,规定对生产所需的主要交通工具、主要物资、通信联络设备以及其他必需的装备等要求。

②软件:规定对生产过程中主要应用软件的要求。

(2)技术路线及工艺流程。说明项目实施的主要生产过程和这些过程之间输入、输出的接口关系。必要时,应用流程图或其他形式清晰、准确地规定出生产作业的主要过程和接口关系。

(3)技术规定。主要内容包括:规定各专业活动的主要过程、作业方法和技术、质量要求;特殊的技术要求,采用新技术、新方法、新工艺的依据和技术要求。

(4)上交和归档成果(或产品)及其资料内容和要求。分别规定上交和归档的成果(或产品)内容、要求和数量,以及有关文档资料的类型、数量等。主要包括:

①成果数据:规定数据内容、组织、格式,存储介质,包装形式和标识及其上交和归档的数量等。

②文档资料:规定需上交和归档的文档资料的类型(包括技术设计文件、技术总结、质量检查验收报告、必要的文档簿、作业过程中形成的重要记录等)和数量等。

(5)质量保证措施和要求。

6. 进度安排和经费预算

(1)进度安排。应对以下内容作出规定:

①划分作业区的困难类别。

②根据设计方案,分别计算统计各工序的工作量。

③根据统计的工作量和计划投入的生产实力,参照有关生产定额,分别列出年度计划和各工序的衔接计划。

(2)经费预算。根据设计方案和进度安排编制分年度(或分期)经费和总经费计划,并作出必要说明。

7. 附录

附录内容包括:需进一步说明的技术要求;有关的设计附图、附表。

(四)专业技术设计(分项设计)

专业技术设计书的内容通常包括概述、测区自然地理概况与已有资料情况、引用文件、成果(或产品)主要技术指标和规格、技术设计方案等部分。

1. 概述

主要说明任务的来源、目的、任务量、测区范围和作业内容、行政隶属以及完成期限等任务基本情况。

2. 作业区自然地理概况与已有资料情况

(1)作业区自然地理概况。应根据不同专业测绘任务的具体内容和特点,根据需要说明与测绘作业有关的作业区自然地理概况。

(2)已有资料情况。主要说明已有资料的数量、形式、主要质量情况(包括已有资料的主要技术指标和规格等)和评价、说明已有资料利用的可能性和利用方案等。

3. 引用文件

说明专业技术设计书编写过程中所引用的标准、规范或其他技术文件。文件一经引用,便构成专业技术设计书设计内容的一部分。

4. 成果(或产品)主要技术指标和规格

根据具体成果(或产品),规定其主要技术指标和规格,一般包括成果(或产品)类型及形式、坐标系统、高程基准、时间系统,比例尺、分带、投影方法,分幅编号及其空间单元,数据基本内容、数据格式、数据精度以及其他技术指标等。

5. 设计方案

具体内容应根据各专业测绘活动的内容和特点确定。设计方案的内容一般包括以下几个方面:

(1)硬件、软件环境及其要求。

①规定作业所需的测量仪器的类型、数量、精度指标以及对仪器校准或检定的要求,规定

对作业所需的数据处理、存储、传输等设备的要求。

②规定对专业应用软件的要求和其他软、硬件配置方面需特别规定的要求。

(2)作业的技术路线或流程。

(3)各工序的作业方法、技术指标和要求。

(4)生产过程中的质量控制环节和产品质量检查的主要要求。

(5)数据安全、备份或其他特殊的技术要求。

(6)上交和归档成果及其资料的内容和要求。

(7)有关附录,包括设计附图、附表和其他有关内容。

三、专业技术设计书的主要内容

根据专业测绘活动内容的不同,专业技术设计书可按大地测量、工程测量、摄影测量与遥感、野外地形数据采集及成图、地图制图与印刷、界线测绘、基础地理信息数据建库等专业分别设计。

(一)大地测量

1. 任务概述

任务概述中应说明任务的来源、目的、任务量、测区范围和行政隶属等基本情况。

2. 测区自然地理概况和已有资料情况

(1)测区自然地理概况。根据需要说明与设计方案或作业有关的测区自然地理概况。内容可包括测区地理特征、居民地、交通、气候情况和困难类别等。

(2)已有资料情况。说明已有资料的数量、形式、施测年代、采用的坐标系统、高程和重力基准、资料的主要质量情况和评价、利用的可能性和利用方案等。

3. 引用文件

引用文件是指专业技术设计书编写中所引用的标准、规范或其他技术文件。文件一经引用,便构成专业技术设计书设计内容的一部分。

4. 主要技术指标

说明作业或成果的坐标系统、高程基准、重力基准、时间系统、投影方法、精度或技术等级以及其他主要技术指标等。

5. 设计方案

(1)选点、埋石。主要内容包括:规定作业所需的主要装备、工具、材料和其他设施;规定作业的主要过程、各工序作业方法和精度质量要求。

①选点:测量线路、标志布设的基本要求,点位选址、重合利用旧点的基本要求,需要联测点的踏勘要求,点名及其编号规定,选址作业中应收集的资料和其他相关要求等。

②埋石:测量标志、标石材料的选取要求,石子、沙、混凝土的比例,标石、标志、观测墩的数学精度,埋设的标石、标志及附属设施的规格、类型,测量标志的外部整饰要求,埋设过程中需获取的相应资料(地质、水文、照片等)及其他应注意的事项,路线图、点之记绘制要求,测量标

志保护及其委托保管要求，其他有关的要求。

(2)平面控制测量。

①全球定位系统(GPS)测量内容主要包括：规定GPS接收机或其他测量仪器的类型、数量、精度指标以及对仪器校准或检定的要求。规定测量和计算所需的专业应用软件和其他配置。规定作业的主要过程、各工序作业方法和精度质量要求。确定观测网的精度等级和其他技术指标。规定观测作业各过程的方法和技术要求。规定观测成果记录的内容和要求(外业数据处理的内容和要求)、外业成果检查(或检验)、整理、预处理的内容和要求。基线向量解算方案和数据质量检核的要求。上交和归档成果及其资料的内容和要求。

②三角测量和导线测量内容主要包括：规定测量仪器的类型、数量、精度指标以及对仪器校准或检定的要求。规定测量和计算所需的计算机、软件及其他配置等。规定作业的主要过程、各工序作业方法和精度质量要求。说明所确定的锁(网或导线)的名称、等级、图形、点的密度、已知点的利用和起始控制情况。规定觇标类型和高度、标石的类型。水平角和导线边的测定方法和限差要求。三角点、导线点的高程测量方法、新旧点的联测方案。数据的质量检核、预处理及其他要求。上交和归档成果及其资料的内容和要求。

③高程控制测量内容主要包括：规定测量仪器的类型、数量、精度指标以及对仪器校准或检定的要求。规定测量和计算所需的专业应用软件及其他配置。规定作业的主要过程、各工序作业方法和精度质量要求。规定观测、联测、检测及跨越障碍的测量方法，观测的时间、气象条件及其他要求。规定观测记录的方法和成果整饰的要求。说明需要联测的气象站、水文站、验潮站和其他水准点。规定外业成果计算、检核的质量要求。规定成果重测和取舍的要求。必要时，规定成果的平差计算方法、采用软件和高差改正等技术要求。

④重力测量内容主要包括：规定测量仪器的类型、数量、精度指标以及对仪器校准或检定的要求。规定对重力仪的维护注意事项。规定测量和计算所需的专业应用软件和其他配置。规定测量仪器的运载工具及其要求。规定作业的主要过程、各工序作业方法和精度质量要求。其他特殊要求。

(3)大地测量数据处理。内容主要包括：规定计算所需的软、硬件配置及其检验和测试要求。规定数据处理的技术路线或流程。规定各过程作业要求和精度质量要求。其他有关的技术要求。

(二)工程测量

1. 任务概述

说明任务来源、用途、测区范围、内容与特点等基本情况。

2. 测区自然地理概况和已有资料情况

(1)测区自然地理概况。根据需要说明与设计方案或作业有关的测区自然地理概况。内容可包括测区的地理特征、居民地、交通、气候情况以及测区困难类别，测区有关工程地质与水文地质的情况等。

(2)已有资料情况。说明已有资料的施测年代，采用的平面基准、高程基准，资料的数量、形式、质量情况评价、利用的可能性和利用方案等。

3. 引用文件

说明专业技术设计书编写中所引用的标准、规范或其他技术文件。文件一经引用，便构成专业技术设计书设计内容的一部分。

4. 成果(或产品)规格和主要技术指标

说明作业或成果的比例尺、平面和高程基准、投影方式、成图方法、成图基本等高距、数据精度、格式、基本内容以及其他主要技术指标等。

5. 设计方案

(1)平面和高程控制测量。平面控制测量和高程控制测量设计方案内容参照大地测量的有关要求执行。

(2)施工测量。施工测量设计方案内容主要包括:规定测量仪器的类型、数量、精度指标以及对仪器校准或检定的要求。作业所需的专业应用软件及其他配置。规定作业的技术路线和流程。规定作业方法和技术要求,质量控制环节和质量检查的主要要求。上交和归档成果及其资料的内容和要求。有关附录。

(3)竣工测量。竣工测量设计方案内容主要包括:规定测量仪器的类型、数量、精度指标以及对仪器校准或检定的要求。规定作业所需的应用软件及其他配置。规定作业的技术路线和流程。规定作业方法和技术要求。质量控制环节和质量检查的主要要求。上交和归档成果及其资料的内容和要求。

(4)线路测量。线路测量包括铁路测量、公路测量、管线测量、架空索道和架空送电线路、光缆线路测量等。其设计方案内容主要包括:规定测量仪器的类型、数量、精度指标以及对仪器校准或检定的要求。规定作业所需的专业应用软件及其他配置。规定作业的技术路线和流程,规定作业方法和技术要求。质量控制环节和质量检查的主要要求。上交和归档成果及其资料的内容和要求。

(5)变形测量。变形测量设计方案内容主要包括:规定测量仪器的类型、数量、精度指标以及对仪器校准或检定的要求。规定作业所需的专业应用软件及其他配置。规定作业的技术路线和流程,规定作业方法和技术要求。上交和归档成果及其资料的内容和要求。

(三)摄影测量与遥感

1. 任务概述

说明任务来源、测区范围、地理位置、行政隶属、成图比例尺、任务量等基本情况。

2. 测区自然地理概况和已有资料情况

(1)测区自然地理概况。根据需要说明与设计方案或作业有关的作业区自然地理概况。内容可包括测区地形概况、地貌特征、海拔高度、相对高差、地形类别、困难类别和居民地、道路、水系、植被等要素的分布与主要特征,气候、风雨季节及生活条件等情况。

(2)已有资料情况。说明地形图资料采用的平面和高程基准、比例尺、等高距、测制单位和年代等。说明基础控制资料的平面和高程基准、精度及其点位分布。说明航摄资料的航摄单位、摄区代号、摄影时间、摄影机型号、焦距、像幅、像片比例尺、航高、底片(像片)质量、扫描分辨率。说明遥感资料数据的时相、分辨率、波段。说明资料的数量、形式,主要质量情况和评价。说明资料利用的可能性和利用方案等。

3. 引用文件

说明专业技术设计书编写中所引用的标准、规范或其他技术文件。文件一经引用,便构成专业技术设计书设计内容的一部分。

4. 成果(或产品)规格和主要技术指标

说明作业或成果的比例尺、平面和高程基准、投影方式、成图方法、图幅基本等高距、数据精度、格式、基本内容以及其他主要技术指标等。

5. 设计方案

(1)航空摄影。航空摄影技术设计的要求按《航空摄影技术设计规范》(GB/T 19294—2003)执行。

(2)摄影测量。设计方案内容主要包括:软、硬件环境及其要求。规定作业所需的测量仪器的类型、数量、精度指标以及对仪器校准或检定的要求。规定对作业所需的数据处理、存储与传输等设备的要求。规定对专业应用软件的要求和其他软、硬件配置方面需特别规定的要求。规定作业的技术路线或流程。规定各工序作业要求和质量指标。

①控制测量:规定平面和高程控制点的布设方案及其相关的技术要求。规定平面和高程控制测量的施测方法、技术要求、限差规定和精度估算。

②调绘:提出室内判绘和实地调绘的方案和技术要求。提出新增地物、地貌以及云影、阴影地区的补测要求。根据测区地理景观特征,对居民地、地形要求的特征和主要表示方法提出要求。

③碎部点测量:规定碎部点测量及其相关的技术要求。

④影像扫描:规定扫描分辨率、色彩模式、数据格式、数据编辑、扫描质量等主要技术要求。

⑤空中三角测量:确定加密方案及其要求。内容包括采用的空三系统、平差方法、检测点的选点规则和数量及其精度指标、技术要求和上交成果要求等。

⑥数据采集和编辑:规定矢量数据的采集方法和编辑要求,包括数据的分层、编码、属性内容、数据编辑和接边、图幅裁切、图廓整饰等技术和质量要求。规定数字高程模型格网间隔、格网点高程中误差、数据格式等技术、质量要求。规定数字正射影像图的分辨率、影像数据纠正、镶嵌、裁切、图廓整饰等技术、质量要求。

⑦规定元数据的制作要求。

⑧对图历簿(文档簿)的样式和填写作出规定。

此外,还应明确质量控制环节和质量检查的主要要求,成果上交和归档要求。

(3)遥感。设计方案主要包括以下内容:

①硬件平台和软件环境。

②作业的技术路线和工艺流程。规定遥感资料获取、控制和处理的技术和质量要求。可包括:遥感资料获取,说明选取遥感资料的基本要求,并说明所获取遥感资料的名称、摄影参数、范围、格式、质量情况等;控制要求,规定控制点选取的方法、点数及其分布和计算的精度要求等;处理要求,规定各工序如纠正、融合及其他内容等的技术要求及影像质量、误差精度要求等,规定遥感图像解译的方法、技术指标。如解译、形态、影像、色调及其整饰、注记的方法和技术要求等。

③其他相关的技术、质量要求。

④质量控制环节和质量检查的主要要求。

⑤成果上交和归档要求。

(四)野外地形数据采集及成图

1. 任务概述

说明任务来源、测区范围、地理位置、行政隶属、成图比例尺、采集内容、任务量等基本情况。

2. 测区自然地理概况和已有资料情况

(1)测区自然地理概况。根据需要说明与设计方案或作业有关的测区自然地理概况。内容可包括测区地理特征、居民地、交通、气候情况和困难类别等。

(2)已有资料情况。说明已有资料的施测年代、采用的平面及高程基准、资料的数量、形式、主要质量情况和评价,利用的可能性和利用方案等。

3. 引用文件

说明专业技术设计书编写中所引用的标准、规范或其他技术文件。文件一经引用,便构成专业技术设计书设计内容的一部分。

4. 成果(或产品)规格和主要技术指标

说明作业或成果的比例尺、平面和高程基准、投影方式、成图方法、成图基本等高距、数据精度、格式、基本内容以及其他主要技术指标等。

5. 设计方案

设计方案内容主要包括:规定测量仪器的类型、数量、精度指标以及对仪器校准或检定的要求。规定作业所需的专业应用软件及其他配置。规定各类图根点的布设、标志的设置,观测使用的仪器、测量方法和测量限差的要求。规定作业方法和技术要求。质量控制环节和质量检查的要求。其他特殊要求。

(五)地图制图和印刷

1. 地图制图

(1)任务概述。说明任务来源、制图范围、行政隶属、地图用途、任务量、完成期限、承担单位等基本情况。对于地图集(册),还应重点说明其要反映的主体内容等。对于电子地图,还应说明软件基本功能及应用目标。

(2)作业区自然地理概况和已有资料情况。

①作业区自然地理概况:根据需要说明与设计方案或作业有关的作业区自然地理概况。

②已有资料情况:说明已有资料采用的平面和高程基准、比例尺、等高距、测制单位和年代;资料的数量、形式;主要质量情况和评价。

(3)引用文件。说明专业技术设计书编写中所引用的标准,规范或其他技术文件。文件一经引用,便构成专业技术设计书设计内容的一部分。

(4)成果(或产品)规格和主要技术指标。说明地图比例尺、投影、分幅、密级、出版形式、坐标系统及高程基准、等高距、地图类别和规格、地图性质、精度以及其他主要技术指标等。

对于地图集(册),还应说明图集的开本及其尺寸、图集(册)的主要结构等情况。

对于电子地图,则应说明其主题内容、制图区域、比例尺、用途、功能、媒体集成程度、数据格式、可视化模型、数据发布方式及可视化模型表现等。

(5)设计方案。普通地图和专题地图设计方案。主要内容包括:说明作业所需的软、硬件配置。规定作业的技术路线和流程。规定所需作业过程、方法和技术要求。质量控制环节和质量检查的主要要求。最终提交和归档成果和资料的内容及要求。

其中对作业过程、方法和技术要求的规定有:

①地图扫描处理,规定地图扫描分辨率、色彩模式、数据格式、纠正方法、数据编辑的主要内容、色彩处理等作业方法和质量要求等。

②数学基础,规定地图的数学基础及其作业方法和技术要求。

③数据采集与编辑处理。如规定地图表示的数据内容、采集方法、要求表示关系的处理原则、数据接边以及数据编辑处理的其他要求等。规定地图的图面配置、图廓整饰、图幅裁切等技术、质量要求。规定地图各要素符号、注记等的表示要求,规定地图数据的色彩表示、输出分版或分色、排版式样、输出材料以及印刷原图的制作要求。规定地图集/册的详细结构、内容安排、排版样式。

(6)电子地图设计方案。主要内容包括:制作电子地图以及多媒体制作与浏览所需的各种软、硬件配置要求。电子地图制作的技术路线和主要流程。电子地图制作的主要内容、方法和要求。最终提交和归档成果和资料的内容及要求。

其中对电子地图制作的主要内容、方法和要求的规定有:

①规定空间信息可视化对象的基本属性内容。

②规定多媒体可视化表现形式和对媒体数据的要求。

③规定对地图符号系统设计和地图层次结构(由主题信息内容、主题相关信息和背景信息内容等组成)设计的内容、表现手段和要求。

④规定电子地图系统设计的主要内容,包括主题内容、表现形式、软件功能及应用目标。

⑤规定电子地图空间信息可视化的表现手段与基本形式。

⑥规定电子地图空间信息的流程结构和组织方式。

⑦规定电子地图的界面结构和交互方式。

2. 地图印刷

(1)任务概述。说明任务来源、性质、用途、任务量、完成期限等基本情况。

(2)印刷原图情况。说明印刷原图的种类、形式、分版情况、制作单位、精度和质量情况,并对存在的问题提出处理意见,说明其他有关资料的数量、形式、质量情况和利用方案等。

(3)引用文件。说明专业技术设计书编写中所引用的标准、规范或其他技术文件。文件一经引用,便构成专业技术设计书设计内容的一部分。

(4)主要质量指标。说明印刷的精度、印色、印刷的主要材料(如纸张、胶片、版材等)、装帧方法以及成品的主要质量、数量情况等。

(5)设计方案。确定印刷作业的主要工序和流程(必要时应绘制流程图)。规定所需工序作业的方法和技术,质量要求,包括拼版的方法和要求。

①制版:规定制版作业的方法,材料、技术和质量要求。

②修版:规定修版的方法、内容和要求。

③印刷:规定打样的种类、数量和质量要求。规定印刷设备、纸张类型、印色、印序和印数、印刷精度和墨色等要求。

④装帧的方法、技术要求、采用的材料以及清样本的制作。

(六)界线测绘

1. 任务概述

说明任务来源、测区范围、行政隶属、测图比例尺、任务量等基本情况。

2. 测区自然地理概况和已有资料情况

(1)测区自然地理概况。根据需要说明与设计方案或作业有关的作业区自然地理概况。内容可包括测区的地理特征、居民地、道路、水系、植被等要素的主要特征,地形类别以及测区困难类别,经济总体发展水平,土地等级及利用概况等。

(2)已有资料情况。说明已有控制成果和图件的形式、采用的平面、高程基准,比例尺,大地点分布密度、等级,行政区划资料、质量情况评价,利用的可能性和利用方案等。对于地籍测绘和房产测绘,还应说明房屋普查资料、土地利用现状调查资料的现势性和可靠性、土地利用分类、土地权属单元的划分、城镇房产类别、房屋建筑结构分类等标准的制订单位和年代等资料情况和利用方案。

3. 引用文件

说明专业技术设计书编写中所引用的标准、规范或其他技术文件。文件一经引用,便构成专业技术设计书设计内容的一部分。

4. 成果(产品)规格和主要技术指标

说明作业或成果的比例尺、平面和高程基准、投影方式、成图方法、数据精度、格式、基本内容,以及其他主要技术指标等。

5. 设计方案

分为地籍测绘、房产测绘、境界测绘。内容主要包括:规定测量仪器的类型、数量、精度指标以及对仪器校准或检定的要求。规定作业所需的专业应用软件及其他配置。规定作业的技术路线和流程。规定作业方法和技术要求。质量控制环节和质量检查。上交和归档成果及其资料的内容和要求。

(七)基础地理信息数据建库

1. 任务概述

说明任务来源、管理框架、建库目标、系统功能、预期结果、完成期限等基本情况。

2. 已有资料情况

说明数据来源、数据范围、数据产品类型、格式、精度、数据组织、主要质量指标和基本内容等质量情况。并结合数据入库前的检查、验收报告或其他有关文件,说明数据的质量情况和利用方案。

3. 引用文件

说明专业技术设计书编写中所引用的标准、规范或其他技术文件。文件一经引用,便构成专业技术设计书设计内容的一部分。

4. 成果(或产品)规格和主要技术指标

说明数据库范围、内容、数学基础、分幅编号、成果(或产品)的空间单元、数据精度、格式及其他重要技术指标。

5. 设计方案

设计方案内容主要包括：

①规定建库的技术路线和流程，应用流程图或其他形式，清晰、准确地规定建库的主要过程及其接口关系。

②系统软件和硬件的设计。规定建库的操作系统、数据库管理系统及有关的制图软件；规定数据库输入设备、输出设备、数据处理设备(如服务器、图形工作站及计算机等)、数据存储设备及其他设备的功能要求或型号、主要技术指标。规划网络结构(如网络拓扑结构、网线、网络连接设备)。

③数据库概念模型设计。规定数据库的系统构成、空间定位参考、空间要素类型及其关系、属性要素类型及其关系。

④数据库逻辑设计。应规定要素分类与代码、层(块)、属性项及值域范围以及数据安全控制技术要求。

⑤数据库物理设计。应描述数据库类型(如关系型数据库、文件型数据库)，软、硬件平台，数据库及其子库的命名规则、类型、位置及数据量。

⑥数据库管理和应用的技术规定。

⑦数据库建库的质量控制环节和检查要求(包括对数据入库前的检查和整理要求)。

⑧上交和归档成果及其资料的内容和要求。

(八)地理信息系统

地理信息系统的设计应包括以下多项设计文档。

1. 需求规格说明书

(1)引言。编写目的、编写背景、定义、参考资料等。

(2)项目概述。项目目标、内容、现行系统的调查情况，系统运行环境，条件与限制等。

(3)系统数据描述。包括静态数据、动态数据、数据流图、数据库描述、数据字典、数据加工、数据采集等。

(4)系统功能需求。包括功能划分、功能描述等。

(5)系统性能需求。包括数据精确度、时间特性、适应性等。

(6)系统运行需求。包括用户界面、硬件接口、软件接口、故障处理等。

(7)质量保证。

(8)其他需求(如可使用性、安全保密性、可维护性、可移植性等)。

2. 系统设计

(1)系统总体设计。体系结构设计，C/S 结构或 B/S 结构的选择，软件配置与硬件网络架构等。

(2)系统功能设计。根据需求分析结果设计系统功能，包括数据采集与加工、数据检查与入库、数据更新与维护、数据查询与浏览、数据输出与转换、数据发布与共享，元数据管理等。

此外还可以包括控制测量成果管理、地名管理等。

(3)系统安全设计。网络的安全与保密,应用系统的安全措施,数据备份和恢复机制,用户管理等。

3. 数据库设计

参见基础地理信息数据建库。

4. 详细设计说明书

(1)引言。背景、参考资料、术语和缩写语等。

(2)程序(模块)系统的组织结构。

(3)模块(子程序)设计说明。包括输入项、输出项、处理过程、接口、存储分配、注释设计、限制条件、测试计划等。

四、技术设计书范例

以下为某勘察研究院承担某地测绘项目的技术设计书,仅供学习参考,其中数据均为虚拟,与实际情况无关。

××省××市××× 1∶500 数字化地形图
测绘技术设计书

为满足规划建设的需要,受××××(委托单位名称)的委托,我院承担了×××(具体项目地块名称)1∶500 数字化地形图测绘任务。为保质保量按期完成该项目,特制定本设计书,望在作业过程中认真执行。

1. 概述

1.1 测区概况

×××位于××市×××及其周围区域,隶属××市××区。测区位于东经 110°20′～110°25′和北纬 19°50′～19°52′。测区内主要有×××××、×××××、×××××等住宅小区,测区地势平坦,平均海拔为××m,交通便利,通视良好。本次作业的主要任务是进行由甲方指定范围内约×××km^2 的 1∶500 数字化地形图测绘。

1.2 测区已有成果资料的分析与利用

1.2.1 控制资料

测区内有××市××××局于××××年××月测量的 3 个一级图根导线点,其点名为 E002、E015、E007,其坐标系为:××××坐标系;高程系为:1985 国家高程基准。成果如下:

点号	纵坐标(X)	横坐标(Y)	高程(H)	备注
E002	214205.123	40199901.491	3.638	钢钉
E015	214210.456	40200002.911	3.978	钢钉
E007	214250.789	41314521.517	3.726	钢钉

注:单位为 m。

经实地踏勘，上述3个一级图根导线点标志均完好，经检测其成果可靠。鉴于本次测绘面积较小，因此将上述三点作为起算点发展二级图根用于测图。

1.2.2 地形资料

有甲方提供的覆盖测区的1∶500航片，可用于图根选点和安排生产；有××市××××局提供的×××××，按照其提供坐标准确标绘在本次所测绘地形图上。

1.3 作业依据

(1)《全球定位系统(GPS)测量规范》(GB/T 18314—2009)；

(2)《卫星定位城市测量技术规范》(CJJ/T 73—2019)；

(3)《城市测量规范》(CJJ/T 8—2011)；

(4)《全球定位系统实时动态测量(RTK)技术规范》(CH/T 2009—2010)；

(5)《1∶500 1∶1 000 1∶2 000外业数字测图规程》(GB/T 14912－2017)；

(6)《国家基本比例尺地图图式　第1部分:1∶500 1∶1 000 1∶2 000地形图图式》(GB/T 20257.1－2017)；

(7)《数字测绘成果质量检查与验收》(GB/T 18316－2008)；

(8)《××省××市×××1∶500数字化地形图测绘技术设计书》；

1.4 坐标和高程系统

1.4.1 坐标系统

坐标系统采用××××坐标系。

1.4.2 高程系统

高程系统采用1985国家高程基准。

1.4.3 基本等高距

基本等高距为1.0 m。

1.5 拟投入设备及人员

本次作业计划拟投入四个作业组，人员包括：高级工程师1人，工程师2人，助理工程师5人，技术工人7人。计划投入的设备有：天宝GPS(R6)卫星接收机4台(套)，拓普康全站仪4台(套)；联想笔记本电脑4台；数据备份硬盘1个；佳能打印机1台。所有仪器设备均在检定有效期内，各项精度指标均符合要求；技术总结中必须附上所有仪器的仪器检定证书。

1.6 质量目标

依据《测绘成果质量检查与验收》(GB/T 24356—2023)的规定，本项目成果质量通过两级检查一级验收方式进行控制。质量目标如下：

(1)数据成果。控制点布设要合理、观测要正确、记录要齐全规范、计算要正确。

(2)图件成果。地形图内容要完整、表示要合理、注记要标准。

(3)文字成果。报告格式要规范，结构要清晰，内容要完整。

(4)存储介质。成果光盘存储的数据成果要完整，存储介质要完好。

(5)总体质量。最终成果质量要求达到优良级。

2.地形测绘

2.1 基本要求

2.1.1 成图方法

本测区地形图测绘采用全野外数字化成图方法；内业编图采用南方CASS7.0成图软件。

2.1.2 测图比例尺

本测区成图比例尺为 1∶500。

2.1.3 图幅分幅与编号

本测区地形图依照××市地形图分幅标准和图幅整饰标准，采用正方形分幅，图幅尺寸为 50 cm×50 cm(实地为东西长 500 m，南北宽 500 m)；取图内较大单位或小区名作为图名，编号以图幅左下角纵、横坐标公里数表示(保留两位整数和两位小数)，中间用“-”连接，纵坐标在前，横坐标在后，如 25.00-31.00。

2.2 图根控制测量

采用 GPS(RTK)平滑测设图根控制点，即自动观测个数不少于 10 个观测值并取平均值作为定位结果。

2.2.1 图根点的布设

在 3 个一级图根导线点的基础上，采用 GPS(RTK)技术，在测区范围内布设两两通视的图根点以满足测图需要。

为方便以后施工放样和修测的需要，应按照规范要求在水泥路面打入钢钉作为埋石点，以便长期保存。

2.2.2 图根点编号

为了和一级图根导线点编号保持一致，本次 RTK 所测的二级图根点也按照顺序号编号，前面加字母“TG”表示，如 TG001。但需在控制点成果表中区分。

2.2.3 图根点的测量

由于 3 个一级图根导线点均位于星光大道上，且分布较均匀，因此本次图根控制点采用 GPS(RTK)测量方法进行测量。测量时，采用 3 个一级导线点进行 RTK 测量模型的拟合建模，求取平面四参数和高程曲面拟合参数，其残差达到规范要求后，直接进行加密控制点采集测量。拟合建模要采用 GPS 随机软件进行。

2.2.4 基准站的建立

RTK 基准站点设置的要求：该点周围应无高大的树木及高层建筑物或构筑物阻挡，远离大功率的无线电发射源和高压输电线，无强烈干扰接受卫星信号的物体，交通便利，观测方便、安全，与作业点间也无成片的建(构)筑物，离最远作业点不超过 1 km。

每次架设基准站后，要利用接收机专用功能键和选择菜单，查看并记录测站信息，包括接收卫星数、卫星信号、卫星健康状况、各卫星信噪比、相位测量残差实时定位的结果及收敛值。

2.2.5 GPS(RTK)测量

为了便于观测，在解算转换参数时，可在本测区适当位置联测 3～4 个点，作为后续控制加密的检核点。测量起算点和图根点时，流动站应架设对中杆，并丈量、输入仪器高度(以便对转换参数进行检核)。每个图根点应在不同时段测量两次，两次测量点位坐标较差≤±3 cm 取平均值。每次架设基准站后，均要利用测区附近已知点(包括起算点和检核点)进行坐标检测，坐标较差在 3 cm 以下方可进行后续测量。

2.3 地形图测绘

2.3.1 基本要求

(1)地形图碎部点高程注记至 0.01 m。

(2)地形要素测绘与表示，要按规范与图式执行。

(3)地形图测绘完成后,作业员应详细地进行自我检查与整理,测区要统一对所测图幅进行检查。

(4)地形图内容表示要合理、齐全、综合取舍要恰当,主次分明。

(5)地貌测绘要正确,表示要合理,地貌显示要逼真。

2.3.2 数据采集方法

(1)在空旷地区且能满足 RTK 测量条件的地方,直接采用 RTK 技术采集碎部点三维坐标数据,并将采集的碎部点按编码存入电子手簿。

(2)在居民区或 RTK 信号较差的地方采用全站仪采集数据。

使用全站仪在各级控制点上设站、定向、检查,采用极坐标法采集地形、地物点三维坐标,利用全站仪内部存储器记录地形、地物点观测顺序号、三维坐标和编码,在野外现场绘制草图,并标注观测顺序号。测站上要记录观测错误的数据的顺序号,以便内业进行数据删除。

数据采集时,地物点、地形点测距的最大长度应不超过 200 m,应遵守"看不清不测"的原则。

2.3.3 仪器设置及测站检查

地形测图时仪器的设置及测站上的检查应符合下列规定:

(1)仪器对中误差不应大于 5 mm。

(2)照准一图根点标定方向,观测另一图根点作为检核点,算得检核点的平面位置误差不应大于 0.05 m,高程误差不应大于 0.05 m。

(3)仪器高、棱镜高应量记至毫米。

2.3.4 数据处理

将 RTK 电子手簿或全站仪记录数据传输至计算机,对采集的数据进行检查,删除错误数据后,将数据格式转换为 CASS7.0 软件数据格式,利用软件展绘野外采集数据点号(即观测顺序号)。

2.3.5 图形编辑

对照野外绘制的草图,利用展绘到计算机软件上的点号(或编码)进行地形图的编辑,根据相应图式、规范和设计书要求对地物进行分层、编码。

2.3.6 地形图测绘内容及取舍

本测区地形图测绘内容应表示:测量控制点、居民地和垣栅、工矿建筑物及其他设施、交通及附属设施、管线及附属设施、地貌和土质、植被等各项地物、地貌要素,以及地理名称注记等。并着重显示与测图用途有关的各项要素。地物、地貌的各项要素的表示方法和取舍原则,除应按现行国家标准地形图图式执行外,还应符合如下有关规定。

(1)测量控制点测绘。测量控制点是测绘地形图和工程测量施工放样的主要依据,在图上应精确表示。将测区范围内的所有图根点,按图式规定的符号,准确地展绘到地形图上。

(2)居民地和垣栅的测绘。

①居民地的各类建筑物、构筑物及主要附属设施应准确测绘实地外围轮廓和如实反映建筑结构特征。

②房屋的轮廓应以墙基外角为准,并按建筑材料和性质分类,注记层数。房屋应逐个表示,临时性房屋可舍去。

③建筑物和围墙轮廓凸凹在图上小于 0.4 mm、简单房屋小于 0.6 mm 时,可用直线连接。

④1∶500比例尺测图，房屋内部天井宜区分表示。

⑤测绘垣栅应类别清楚，取舍得当。围墙、栅栏、栏杆等可根据其永久性、规整性、重要性等综合考虑取舍。

⑥台阶和室外楼梯长度大于3 mm、宽度大于1 mm的应在图中表示。

⑦永久性门墩、支柱大于1 mm的依比例实测，小于1 mm的测量其中心位置，用符号表示。

⑧建筑物上突出的悬空部分应测量最外范围的投影位置，主要的支柱也要实测。

(3)工矿建筑物及其他设施测绘。

①工矿建(构)筑物及其他设施的测绘，图上应准确表示其位置、形状和性质特征。

②工矿建(构)筑物及其他设施依比例尺表示的，应实测其外部轮廓，并配置符号或按图式规定用依比例尺符号；不依比例尺表示的，应准确测定其定位点或定位线，用不依比例尺符号表示。

(4)交通及附属设施测绘。

①交通及附属设施的测绘，图上应准确反映陆地道路的类别和等级，附属设施的结构和关系；正确处理道路的相交关系及与其他要素的关系。

②双线道路在图上均应按实际宽度依比例尺表示。道路交叉处、桥面等应测注高程，隧道、涵洞应测注底面高程。

③凡正规的内部道路，按比例实测上图，长度在图上小于10 mm时，不表示。

(5)管线及附属设施测绘。

①永久性的电力线、电信线均应准确表示，电杆、铁塔位置应实测。当多种线路在同一杆架上时，只表示主要的。建筑区内电力线、电信线可不连线，但应在杆架处绘出线路方向。各种线路应做到线类分明，走向连贯。

②架空的、地面上的、有管堤的管道均应实测，分别用相应的符号表示。并注明传输物质的名称。

③污水篦子、消防栓、阀门、水龙头、电线箱、电话亭、路灯、检修井均应实测中心位置，以相应符号表示。根据甲方要求，必须测绘主要道路交叉口附近的下水检修井的井底标高，并标注在地形图上。

(6)地貌和土质的测绘。

①地貌和土质的测绘，图上应正确表示其形态、类别和分布特征。

②各种天然形成和人工修筑的坡、坎，其坡度在70°以上时表示为陡坎，70°以下时表示为斜坡。斜坡在图上投影宽度小于2 mm，以陡坎符号表示。

③各种土质按图式规定的相应符号表示。

(7)植被的测绘。地形图上应正确反映出植被的类别特征。实测范围，以相应的符号表示。对于大面积分布的草地，加注“草坪”二字。

(8)注记。

①要求对各种名称、说明注记和数字注记准确注出。图上所有居民地、道路以及主要单位等名称，均应调查核实，有法定名称的应以法定名称为准，并应正确注记。

②由于本测区地势平坦，大部分为建筑区，故不绘等高线，只需标注高程点。高程注记点应分布均匀，其间距应以12 m为宜。

测区建筑区高程注记点应测设建筑物墙基脚和相应的地面、桥面中心、空地上以及其他地面倾斜变换处；高程注记点注记至厘米。

2.3.7 精度要求

(1)平面精度

①图根点相对于图根起算点的点位中误差不应大于5 cm。

②地物点相对于邻近图根点的点位中误差不超过±0.25 m。

③邻近地物点间距中误差不超过±0.20 m。

(2)高程精度

①图根点相对于图根起算点的高程中误差：不应大于0.05 m。

②高程注记点相对于邻近图根点的高程中误差：不应大于0.17 m。

2.3.8 图廓整饰规定

图廓整饰严格按照GB/T 20257.1—2007要求执行。

3.成果检查验收及资料提交

3.1 成果检查与验收

3.1.1 检查验收内容

检查验收内容包括控制成果、地形图图件、文字报告。

3.1.2 检查与验收方式

本项目成果质量实行两级检查一级验收方式进行控制，即质检办对测绘产品进行全面的过程检查，在过程检查合格的基础上，由我院总工室对测绘产品进行最终检查。测绘产品经最终检查合格后，交甲方验收或由甲方委托具有资质的质量检验机构进行质量验收。项目组的过程检查比例为100%，院最终检查的比例为30%。各级检查工作应独立按顺序进行，不得省略、代替或颠倒顺序。

3.2 资料提交

经最终检查合格或验收合格后，对存在的问题进行全面修改完善后，整理装订资料，由我院总工程师批准后向甲方提交全部测绘成果资料。提交成果资料内容包括：

3.2.1 文字报告

(1)技术设计书1份。

(2)技术总结1份。

3.2.2 控制测量成果

(1)控制点观测记录1份。

(2)控制点平差报告1份。

(3)控制点分布图1份。

(4)控制点点之记1份。

(5)控制点成果表1份。

3.2.3 图形资料

(1)1∶500地形图分幅图纸质图8套。

(2)地形图电子版光盘4套。

3.2.4 其他资料

(1)仪器鉴定资料1份。

(2)文字报告、控制测量成果数据光盘1张。

某勘察研究院

××××年××月

课后练习题

一、单选题

1. 测绘技术设计输出的表现形式为(　　)。

A. 设计策划书　　B. 设计评审文件

C. 技术设计文件　　D. 设计验证文件

2. 根据《测绘技术设计规定》,设计评审的依据是(　　)。

A. 设计输入内容　　B. 技术设计文件

C. 测绘合同　　D. 设计验收报告

3. 下列单位中,负责测绘项目技术设计的是(　　)。

A. 承担项目的法人单位　　B. 项目质检单位

C. 项目委托单位　　D. 项目监理单位

4. 根据《测绘技术设计规定》(CH/T 1004—2005),测绘项目设计书中的"质量保证措施和要求"不包括(　　)。

A. 组织管理措施　　B. 工期保障措施

C. 质量控制措施　　D. 数据安全措施

二、简答题

1. 简述测绘项目技术设计的概念。

2. 简述测绘技术设计的分类及概念。

3. 工程质量控制设计主要包括哪些内容?

第11章 质量管理与组织实施

【学习导入】

本章主要介绍了ISO9000族标准基础知识、测绘单位贯标的组织与实施、质量管理体系文件的编制、测绘项目组织及实施管理。

通过对本章的学习，学生应了解ISO9000族标准基础知识，质量管理体系文件的编制；掌握测绘项目组织与实施；在了解测绘项目的组织结构图基础上，掌握测绘项目目标管理和资源配置，测绘项目工程进度、资金预算和质量控制方法。

【学习目标】

知识目标：了解ISO9000族标准基础知识，掌握项目资源配置、测绘项目工程进度控制相关知识。

能力目标：能够阐述测绘项目目标管理方法。

素质目标：培养学生爱岗敬业、敢于挑战、追求卓越的良好品质。

一、质量管理体系

由国际标准化组织(ISO)颁发的ISO9000族质量管理体系国际标准，总结了当代世界质量管理领域的成功经验，应用当前先进的管理理论，以简单明确的标准形式向世界各国推荐了一套实用的管理方法和管理模式。

(一)ISO9000族标准基础知识

质量管理随着经济的发展，逐步形成管理科学中一门独立的学科。为统一质量管理，适应社会化大生产的要求，将质量管理的有关要求系统化、规范化、普遍化和统一化。

ISO9000族标准在吸收全面质量管理的理论基础上，用国际标准的形式，使质量管理和质量保证在世界范围内统一起来，具有通用、协调、可操作性的特点。ISO9000 族标准是面向 21 世纪的质量管理标准，它贯穿了当代经济管理理论，尤其是全面质量管理理论的思想和方法。

(二)我国使用 ISO9000 族标准状况

我国作为 ISO 组织的成员国，积极参加标准的建立工作。自 1987 年 ISO9000 族标准发布，即开始对 ISO9000 族标准进行研究和转换。1988 年 12 月，我国发布等效采用的 GB/T 10300 系列标准。1992 年 10 月，我国又进一步将 ISO9000 族标准转换为等同采用的 GB/T 19000 系列标准。对 ISO9000 族标准的修改、换版，我国有关部门一直采取同步跟踪的做法。ISO9000 族标准 1994 年换版和 2000 年换版工作，我国均以最快的速度组织完成。

(三)质量管理的原则和基本原理

2008 年版 ISO9000 族标准第一次提出质量管理的 8 项原则，以及在此基础上形成质量管理体系的 12 项基本原理。

1. 质量管理的 8 项原则

(1)以顾客为关注焦点原则。组织依存于顾客，应理解顾客当前和未来的需求，满足顾客要求并争取超越顾客期望。组织以顾客为关注的焦点，满足顾客的需求和期望，也是自身生存、发展的基础和需要。

(2)领导作用原则。领导者确立本组织统一的宗旨及方向。在质量体系下，领导作用归结为以下几项：制定组织的质量方针、质量目标；建立以顾客为关注焦点的思想；组织内创造公平、公开、民主、开放和谐的氛围，系统和规范的管理方法，充分发挥全体员工的主动性，创造性；协调内外部各方关系，平衡各相关方利益，不断开拓市场，创造未来；建立、健全组织机构，明确各级人员职责、权限及相互关系。

(3)全员参与原则。各级人员都是组织之本，只有他们充分参与，才能使他们的才干为组织带来收益。全员参与不是自发的、无序的活动，而是在领导作用下，开展的自觉的、有序的活动。

(4)过程方法原则。将活动和相关的资源作为过程进行管理，可以更高效地得到期望的结果。

(5)管理的系统方法原则。将相互关联的过程作为系统加以识别、理解和管理，有助于组织提高实现目标的有效性和效率。

(6)持续改进原则。持续改进总体业绩应当是组织的一个永恒目标。

(7)基于事实的决策方法原则。有效决策是建立在数据和信息分析的基础上。决策是通过各类的策划活动来实现的。

(8)互利的供方关系原则。组织和供方是相互依存的，互利的关系可增强双方创造价值的能力。

2. 8 项原则在质量管理体系中的运用——12 项基本原理

(1)质量管理体系说明。

按照 ISO9000 族标准建立的质量管理体系，能够帮助组织增进顾客的满意度，促使组织持续地改进其产品、过程和质量管理体系，为组织及其顾客提供信任。

(2)质量管理体系要求与产品要求。ISO9000族标准强调质量管理体系要求和产品要求应明确区分。一个是管理要求,一个是技术要求。这两者相互区别、相互依存、不可替代与偏废。组织在产品实现过程与质量管理体系运行过程中,质量管理体系要求和产品要求是平行的、相互影响、相互制约和相互促进的活动。组织对这两方面应分别加以管理、控制。

(3)质量管理体系方法。质量管理体系方法是一个管理的系统方法。其8项原则适用于组织建立质量管理体系,也适用于组织针对设定的质量方针、质量目标,并实现它所涉及的具体的质量管理体系活动和过程的逻辑步骤。

(4)过程方法。质量管理体系的所有活动都可以作为一系列相互关联、相互作用的过程和过程网络,组织应系统地识别、确定质量管理体系的各个过程。对各个过程的形成、转化、相互关联、相互作用的输入、输出和资源等影响因素进行管理控制,以达到预期的过程结果。

(5)质量方针和质量目标。质量方针是组织在质量上的方向性、长远的、宏观的发展与追求。质量目标是质量方针的阶段性目的和实现的要求。质量方针提供了质量目标的框架,质量目标不能偏离质量方针。质量目标应是具体的、可测量的、可分解的和可实现的,组织实现质量目标,直接体现内部运作的成果和外部顾客及相关方的满意程度,质量目标的实现反映了质量方针正逐步得到贯彻实施。

(6)最高管理者在质量管理体系中的作用。最高管理者在组织质量管理体系中起着领导与核心的作用。最高管理者应建立质量方针、质量目标;确保关注顾客的要求;确定适宜的过程;获得必要的资源;调动广大员工积极性和参与精神;在建立、实施和保持质量管理体系以及持续改进等方面发挥作用。

(7)文件。文件用于沟通意图,统一行动。质量管理体系涉及6种类型的文件即质量手册、程序文件、质量计划、规划、指南和记录。

(8)质量管理体系评价。组织的最高管理者主持进行的管理评审,是对质量管理体系关于质量方针和质量目标的适应性、充分性、有效性和效率性进行的评价,组织还可以开展其他形式的自我评价。

(9)持续改进。组织对质量管理体系开展各种形式的自我评价,评价质量管理体系的过程与结果,通过评价使组织内部进一步开展对质量管理体系的持续改进,增强顾客满意,提高组织效率。持续改进方法的主要步骤有分析现状、确定改进的目标、实施改进措施、验证改进的效果和纳入质量管理体系等。

(10)统计技术的作用。组织在产品实现和质量管理体系运行中,选择适宜的统计技术。统计技术作为一种工具,可用于了解、分析,发现在质量管理体系运行过程中出现的状态和变异,支持各项决策,进而促进持续改进。

(11)质量管理体系与其他管理体系的关注点。质量管理体系是组织的各项管理体系的一部分,质量管理体系与组织其他管理体系有着密切的联系。在组织的管理体系中,质量管理体系与其他管理体系相辅相成、相互作用、相互依存和相互制约。

(12)质量管理体系与优秀模式之间的关系。质量管理体系与其他优秀模式之间具有共同点,采用质量管理体系并不排斥其他优秀管理模式,质量管理体系与其他优秀模式都具有共同的原则、方法和目标。质量管理体系与其他优秀模式可以相互促进,吸取各自的优点,以适应质量管理体系的系统性和开放性的要求。

(四)质量管理体系文件的编制

1. 质量管理体系文件的构成

质量管理体系文件应满足产品与质量目标的实现，满足 ISO9000 族标准的要求和质量管理体系有效运行的需要。质量管理体系文件包括质量手册、程序文件、质量计划、规范、作业标准、作业指导书和记录等。质量管理体系文件承上启下，相互支持、依存、制约，构成质量管理体系的文件系统。

2. 质量管理体系文件的划分

(1)质量方针。组织在质量上的追求、宗旨和方向。质量方针体现了组织的质量管理水准，通过组织的产品实现与质量管理体系的各个过程和结果，反映质量方针的实现程度。质量方针由最高管理者批准颁布，形成文件。

(2)质量目标。组织在质量上所追求的目的。质量目标应与质量方针保持一致，它是质量方针的阶段性要求，是明确的可测量考核的指标和目标，质量目标通常以文件的形式下达到组织的各个有关职能和层次，分别予以实施。

(3)质量手册。向组织的内部和外部提供质量管理体系的一致信息的文件。质量手册是描述组织质量管理体系的纲领性文件，其详略程度由组织自行决定。

(4)程序文件。提供如何一致地完成活动和过程的信息文件。程序文件是根据标准和组织的要求，站在组织管理部门的角度制定和实施的文件。程序文件需具有操作性，是策划和管理质量活动的基本文件，是质量手册的支持性文件。

(5)作业文件。与程序文件相同类型的文件。作业文件是针对某种岗位或某个具体工作过程的管理控制的文件。作业文件是详细的操作性文件，是策划和管理质量活动的基础性文件。作业文件通常包括作业标准、作业指导书、工艺文件等。

(6)规范。阐明要求的文件。规范涉及面较广。涉及管理活动的可称为程序文件、作业文件、章程、规定和细则等；涉及产品活动和要求的可称为产品规范、工艺规范或规程、图样和技术标准等。规范是质量管理和产品实现的基础和准则。规范的要求应清晰明确。

(7)记录。为完成的活动或达到的结果提供客观证据的文件。记录是反映质量管理和产品实现活动的状况与结果的信息，是客观证据。记录具有重复性和可追溯性，形成后不可更改。记录有格式化和非格式化两种形式。

(8)质量计划。针对特定的项目、产品、过程或合同所规定的质量管理、资源提供、作业控制和工作顺序等内容的文件。质量计划可以引用质量管理体系文件的内容，但不能与其原则相矛盾。

3. 质量管理体系文件的编写原则

(1)系统协调原则。质量管理体系文件应表述、规定和证实质量管理体系的全部结构和质量活动，并具有系统性和协调性。

(2)整体优化原则。质量管理体系文件编写过程也是对质量管理体系的优化过程。

(3)采用过程方法原则。系统地识别和管理组织所应用的过程，包括管理活动、资源提供、产品实现和测量、分析和改进有关的过程，特别是这些过程之间的相互作用。

(4)操作实施和证实检查的原则。质量管理体系文件具备实用性和可操作性，对质量管理体系的适用性和有效性提供证实。

4. 质量体系文件的编写步骤

(1)领导支持和参与。编写质量管理体系文件工作量大，直接涉及职责权限的分配和协调，其过程是对质量管理体系的要求和过程进行策划和设计。在文件编写过程中，领导直接参与、指导、监督，针对人力、物力、财力等相关资源给予充分支持。

(2)成立文件编写组。应成立专门的文件编写部门或文件编写组，集中培训学习ISO9000族标准，收集相关文件资料，统一思想认识。

(3)文件编写计划的拟定。依据质量管理体系总体规划，对照质量管理体系标准的要求，确定所需的过程以及在各个职能部门开展的质量活动。应列出管理人员在体系中的职责、权限和工作要求，识别质量管理体系过程，编写计划中列出拟制定质量管理体系文件清单、人员分工、写作阶段的划分。

5. 规范编写格式、落实编写任务

质量管理体系文件根据组织特点具体划分层次，规定不同的体例格式。质量管理体系文件上下相互支持，左右应衔接补充。编写文件格式，要求严谨、风格统一，手册各章节设置与体系标准章节一致。程序文件、质量计划、规范、作业文件和记录符合质量管理体系标准要求。

6. 文件的起草

依据文件编写计划和分工，收集现行有效的文件和资料，对其符合标准要求的应充分肯定和延用，对不能满足要求的应进行更改、补充或重新制定。使文件起草工作建立在总结经验、教训，优化单位、部门及对应岗位的工作过程基础上。

7. 文件的集中讨论、优化和修改

目的在于使文件之间、章节之间以及内容上协调，并符合要求；充分征求意见，使质量管理体系文件充分反映有效经验和管理特点。

8. 审定、批准和发布、实施

优化和修改的质量体系文件按规定程序组织审核，质量手册经最高管理者批准，程序文件和作业文件等由分管领导和部门负责人批准。经批准的质量管理体系文件成为法规性文件，便于实施。

二、测绘项目组织与实施

测绘项目的目标是在规定的工期内尽量降低成本，保证测绘生产按计划进度正常进行；对生产过程进行有效控制，保证质量，使测绘成果满足委托方的要求；完成项目所有的测绘任务，创造最大经济效益和社会效益，即保证进度、过程控制、满足质量、创造效益。测绘项目组织与实施是完成测绘项目的重要环节，也是对测绘项目目标的具体管理阶段。

1. 工期目标

在合同规定时间内完成整个项目。工期要通过不同的工序完成，工期目标应分解为各个工序的工期目标。

2. 成本目标

完成项目所花费的目标金额，即成本预算。在保证成本的前提下，任何项目都期望花费尽量少的成本。成本可分解为人工成本、设备折旧成本、消耗材料成本三大类，还可以将三类成本按不同工序进一步分解。

3. 质量目标

期望项目最终达到的质量等级。质量等级分为合格、良好、优秀，项目的质量等级应由测绘成果质量检验部门检查验收评定。

(一)测绘项目组织

测绘项目组织在测绘项目整个过程中十分重要，组织好坏直接决定了项目的成本、工期、质量。

1. 项目组织结构

项目组织结构如图 11-1 所示。

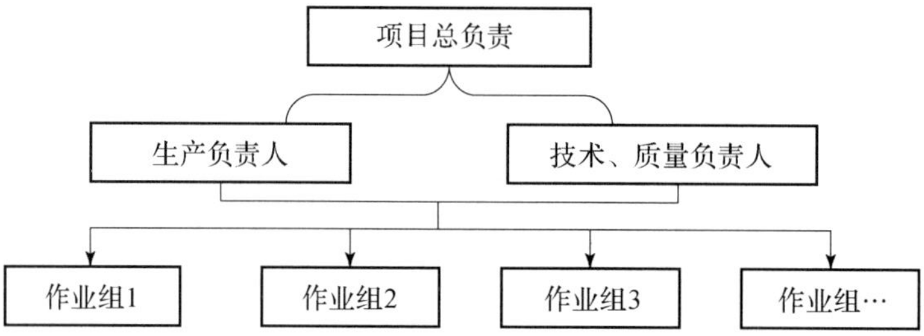

图 11-1 项目组织结构

2. 资源配置

项目应配置合适的人员和设备，这是完成项目的两个主要条件。

(1)人员配置。

①项目负责人：全面负责项目生产计划的实施，技术管理、质量控制、资料安全保密管理等工作。

②生产管理组：一般分三个层次。

项目生产负责人：全面负责整个项目的经费控制、进度控制、质量控制、人员管理等工作。

中队生产负责人：负责中队的经费控制、进度控制、质量控制、人员管理等工作。

作业组生产负责人：负责进度控制、质量控制、人员管理等工作。

③技术管理组：分三个层次。

项目技术负责人：项目的最高技术主管，负责整个项目的技术工作。

中队技术负责人：全面负责中队的技术工作。

作业组技术负责人：作业组是最基本的作业单位，技术负责人由组长兼任，负责全组的技术工作，是非脱产的岗位。

④质量控制组：一般由质量管理部门负责，对每道工序进行质量检查。

⑤后勤服务部门：负责资料管理、设备管理、安全保障、后勤保障等工作。

(2)设备配置。要根据项目需求配置适合的设备,包括外业设备、内业设备及其他辅助的材料工具等。

(二)进度控制

1.人力资源控制

人力资源控制包括作业现场组织结构体系、作业人员及培训情况。

(1)作业现场组织结构应齐全,并应与投标方案中拟定的一致。

(2)主要作业人员应与投标文件一致,保证能正常生产。

(3)配置的人员数量、素质是否满足实际工作需要。

(4)主要管理人员、技术人员是否能履行职责。

(5)作业人员需经过岗位培训。

2.设备资源控制

设备是生产的基本工具,仪器设备是否符合要求直接影响测绘成果的质量,作业中应对设备的落实进行必要的控制。

(1)投入使用的设备与准备的设备是否一致。

(2)作业现场的设备总数是否满足项目工作的需要。

(3)作业的设备是否经过检定,检定结果是否符合要求,要对检定证书做全面检查。

(4)生产人员是否具备操作设备的能力,如仪器的使用方法,数据的记录、判读、处理等。

(5)作业使用的平差软件、数据处理及成图软件是否符合委托方的要求。

3.完成进度与计划的符合性控制

进度控制是指项目各阶段的工作内容、工作程序、持续时间和衔接关系编制计划,在实施中要经常检查实际进度与计划进度的偏差,有针对性地采取措施。进度计划符合情况的主要内容有:

(1)进度计划是否符合项目总目标和各工序目标的要求,与合同的开、竣工时间是否一致。

(2)总的进度计划中的项目是否有遗漏。

(3)工序安排是否合理,是否符合生产工艺的要求。

(4)在各进度计划实施中是否有负责人。

(5)委托方提供的施工条件是否明确合理,是否有因委托方的原因而导致工期延误的可能。

4.影响进度完成因素的科学分析和有效改进

影响进度按计划完成的因素有以下几个:

(1)在估计项目的特点和项目实现条件时,过高或过低估计了有利因素。如资金保障、测区的作业条件等。

(2)在项目实施过程中工作上的失误。如设计要求的变更、作业顺序的调整等。

(3)不可预见事件的发生,包括政治的、经济的、自然的等。

要对影响进度的各种因素进行分析,找出问题的原因,制定措施,协调各方力量控制影响因素。如原有计划不能适应实际情况,必须及时作出调整形成新的进度计划,作为控制进度的新依据。

(三)资金预算控制

资金控制是在整个测绘项目实施阶段开展的一项管理活动,力求在保证质量和进度的同时使项目的实际投入不超过计划预算。它包含三层意思:

(1)资金控制与质量控制、进度控制同步。

(2)资金控制应具有全面性,将项目的全部费用纳入控制范围。

(3)坚持技术与经济相结合的措施,做到经济指标合理基础上的技术先进,技术指标先进条件下的经济合理。

资金的控制应贯穿项目的全过程,一方面促进施工单位加强管理并充分利用资源;另一方面防止资金运用突破预算。

1. 项目资金预算的科学性、合理性

项目预算主要包含生产成本和经营成本,要全面、科学、合理,应根据不同项目的特点和要求核算成本。

2. 预算的执行与进度的符合性

预算的执行随工程进度的推进逐步执行,实施到每个阶段都应核算资金的执行情况是否与预算成本相符,出现偏差则及时调整。

3. 预算执行的完整性

应将项目的全部费用纳入执行范围,应包含各个工序资金测算,生产成本及经营成本测算,不能出现支出漏洞,总和应与预算总额一致。

(四)质量控制

测绘项目质量是指能够满足用户或社会需要的由合同、技术标准、设计文件、作业规范等详细设定其适用、安全、经济、美观等特性要求的项目实体质量与施工各阶段、各环节的工作质量的总和。项目质量合格是项目成功的基础。

测绘项目实施阶段是形成最终产品的最重要阶段,质量控制是测绘项目目标的核心,是测绘工作的重点和核心,是项目质量控制的重点,是资金控制和进度控制的具体体现。

质量控制是一个设定标准,判定测量结果是否达到预期要求,对质量问题采取措施进行矫正、补救,并防止再发生的过程。生产过程控制的核心是工序质量控制。

质量控制是质量管理的一部分,应满足顾客、法律、法规等提出的质量要求,围绕产品形成过程每一阶段的工作,对人和设备等因素进行控制,使对产品质量有影响的各个过程都处于受控状态,提供符合规定要求的测绘成果。

1. 质量控制的基本依据

(1)项目合同文件:测绘合同。

(2)设计文件:经审批的技术设计书或作业指导文件。

(3)法律、法规和规范:国家、行业及地方颁布的法律、法规和规范。

(4)质量检查检验的标准:国家、行业、地方和企业标准等。

2. 质量控制的原则

项目质量管理不仅要坚持ISO9000族标准质量管理的8项原则，还应遵循质量控制的5项原则：

(1)坚持质量第一，用户至上的原则。

(2)以人为控制核心的原则。

(3)预防为主的原则。

(4)坚持质量标准，严格检查，一切用数据说话的原则。

(5)恪守职业道德，强化质量责任的原则。

3. 质量控制的内容

质量控制的内容包括人员、设备、作业环境、过程产品、最终产品。

(五)质量控制的方法和手段

1. 建立质量管理体系，实施全过程、全方位控制

质量控制是质量管理的一部分。开展质量管理活动应依据质量管理体系文件和国家及地方相关的法律、法规等。质量管理体系所有文件都与质量管理有关，是对质量管理的全过程、全方位制定的各种责任制度、过程管理制度、文件制度、目标制度等，它包括质量方针、质量目标、各种程序文件、质量计划、各种规范和作业标准、各种记录，应根据质量管理的不同阶段、不同过程、不同内容执行相应的体系文件，实行全员参与，对所有工作实行有效管理。

工程实施阶段质量管理应以质量管理体系文件中直接涉及质量管理的文件作为方法和手段，这些文件主要包括：

(1)测绘工程实施管理办法。

(2)记录控制程序。

(3)纠正措施控制程序。

(4)不合格品控制程序。

(5)数据分析管理办法。

(6)产品监视和测量管理办法。

(7)监视和测量装置控制办法。

(8)预防措施控制程序。

2. 两级检查一级验收制度

根据测绘项目的特点，质量控制的一个重要方法是"两级检查一级验收"制度。《测绘成果质量检查与验收》规定，测绘成果质量通过两级检查一级验收的方式进行控制，包括以下三个阶段。

过程检查：质检人员对作业组生产的产品所进行的第一次全面检查。

最终检查：在过程检查的基础上，质检人员对产品进行的再一次全面检查。

验收检验：为判断受检批能否符合要求(或能否被接受)而进行的检验。

(1)工序(过程)成果质量控制。工序成果泛指测绘生产过程中各工序生产出来的阶段性成果，该成果可能是测绘最终成果的组成部分，也可能是一个过程产品。

工序成果质量控制就是利用一定的方法和手段对工序操作及完成的产品质量进行实际而

及时的检查,判断其是否合格或优良。而控制的方法和手段主要是质量管理体系文件。如依据"产品监视和测量管理办法"对生产过程进行监视和测量,对监视和测量的数据按"数据分析管理办法"进行统计分析,从而提出预防措施或纠正措施,再分别按"预防措施控制程序"和"纠正措施控制程序"分别实施,如果出现不合格品按照"不合格品控制程序"处理。

(2)二级检查。测绘生产单位要进行自检与专检的二级检查,是过程检查的重要内容,主要体现在:

①参与测绘生产的作业员在作业结束后必须进行自检。

②不同作业员之间必须把经自检合格的产品进行互检。

③不同工序之间的材料交接和转换必须有相关人员进行交接检查。

④测绘单位要设置专职检查机构和专职检查人员进行专检。

⑤各个级别检查出的问题的处理办法和意见,要有相应的整改记录。

(3)最终检查。最终检查一般是在测绘项目完成后由测绘单位质量管理部门进行,检查按《数字测绘成果质量检查与验收》或《测绘成果质量检查与验收》、技术设计书等有关规定执行。

《测绘成果质量检查与验收》规定:

①过程检查采用全数检查,最终检查一般采用全数检查,涉及野外检查项的可采用抽样检查,样本以外的应实施内业全数检查。

②各级检查工作应独立完成、按顺序进行,不得省略、代替或颠倒顺序。

③最终检查要审核过程检查的记录,审核发现的问题作为资料质量错漏处理。

(4)一级验收。由业主委托的测绘质量检验部门对测绘成果质量进行验收,验收按技术设计书、《数字测绘成果质量检查与验收》或《测绘成果质量检查与验收》等有关规定执行。

3. 试生产实验(首件产品质量检验)

《测绘生产质量管理规定》第四章生产作业过程的质量管理第十七条规定,重大测绘项目应实施首件产品的质量检验,对技术设计进行验证。据此,对一些大型的或重大的测绘项目应进行"第一幅图"的试生产实验工作。通过生产及时发现作业过程中出现的技术问题,提出合理解决方案和措施。质检人员要对"第一幅图"进行生产过程检查和最终检验,及时发现质量问题,提出改进建议。从而验证技术设计的适用性,修正设计的缺陷,完善作业流程和检查流程,为后续大规模工作提供可靠的生产、技术流程和质量控制的依据,对项目按计划、有序地顺利实施及整个项目的质量保证都有重要意义。

课后练习题

一、单选题

1. 下列文件中,不属于测绘生产质量控制基本依据的是(　　)。

A. 技术标准和规范　B. 项目合同文件　C. 技术设计文件　D. 技术总结文件

2. 生产作业中的工序产品必须达到规定的质量要求,经何种方式的检查合格后方可转入下道工序?(　　)

A. 作业人员自查　B. 作业人员互查

C. 监督经验机构抽查 D. 作业人员自查、互查

二、简单题

1. 简述 ISO9000 族标准中质量管理的 8 项原则。
2. 检查进度计划符合情况的主要内容有哪些？
3. 质量控制的基本依据有哪些？
4. 两级检查一级验收包括哪些内容？

第12章 测绘安全生产管理

【学习导入】

本章主要介绍测绘生产作业人员安全管理、测绘生产仪器设备安全管理、测绘地理信息档案管理。

通过对本章的学习，学生应了解测绘生产作业人员外业、内业生产安全管理，测绘生产突发事故应急处理；掌握测绘生产仪器设备安全管理和测绘地理信息业务档案管理。

【学习目标】

知识目标：掌握测绘生产出测前的准备、行车、饮食、住宿、外业作业环境的相关要求；掌握测绘作业场所要求、作业人员、安全操作、测绘生产仪器设备安全；了解测绘地理信息档案管理的相关要求。

能力目标：能够阐述外业生产作业人员安全的一般要求；能够阐述测绘生产作业人员安全注意事项；能够做到随生产随建档。

素质目标：提高职业素质，培养自觉学习的态度、认真的做事态度；培养精益求精的工匠精神。

测绘生产单位应坚持安全第一、预防为主、综合治理的方针，遵守《中华人民共和国安全生产法》等有关安全法律、法规，建立健全安全生产管理机构、法规，建立健全安全生产管理机构、安全生产责任制度和安全保障及应急救援预案；配备相应的安全管理人员，完善安全生产条件，强化安全生产教育培训，加强安全生产管理，确保安全生产。

一、测绘外业生产安全管理

测绘作业单位应根据各部门、各工种和作业区域的实际特点，研究分析作业环境，评估安全生产潜在风险,制定安全生产细则,指导规范职工安全生产作业。

(一)出测、收测前的准备

(1)针对生产情况,对进入测区的所有作业人员进行安全意识教育和安全技能培训。

(2)了解测区有关危害因素,包括动物、植物、微生物、传染病、自然环境、人文地理、交通、社会治安等状况,拟订具体的安全生产措施。

(3)按规定配发劳动防护用品,并根据测区具体情况添置必要的小组及个人的野外救生用品、药品、通信或特殊装备,并应检查有关防护及装备的安全可靠性。

(4)掌握人员身体健康情况,进行必要的身体健康检查,避免作业人员进入与其身体状况不适应的地区作业。

(5)组织赴疫区、污染区和有可能散发毒性气体地区作业的人员学习防疫、防毒、防污染知识,并注射相应的疫苗和配备防毒、防污染装具。对于高致病的疫区,应禁止作业人员进入。

(6)所有作业人员都应该熟练使用通信、导航定位等安全保障设备,以及掌握利用地图或地物、地貌等判定方位的方法。

(7)出测、收测前,应制订行车计划,对车辆进行安全检查,严禁疲劳驾驶。

(二)行车

1.基本要求

(1)驾驶员应严格遵守《中华人民共和国道路交通安全法》等有关的法律、法规以及安全操作规程和安全运行的各种要求;具备野外环境下驾驶车辆的技能,掌握所驾驶车辆的构造、技术性能、技术状况、保养和维修的基本知识或技能。

(2)驾驶员应了解所运送物品的性质,保证人员和物品的安全。运送易燃易爆危险品时,应防止碰撞、泄漏,严禁危险物品与人员混装运送。

(3)货运汽车车厢内载人,应按交通部门的有关规定执行。行车时人要坐在安全位置上,车厢以外的任何部位严禁坐人和站人。

2.行车前的准备

(1)编制行车计划,明确负责人。单车行驶,应配有押车人员。

(2)外业生产车辆应配备必要的检修工具和通信设备。

(3)驾驶员应检查车辆各部件是否灵敏,油、水是否足够,轮胎充气是否适度;应特别注意检查传动系统、制动系统、方向系统、灯光照明等主要部件是否完好,发现故障即行检修,禁止勉强出车。

(4)机动车载货不得超过行驶证上核定的重量。运送的物资器材需装牢捆紧,其重量要分布均匀。

(5)在戈壁、沙漠和高原等人员稀少、条件恶劣的地区应采用双车作业,作业车辆应加固,配备适宜的轮胎,每车应有双备胎。

3.行车中注意事项

(1)途中停车休息或就餐,应锁好车门,关闭车窗。

(2)夜间行车要保持灯光完好,降低行驶速度,充分判断地形及行进方向。

(3)遇有暴风骤雨、冰雹、浓雾等恶劣天气时应停止行车。视线不清时不准继续行车。

(4)在雨、雪或泥泞、冰冻地带行车时应慢速,必要时应安装防滑链,避免紧急刹车。遇陡坡时,助手或乘车人员应下车持三角木随车跟进,以备车辆下滑时抵住后轮。

(5)车辆穿越河流时,要慎重选择渡口,了解河床地质、水深、流速等情况,采取防范措施安全渡河。

(6)高温炎热天气行车应注意检查油路、电路、水温、轮胎气压;频繁使用刹车的路段应防止刹车片温度过高,导致刹车失灵。

(7)沙土地带行车应停车观察,选择行驶路线,低挡匀速行驶,避免中途停车。若沙土松软,难以通过,应事先采取铺垫等措施。

(8)高原、山区行车要特别注意油压表、气压表及温度表。气压低时应低挡行驶,少用制动,严禁滑行。遇到危险路段,如落石、滑坡、塌陷等,要仔细观察,谨慎驾驶。

(三)饮食

(1)禁止食用霉烂、变质和被污染过的食物,禁止食用不易识别的野菜、野果、野生菌菇等。禁止酒后生产作业。不接触和不食用死、病畜肉。禁止饮用异味、异色和被污染的地表水和井水。

(2)使用煤气、天然气等灶具应保证其连接件和管道完好,防止漏气和煤气中毒。禁止点燃灶具后人离开。

(3)生、熟食物应分别存放,并应防止动物侵害。

(四)住宿

1. 室内住宿

(1)外业作业人员应尽量居住民房或招待所。住所的房屋应进行安全性检查,了解住宿环境和安全通道位置。禁止入宿存在安全隐患的房屋。

(2)应注意用电安全。便携式发电机应置于通风条件下使用,做到人、机分开,专人管理。应防止发电机漏电和超负荷运行对人员造成伤害。

(3)使用煤油灯应安装防风罩。离开房间或休息时,应及时熄灭煤油灯或蜡烛。取暖使用柴灶或煤炉前应先进行检修,防止失火和煤气中毒。

(4)禁止在草料旁堆放油料、易燃物品,禁止在仓库、木料场、木质建筑以及其他易燃物体附近用火。料场、木质建筑以及其他易燃物体附近用火。

2. 野外住宿

(1)备好防寒、防潮、照明、通信等生活保障物品及必要的自卫器具。

(2)搭设帐篷时应了解地形情况,选择干燥避风处,避开滑坡、觇标、枯树、大树、独立岩石、河边、干涸湖、输电设备及线路等危险地带,防止雷击、崩陷、山洪、高辐射等伤害。

(3)帐篷周围应挖排水沟。在草原、森林地区,周围应开辟防火道。

(4)治安情况复杂或野兽经常出没的地区,应设专人值勤。

(五)住宿外业作业环境

1. 一般要求

(1)应持有效证件和公函与有关部门进行联系。在进入军事要地、边境、少数民族地区、林区、自然保护区或其他特殊防护地区作业时，应事先征得有关部门同意；了解当地民情和社会治安等情况，遵守所在地的风俗习惯及有关的安全规定。

(2)进入单位、居民宅院进行测绘时，应先出示相关证件，说明情况再进行作业。

(3)遇雷电天气应立刻停止作业，选择安全地点躲避，禁止在山顶、开阔的斜坡上、大树下、河边等区域停留，避免遭受雷电袭击。

(4)在高压输电线路、电网等区域作业时，应采取安全防范措施，优先选用绝缘性能好的标尺等辅助测量设备，避免人员和标尺、测杆、棱镜支杆等测量设备靠近高压线路，防止触电。

(5)外业作业时，应携带所需的装备以及水和药品等用品，必要时应设立供应点，保证作业人员的饮食供给；野外一旦发生水、粮和药品短缺，应及时联系补给或果断撤离，以免发生意外。

(6)外业作业时，所携带的燃油应使用密封、非易碎容器单独存放、保管，防止暴晒。洒过易燃油料的地方要及时处理。

(7)进入沙漠、戈壁、沼泽、高山、高寒等人烟稀少地区或原始森林地区，作业前须认真了解掌握该地区的水源、居民、道路、气象、方位等情况，并及时记入随身携带的工作手册中。应配备必要的通信器材，以保持个人与小组、小组与中队之间的联系；应配备必要的判定方位的工具，如导航定位仪器、地形图等。必要时要请熟悉当地情况的向导带路。

(8)外业测绘必须遵守各地方、各部门相关的安全规定，如在铁路和公路区域应遵守交通管理部门的有关安全规定；进入草原、林区作业必须严格遵守《森林防火条例》《草原防火条例》及当地的安全规定；下井作业前必须学习相关的安全规程，掌握井下工作的一般安全知识，了解工作地点的具体要求和安全保护规定。

(9)安全员必须随时检查现场的安全情况，发现安全隐患立即整改。

(10)外业测绘严禁单人夜间行动。在发生人员失踪时必须立即寻找，并应尽快报告上级部门，同时与当地公安部门取得联系。

2. 城镇地区

(1)在人、车流量大的街道上作业时，必须穿着色彩醒目的带有安全警示反光的马甲，并应设置安全警示标志牌(墩)，必要时还应安排专人担任安全警戒员。迁站时要撤除安全警示标志牌(墩)，应将器材纵向肩扛行进，防止发生意外。

(2)作业中以自行车代步者，要遵守交通规则，严禁超速、逆行和撒把骑车。

3. 铁路、公路区域

(1)沿铁路、公路作业时，必须穿着色彩醒目的带有安全警示反光的马甲。

(2)在电气化铁路附近作业时，禁止使用铝合金标尺、镜杆，防止触电。

(3)在桥梁和隧道附近以及公路弯道和视线不清的地点作业时，应事先设置安全警示标志牌(墩)，必要时安排专人担任安全指挥。

(4)工间休息应离开铁路、公路路基，选择安全地点休息。

4. 地下管线

(1)无向导协助，禁止进入情况不明的地下管道作业。

(2)作业人员必须佩戴防护帽、安全灯，身穿安全警示工作服，应配备通信设备，并保持与地面人员的通信畅通。

(3)在城区或道路上进行地下管线探测作业时,应在管道口设置安全隔离标志牌、道口设置安全隔离标志牌(墩),安排专人担任安全警戒员。打开井盖做实地调查时,井口要用警示栏圈围起来,必须有专人看管。夜间作业时,应设置安全警示灯。工作完毕必须清点人员,在确保井下没有留人的情况下及时盖好井盖。

(4)对规模较大的管道,在下井调查或施放探头、电极导线时,严禁使用明火,并应进行有害、有毒及可燃气体的浓度测定;有害、有毒及可燃气体浓度超标时应打开连续的 3 个井盖排气通风半小时以上,确认安全并采取保护措施后方可下井作业。

(5)禁止选择输送易燃、易爆气体管道作为直接法或充电法作业的充电点。在有易燃、易爆隐患环境下作业时,应使用具备防爆性能的测距仪、陀螺经纬仪和电池等设备。

(6)使用大功率电器设备时,作业人员应具备安全用电和触电急救的基础知识。工作电压超过 36 V 时,供电作业人员应使用绝缘防护用具,接地电极附近应设置明显的警告标志,并设专人看管。雷电天气禁止使用大功率仪器设备作业。井下作业的所有电气设备外壳都应接地。

(7)进入企业厂区进行地下管线探测的作业人员,必须遵守该企业的安全保护规定。

5. 水上

(1)作业人员应穿救生衣,避免单人上船作业。

(2)应选择租用配有救生圈、绳索、竹竿等安全防护救生设备和必要的通信设备的船只,行船应听从船长指挥。

(3)租用的船只必须满足平稳性、安全性要求,并具有营业许可证。雇用的船工必须熟悉当地水性并有载客的经验。

(4)风浪太大的时段不能强行作业。对水流湍急的地段,要根据实地的具体情况采取相应安全防护措施。

(5)海岛、海边作业时,应注意涨、落潮时间,避免事故发生。

6. 涉水渡河

(1)涉水渡河前,应观察河道宽度,探明河水深度、流速、水温及河床沙石等情况,了解上游水库和电站放水情况。根据以上情况选择安全的涉水地点,并应做好涉水时的防护措施。

(2)水深在 0.6 m 以内、流速不超过 3 m/s,或者流速虽然较大但水深在 0.4 m 以内时允许徒涉。水深过腰,流速超过 4 m/s 的急流,应采取保护措施涉水过河,禁止独自一人涉水过河。

(3)遇较深流速较大的河流,应绕道寻找桥梁或渡口。通过轻便悬桥或独木桥时,要检查木质是否腐朽,若可使用,应逐人通过,必要时应架防护绳。

(4)骑牲畜涉水时一般只限于水深 0.8 m 以内,同时应逆流斜上,不应中途停留。要了解牲畜的水性,必要时在牲畜蹄上采取防滑措施。

(5)乘小船或其他水运工具时,应检查其安全性能,并雇用有经验的水手操纵,严禁超载。

(6)暴雨过后要特别注意山洪的到来,严禁在无安全防护保障的条件下和河流暴涨时渡河。

7. 高原、高寒地区

(1)进入高海拔区域前要进行气候适应训练,掌握高原作业的基本知识。严禁单人夜间行动。雾天应停止作业。

(2)应配备防寒装备和充足的给养,配置氧气袋(罐)及高原反应防治专用药品,注意防止感冒、冻伤和紫外线灼伤。在高海拔区域发生高原反应、感冒、冻伤等疾病时,应立即采取有效的治疗措施。

(3)在冰川、雪山作业时,应戴雪镜,穿色彩醒目的防寒服。

(4)应按选定路线行进,遇无路情况,则应选择缓坡迂回行进。遇悬崖、绝壁、滑坡、崩陷、积雪较深及容易发生雪崩等危险地带时应该绕行,无安全防护保障不得强行通过。

8. 高空

(1)患有心脏病、高血压、癫痫、眩晕、深度近视等高空禁忌证人员禁止从事高空作业。

(2)现场作业人员应佩戴安全防护带和防护帽,不得赤脚。作业前,要认真检查攀登工具和安全防护带,保证完好。安全防护带要高挂低用,不能打结使用。

(3)应事先检查树、杆、梯、站台以及觇标等各部位结构是否牢固,有无损伤、腐朽和松脱,存在安全隐患的应经过维修后才能作业。到达工作位置后要选坚固的枝干、桩作为依托,并扣好安全防护带后再开始作业;返回地面时严禁滑下或跳下。高楼作业时,应了解楼顶的设施和防护情况,避免在楼顶边缘作业。

(4)传递仪器和工具时,禁止抛投。使用的绳索要结实,滑轮转动要灵活,禁止使用断股或未经检查的绳索,以防脱落伤人。

(5)造(维修)标、拆标工作时,应由专人统一指挥,分工明确,密切配合。在行人通过的道路或居民地附近造(维修)标、拆标时,必须将现场围好,悬挂"危险"标志,禁止无关人员进入现场。作业场地半径不得小于 15 m。

9. 沙漠、隔壁地区

(1)作业小组应配备容水器、绳索、地图资料、导航定位仪器、风镜、药品、色彩醒目的工作服和睡袋等。

(2)在距水源较远的地区作业,应制订供水计划,必要时可分段设立供水站。

(3)应随时注意天气变化,防止沙漠寒潮和沙暴的侵袭。

10. 沼泽地区

(1)应配备必要的绳索、木板和长约 1.5 m 的探测棒。

(2)过沼泽地时,应组成纵队行进,禁止单人涉险。遇有繁茂绿草地带应绕道而行。发生陷入沼泽的情况要冷静,及时采取妥善的救援、自救措施。

(3)应保持身体干燥清洁,防止皮肤溃烂。

11. 人烟稀少或草原、林区

(1)在人烟稀少或草原、林区作业应携带手持导航定位仪器及地形图,着装要扎紧领口、袖口、衣摆和裤脚,防止蚊虫等的叮咬。要特别注意配备防止蛇、虫叮咬的面罩及药品,并注射森林脑炎疫苗。

(2)行进路线及点位附近,均应留下能为本队人员所共同识别的明显标志。

(3)禁止夜间单人外出,特殊情况确需外出时,应有两人以上。应详细报告自己的去向,并携带电源充足的照明和通信器材,以保持随时联系;同时,宿营地应设置灯光引导标志。

12. 少数民族地区

(1)针对具体的作业区域,出测前要组织作业人员学习有关的少数民族政策,了解当地的风俗民情、社会治安和气候、环境特点,制定具体的安全防范措施。

(2)进入少数民族地区作业时,主动与当地自然资源主管部门、公安部门进行沟通,了解当地民情和社会治安等情况,遵守所在地的风俗习惯及有关的安全规定。

(3)根据作业区域的环境特点,配备满足作业人员防护需要的相应设施,如通信设备、储水容器、手持导航仪、地形图、药品、绳索等在沼泽、沙漠和人烟稀少地区需要的、必要的设备。

(4)聘用当地少数民族作业人员、向导时,应注意民族团结,尊重当地的风俗习惯。

二、测绘生产作业人员安全管理

创造安全、舒适的内业工作环境,是保障内业工作顺利进行的重要条件。测绘作业单位应组织内业生产人员,分析、评估内业生产环境的安全情况,制定生产安全细则,确保安全生产。

(一)作业场所要求

(1)照明、噪音、辐射等环境条件应符合作业要求。

(2)计算机等生产仪器设备的放置,应有利于减少放射线对作业人员的危害。各种设备与建(构)筑物之间,应留有满足生产、检修需要的安全距离。

(3)作业场所中不得随意拉高电线,防止电线、电源漏电。通风、空调、照明等用电设施要有专人管理、检修。

(4)面积大于 100 m^2 的作业场所的安全出口不少于两个。安全出口、通道、楼梯等应保持畅通并设有明显标志和应急照明设施。

(5)作业场所应按《中华人民共和国消防法》规定配备灭火器具,小于 40 m^2 的重点防火区域,如资料、档案、设备库房等,也应配置灭火器具。应定期进行消防设施和安全装置的有效期和能否正常使用检查,保证安全有效。

(6)作业场所应配置必要的安全(警告)标志,如配电箱(柜)标志、资料重地严禁烟火标志、严禁吸烟标志、紧急疏散标志、疏散示意图、上下楼梯警告线以及玻璃隔断提醒标志等,保证标志完好清晰。

(7)禁止在作业场所吸烟以及使用明火取暖,禁止超负荷用电。使用电器取暖或烧水,不用时要切断电源。

(8)严禁携带易燃易爆物品进入作业场所。

(二)作业人员安全操作

(1)仪器设备的安装、检修和使用,须符合安全要求。凡对人体可能构成伤害的危险部位,都要设置安全防护装置。所有用电动力设备,必须按照规定埋设接地网,保持接地良好。

(2)仪器设备须由专人管理,并进行定期的检查、维护和保养,禁止仪器设备带故障运行。

(3)作业人员应熟悉操作规程,必须严格按有关规程进行操作。作业前要认真检查所要操作的仪器设备是否处于安全状态。

(4)禁止用湿手拉合电闸或开关电钮。饮水时,应远离仪器设备,防止泼洒造成电路短路。

(5)擦拭、检修仪器设备应先断开电源,并在电闸处设置明显的警示标志。修理仪器设备一般不准带电作业,由于特殊情况而不能切断电源时,必须采取可靠的安全措施,并且须有两名电工现场作业。

(6)因故停电时,凡用电的仪器设备,应立即断开电源。

(7)汽油、煤油等挥发性易燃物质不得存放在作业室、车间及办公室内。洒过易燃油料的地方要及时处理。油料着火应用细沙、泥土熄灭,不可向油上浇水。

三、测绘生产仪器设备安全管理

测绘仪器基本上是光学仪器、电子仪器和光、机、电、算相结合的仪器。测绘仪器在运输、储存和使用过程中,受外界因素的影响,都有可能发生光学部件长霉起雾,电子部件受潮长霉,以及金属部件生锈、磨损等毛病,造成部件损坏,影响仪器正常使用,酿成事故,甚至整个仪器损坏报废。所以,加强仪器设备的安全管理是测绘事业科学发展的需要,正确使用、科学保养仪器是保障测量成果质量,提高工作效率,延长仪器使用年限的重要条件。

(一)仪器设备的管理制度

(1)根据单位仪器设备情况,专设仪器管理员(或组),负责仪器设备的保管、维护、检校和一般鉴定、修理。

(2)仪器设备必须建立技术档案,其内容包括仪器规格、性能、附件、精度检定、损伤记录、修理记录及移交验收记录等。

(3)仪器设备的借用、转借、调拨、大修、报废等应有一定的审批手续。

(4)外业队使用的仪器设备,必须由专人管理、使用。作业队的负责人,应经常了解仪器设备维护、保养、使用等情况,及时解决有关问题。

(5)仪器入出库必须有严格的检查和登记制度。

(二)仪器设备的保管

1. 对仪器库房的基本要求

(1)测量仪器库房应是耐火建筑。

(2)库房内的温度不能有剧烈变化,最好保持室温在 12～16 ℃。

(3)库房应有消防设备,但不能用一般酸碱式灭火器。

(4)宜用液体 CO_2 或 CCl_4 及新的灭火器。

2. 测绘仪器的“三防”措施

生霉、生雾、生锈是测绘仪器的“三害”,直接影响测绘仪器的质量和使用寿命,影响观测使用。因此需按不同仪器的性能要求,采取必要的防霉、防雾、防锈措施,确保仪器处于良好状态。

(1)测绘仪器防霉措施。

①每日收装仪器前,应将仪器光学零件外露表面清刷干净后再盖镜头盖,并使仪器外表清

洁后方能装箱密封保管。

②仪器外壳有通孔的，用完后须将通孔盖住。

③仪器箱内放入适当的防霉剂。

④外业仪器一般情况下每 6 个月(湿热季节或湿热地区 1～3 个月)应对仪器的光学零件外露表面进行一次全面的擦拭，内业仪器一般每年(湿热季节或湿热地区 6 个月)应对仪器未密封的部分进行一次全面的擦拭。

⑤每台内业仪器必须配备仪器罩，每次操作完毕，应将仪器罩罩上。

⑥检修时，对所修理的仪器外表和内部必须进行一次彻底的擦拭，注意不能用有机溶剂和粗糙抹布用力擦仪器的密封部位，以免破坏仪器的密封性，对产生霉斑的光学零件表面必须翻底除霉，使仪器的光学性能恢复到良好状态。

⑦修复的仪器装配时须对仪器内部的零件进行干燥处理，并更换或补放仪器内腔的防霉药片，修复装配后，仪器必须密封的部位，应恢复密封状态。

⑧在运输仪器过程中，必须有防震设施，以免因震动剧烈引起仪器的密封性能下降，密封性能下降的部位，应重新采取密封措施，使仪器恢复到良好的密封状态。

⑨作业中暂时停用的电子仪器，每周至少通电 1 h，同时使各个功能正常运转。

(2)测绘仪器防雾措施。

①每次清擦完光学零件表面后，再用干棉球擦拭一遍，以便除去表面潮气，每次测区作业终结后，应对仪器的光学零件外露表面进行擦拭。

②调整或操作仪器时，勿用手心对准光学零件表面；在仪器运转时避免将油脂挤压于光学零件表面。

③外业仪器一般情况下每 6 个月(湿热季节或湿热地区 3 个月)须对仪器的光学零件外露表面进行一次全面擦拭，内业仪器一般每年(湿热季节或湿热地区 3～6 个月)应对仪器外表进行一次全面清擦，并用电吹风机烘烤光学零件外露表面(温度升高不得超过 60 ℃)。

④防止人为破坏仪器密封造成湿气进入仪器内腔和浸润光学零件表面。

⑤除雾后或新配置的光学零件表面须用防雾剂进行处理，一旦发现水性雾，应用烘烤或吸潮的方法清除；发现油性雾应用清洗剂擦拭干净并进行干燥处理。

⑥严禁使用吸潮后的干燥剂。

⑦保管室内应配备适当的除湿装置，长期不用的仪器的外露光学零件，经干燥后，垫一层干燥脱脂棉，再盖镜头盖。

(3)测绘仪器防锈措施

①凡测区作业终结收测时，将金属外露面的临时保护油脂全部清除干净，涂上新的防锈油脂。

②外业仪器防锈用油脂，除了具有良好的防锈性能外，还应具有优良的置换性，并应符合挥发性低、流散性小的要求，要根据仪器的润滑防锈要求和说明书用油的规定适当选用不同配合间隙、不同运转速度和不同轴线方向所用的油脂。

③外业仪器一般情况下每 6 个月(湿热季节或湿热地区 1～3 个月)须对仪器外露表面的润滑防锈油脂进行一次更换，内业仪器一般应每年(湿热季节或湿热地区 6 个月)须将仪器所用临时性防锈油脂全部更换一次，如发现锈蚀现象，必须立即除锈。并分析锈蚀原因，及时改进防锈措施。

④仪器进行检修时，对长锈部位必须进行除锈，除锈时应保持原表面粗糙度值或降低但不超过相邻的表面粗糙度值。并且在对金属裸露表面进行清洗或除锈后，必须进行干燥处理。

⑤必须将原用油脂彻底清除，通过干燥处理后，涂抹新的油脂进行防锈。

⑥对有运动配合的部位涂防锈油脂后必须来回运动几次，并除去挤压出来的多余油脂。

⑦防锈油脂涂抹后应用电容器纸或防锈纸等加封盖。

⑧保管室在不能保证恒温恒湿的要求时，须做到通风、干燥、防尘。

(三)仪器的安全运送与仪器的使用维护

1. 仪器的安全运送

(1)长途搬运仪器时，应将仪器装入专门的运输箱内。若无防震运输箱，而又需运输较精密的仪器时，可特制套箱，再把装有仪器的箱子装入套箱内，仪器箱与套箱内包面之间的空隙处可用刨花或纸片等紧紧填实。

(2)短途搬运仪器时，一般仪器可不装入运输箱内，一定要由专人护送。对特别怕震的仪器设备，必须装入仪器箱内。不论长、短途运送仪器，均要防止日晒雨淋，放置仪器设备的地方要安全妥当，并应清洁和干燥。

2. 仪器在作业过程中的使用维护

(1)仪器开箱前，应将仪器箱平放在地上，严禁手提或怀抱着仪器开箱，以免仪器在开箱时落地损坏。开箱后应注意看清楚仪器在箱中安放的状态，以便在用完后按原样入箱。仪器在箱中取出前，应松开各制动螺旋，提取仪器时，要用手托住仪器的基座，另一手握持支架，将仪器轻轻取出，严禁用手提望远镜和横轴。仪器及所用部件取出后，应及时合上箱盖，以免灰尘进入箱内。仪器箱放在测站附近，箱上不许坐人。作业完毕后，应将所有微动螺旋退回到正常位置，并用擦镜纸或软毛刷除去仪器上表面的灰尘。然后卸下仪器双手托持，按出箱时的位置放入原箱。盖箱前应将各制动螺旋轻轻旋紧，检查附件齐全后可轻合箱盖，箱盖吻合方可上盖，不可强力施压以免损坏仪器。

(2)架设仪器时，先将三脚架架稳并大致对中，然后放上仪器，并立即拧紧中心连接螺旋。

(3)仪器要小心轻放，避免强烈的冲击震动，安置仪器前应检查三脚架的牢固性，作业过程中仪器要随时有人防护，以免造成重大损失。

(4)仪器在搬站时，可视搬站的远近，道路情况以及周围环境等决定仪器是否要装箱。搬站时，应把仪器的所有制动螺旋略微拧紧，但不要拧得太紧，目的是仪器万一受到碰撞时，还有转动的余地，以免仪器受伤。搬运过程中仪器三脚架必须竖直拿稳，不得横扛在肩上。

(5)在野外使用仪器时，必须用伞遮住太阳。仪器望远镜的物镜和目镜的表面不能让太阳照射，也要避免灰沙雨水的侵袭。

(6)仪器任何部分若发生故障，不应勉强继续使用，要立即检修，否则将会使仪器损坏加剧。

(7)没有必要时，不要轻易拆开仪器，仪器拆卸次数太多会影响其测量精度。

(8)光学元件应保持清洁，如沾染灰尘必须用毛刷或柔软的擦镜纸清除，禁止用手指抚摸仪器的任何光学元件表面。

(9)在潮湿环境中作业，工作结束后，要用软布擦干仪器表面的水分或灰尘后才能装箱。

回到驻地后立即开箱取出仪器放置于干燥处，彻底晾干后才能装入仪器箱。

(10)在连接外部所有仪器设备时，应注意相对应的接口、电极连接是否正确，确认无误后方可开启主机和外围设备。拔插接线时不要抓住线就往外拔，应握住接头顺方向拔插，也不要边摇晃接头边拔插，以免损坏接头。数据传输线、GPS(监控器)天线等在收线时不要弯折，应盘成圈收藏，以免各类连接线被折断而影响工作。

四、测绘地理信息业务档案管理

测绘地理信息业务档案是指从事测绘地理信息业务活动中形成的具有保存价值的文字、数据、图件、电子文件、声像等不同形式和载体的历史纪录，是国家科技档案的重要组成部分。2015 年 3 月，国家测绘地理信息局、国家档案局发布了《测绘地理信息业务档案管理规定》，为我国测绘地理信息业务档案管理提供了依据。

(一)测绘地理信息业务档案主要内容

测绘地理信息业务档案的主要内容包括：

(1)航空、航天遥感影像获取档案；

(2)基础测绘项目档案；

(3)地理国情监测(普查)档案；

(4)应急测绘保障服务档案；

(5)测绘成果与地理信息应用档案；

(6)测绘科学技术研究项目档案；

(7)工程测量档案；

(8)海洋测绘与江河湖水下测量档案；

(9)界线测绘与不动产测绘档案；

(10)公开地图制作档案。

(二)测绘地理信息业务档案管理机构职责

1. 国家测绘地理信息局测绘地理信息业务档案管理职责包括：

(1)贯彻执行国家档案工作的法律、法规和方针政策，统筹规划全国测绘地理信息业务档案工作。

(2)制定国家测绘地理信息业务档案管理制度、标准和技术规范。

(3)指导、监督、检查全国测绘地理信息业务档案工作。

(4)组织国家重大测绘地理信息项目业务档案验收工作。

2. 县级以上地方人民政府测绘地理信息行政主管部门测绘地理信息业务档案管理职责包括：

(1)贯彻执行档案工作的法律、法规和方针政策，制定本行政区域的测绘地理信息业务档案工作管理制度。

(2)指导、监督、检查本行政区域的测绘地理信息业务档案工作。

(3)组织本行政区域内重大测绘地理信息项目业务档案验收工作。

3.省级以上测绘地理信息行政主管部门及有条件的市、县测绘地理信息行政主管部门应当设立专门的测绘地理信息业务档案保管机构(以下简称档案保管机构)。

档案保管机构职责包括:

(1)接收、整理、集中保管测绘地理信息业务档案。

(2)开发和提供利用馆藏测绘地理信息业务档案资源。

(3)开展测绘地理信息业务档案信息化建设。

(4)指导测绘地理信息业务档案的形成、积累、整理、立卷等档案业务工作。

(5)督促建档单位按时移交测绘地理信息业务档案。

(6)承担测绘地理信息业务档案验收工作。

(7)负责测绘地理信息业务档案鉴定工作。

(8)收集国内外有利用价值的测绘地理信息资料、文献等。

(9)开展馆际交流活动。

4.测绘地理信息单位应当设立档案资料室,负责管理本单位测绘地理信息业务档案。

(三)测绘地理信息业务档案建档与归档

《测绘地理信息业务档案管理规定》对测绘地理信息业务档案的建档与归档,作出了具体规定,主要包括以下内容:

1.项目承担单位(简称"建档单位")负责业务文件资料归档材料的建档工作。

2.档案建档工作应当纳入测绘地理信息项目计划、经费预算、管理程序、质量控制、岗位责任。项目实施过程中,应当同步提出建档工作要求,同步检查建档制度执行情况。

3.项目组织部门下达测绘地理信息项目计划时,应当以书面形式告知相应的档案保管机构,并在项目合同书、设计书等文件中,明确提出业务档案的归档范围、份数、时间、质量等要求。

4.国家或地方重大测绘地理信息项目业务档案验收应当由相应的测绘地理信息主管部门组织实施,并出具验收意见。其他项目业务档案的验收,由相应的档案保管机构负责,并出具验收意见。未获得档案验收合格意见的测绘地理信息项目不得通过项目验收。

5.项目组织部门在完成项目验收后,应当将项目验收意见抄送档案保管机构。建档单位应当在测绘地理信息项目验收完成之日起2个月内,向项目组织部门所属的档案保管机构移交测绘地理信息业务档案,办理归档手续。

(四)测绘地理信息业务档案保管与销毁

1.测绘地理信息业务档案保管期限分为永久和定期。具有重要查考利用保存价值的,应当永久保存;具有一般查考利用保存价值的,应当定期保存,期限为10年或30年,具体划分办法按照《测绘地理信息业务档案保管期限表》要求执行。

2.档案保管机构应当具备档案安全保管条件,库房配备防火、防盗、防渍、防有害生物、温湿度控制、监控等保护设施设备,库房管理应当符合国家有关规定。

3.档案保管机构应当建立健全测绘地理信息业务档案安全保管制度,定期对档案保管状况进行检查,采取有效措施,确保档案安全。重要的测绘地理信息业务档案实行异地备份保管。

4.档案保管机构应当对保管期满的测绘地理信息业务档案提出鉴定意见，并报同级测绘地理信息主管部门批准。对不再具有保存价值的档案应当登记、造册，经批准后按规定销毁。禁止擅自销毁测绘地理信息业务档案。

5.因机构变动等原因，测绘地理信息业务档案保管关系发生变更的，原单位应当妥善保管测绘地理信息业务档案并向指定机构移交。

6.鼓励单位和个人向档案保管机构移交、捐赠、寄存测绘地理信息业务档案，档案保管机构应当对其进行妥善保管。

(五)测绘地理信息业务档案服务利用与监督管理

1.各级测绘地理信息主管部门和档案保管机构应当依法向社会开放测绘地理信息业务档案，法律，法规另有规定的除外。单位和个人持合法证明，可以依法利用已经开放的测绘地理信息业务档案。

2.档案保管机构应当定期公布馆藏开放的测绘地理信息业务档案目录，并为档案利用创造条件，简化手续，提供方便。测绘地理信息业务档案的阅览、复制，摘录等应当符合国家有关规定。

3.各级测绘地理信息主管部门和档案保管机构应当采取档案编研、在线服务、交换共享等多种方式，加强对档案信息资源的开发利用，提高档案利用价值，扩大利用领域。

4.向档案保管机构移交、捐赠、寄存测绘地理信息业务档案的单位和个人，对其档案具有优先利用权，并可对其不宜向社会开放的档案提出限制利用意见，维护其合法权益。

5.各级测绘地理信息主管部门应当加强对业务档案工作的领导，明确分管负责人、工作机构和人员，建立健全档案管理规章制度，保障档案工作所需经费，配备适应档案现代化管理需要的设施设备。

6.各级测绘地理信息主管部门应当依法履行管理职责，加强对测绘地理信息业务档案工作的监督检查，对违法违规行为责令整改。对于违反国家档案管理规定，造成测绘地理信息业务档案失真、损毁、丢失的，依法追究相关人员的责任；构成犯罪的，依法移送司法机关处理。

课后练习题

一、单选题

1.野外测绘人员沿铁路、公路城区作业，尤其是在电气化铁路附近作业时，下列设备中，禁止使用的是(　　)。

A.安全警示牌　　B.铝合金标尺、标杆

C.导航定位设备　　D.带有安全警示反光的马甲

2.根据《测绘作业人员安全规范》(CH 1016—2008)，测绘人员在人、车流量大的城镇地区街道上作业时，下列做法中正确的是(　　)。

A.与当地交管部门协商，停止该街道车辆通行

B.现场作业人员佩戴安全防护带和防护帽

C. 穿着色彩醒目的带有安全警示反光的马甲，并设置安全警示标志牌(墩)
D. 保证作业区域 50 m 内无人员走动
3. 下列关于水上作业的说法中错误的是(　　)。
A. 应租用配有救生和通信设备的船只　　B. 应租用具有营业许可证的船只
C. 风浪太大的时段不能强行作业　　D. 单人上船作业应穿救生衣
4. 在下列进入林区测绘作业的行为中违反《森林防火条例》的是(　　)。
A. 在防火期内持有有关部门核发的进入林区证明
B. 在防火戒严期内在汽车驾驶室内吸烟
C. 在防火戒严期内不在室内用柴草做饭
D. 在防火期内汽车排气管安装防火罩
5. 根据《测绘作业人员安全规范》，在人烟稀少、条件恶劣地区乘车作业时，下列要求中，错误的是(　　)。
A. 作业车载货不得超重　　B. 加固作业车可单车作业
C. 作业车应有双备胎　　D. 气压低时作业车应低挡行驶
6. 根据《测绘作业人员安全规范》，下列常见病中在高海拔地区作业时不必一经发现即采取治疗措施的是(　　)。
A. 紫外线灼伤　　B. 感冒
C. 高原反应　　D. 冻伤
7. 根据《测绘作业人员安全规范》，下列外业作业人员的操作要求中错误的是(　　)。
A. 进入单位、居民宅院测绘时，应先出示相关证件，说明情况后进行测量
B. 遇雷电天气应立刻停止作业，禁止在斜坡、大树下躲避
C. 迁站时要拆除安全警示标志牌，应将仪器横向肩扛行进，防止发生意外
D. 在电气化铁路附近作业时，应使用绝缘性能好的标尺、镜杆
8. 对于地下管线测量的安全生产规定，以下错误的是(　　)。
A. 无向导协助时禁止进入地下管道作业
B. 对规模较大的管道，在下井调查施放探头、电极导线时可以用明火照明
C. 作业人员须戴防护帽和安全灯，穿安全警示工作服，配备通信设备
D. 禁止选择输送易燃、易爆气体管道作为直接法或充电法作业的充电点
9.《测绘作业人员安全规范》规定，野外测绘人员在人烟稀少的地区或者林区、草原地区作业时，必须携带的装备是(　　)。
A. 手持导航定位仪器及地形图　　B. 帐篷
C. 汽车　　D. 安全警示标志牌
10. 根据《测绘作业人员安全规范》，下列做法中错误的是(　　)。
A. 对进入测区的作业人员进行安全意识教育和安全技能培训
B. 在沙漠、荒漠、人烟稀少等地区作业的过程中，单车作业应当进行全面加固
C. 作业车辆应配备适宜的轮胎，且配有双备胎
D. 作业车辆油压、气压低时应低挡行驶
11. 根据《测绘作业人员安全规范》，下列疾病中，不禁忌高空作业的是(　　)。
A. 心脏病　　B. 高血压　　C. 糖尿病　　D. 癫痫

12. 根据《测绘作业人员安全规范》，下列外业出测前的准备工作中，错误的是（　　）。

A. 对进入测区的所有作业人员进行安全意识教育和安全技能培训

B. 对所有作业人员熟练使用通信、导航定位等安全保障设备进行培训

C. 进行专项防疫培训后进入高致病疫区作业

D. 制订行车计划，对车辆进行安全检查

13. 根据《测绘作业人员安全规范》，在城镇地区人、车流量大的街道上作业时，下列安全措施中，不符合规范的是（　　）。

A. 穿着色彩醒目的带有安全警示反光的马甲　B. 设置安全警示标志牌

C. 安排专人担任安全警戒员　D. 封闭街道禁止车辆、人员通行

14. 根据《测绘作业人员安全规范》，内业作业区面积大于 100 m^2 的作业场所的安全出口应不少于（　　）个。

A. 1　B. 2　C. 3　D. 6

15. 根据《测绘作业人员安全规范》，下列内业生产安全操作要求中，错误的是（　　）。

A. 所有用电动力设备，应埋设接地网，保持接地良好

B. 因故停电时，凡用电的仪器设备应保持原状，不得改变开关状态

C. 作业前要认真检查所要操作的仪器设备是否处于安全状态

D. 由于特殊情况带电修理仪器设备时，须有两名电工现场作业

16. 根据《测绘作业人员安全规范》，下列对内业生产场所的要求中，错误的是（　　）。

A. 各种设备和建构筑物之间，应该有满足生产、检修需要的安全距离

B. 作业场所中不得随意敷设电线，防止电线、电源漏电

C. 作业场所禁止使用电器取暖或烧水

D. 面积大于 100 m^2 的作业场所应至少布设两个安全出口

17. 根据《测绘地理信息业务档案管理规定》，建档单位向项目组织部门所属的档案保管机构移交测绘地理信息业务档案，应当自项目验收完成之日起（　　）个月内完成。

A. 1　B. 2　C. 3　D. 6

18. 根据《测绘地理信息业务档案管理规定》，国家重大测绘项目档案验收，应由（　　）组织。

A. 国家测绘地理信息局

B. 省级测绘地理信息行政主管部门

C. 项目所在地的测绘地理信息行政主管部门

D. 专门的测绘地理信息业务档案保管机构

19. 依据《测绘地理信息业务档案管理规定》中的"测绘地理信息业务档案保管期限表"，下列选项中需永久保存的资料是（　　）。

A. 点之记　B. 控制点分布图

C. 外业观测数据　D. 仪器检定资料

20. 下列档案中，不属于测绘地理信息业务档案的是（　　）。

A. 测绘科学技术研究项目档案　B. 应急测绘保障服务档案

C. 公开地图制作档案　D. 质量管理体系文件档案

第13章 测绘技术总结

【学习导入】

本章主要介绍了测绘技术总结的基本规定、项目技术总结的主要内容、专业技术总结的主要内容和编写要求。

通过对本章的学习，学生应了解测绘技术总结的基本规定，掌握项目技术总结的主要内容和专业技术总结的主要内容和编写要求。

【学习目标】

知识目标：掌握测绘技术总结的分类；了解项目总结与专业技术总结的主要内容。

能力目标：能够阐述项目技术总结的主要内容。

素质目标：培养学生独立思考、细致严谨、一丝不苟的工作作风和学习态度。

一、测绘技术总结概述

(一)测绘技术总结概念及分类

1. 概念

测绘技术总结是在测绘任务完成后，对测绘技术设计文件和技术标准、规范等的执行情况，技术设计方案实施中出现的主要技术问题和处理方法，成果(产品)质量、新技术的应用等进行分析研究、认真总结，并进行客观的描述和评价。测绘技术总结为用户(或下道工序)对成果(或产品)的合理使用提供方便，为测绘单位工作质量提高提供依据，同时也为测绘技术设计、有关技术标准、规定的定制提供资料。测绘技术总结是与测绘成果(或产品)有直接关系的技术性文件，是长期保存的重要技术档案。

2. 分类

测绘技术总结分为项目总结和专业技术总结。

(1)项目总结是一个测绘项目在其最终成果(或产品)检查合格后,在各专业技术总结的基础上,对整个项目做技术总结。

(2)专业技术总结是测绘项目中所包含的各测绘专业活动在其成果(或产品)检查合格后,分别总结撰写的技术文档。

对于工作量较小的项目,可根据需要将专业技术总结并入项目总结。

(二)测绘技术总结编写依据

测绘技术总结编写的主要依据包括:

(1)测绘任务书或合同的有关要求,顾客书面要求或口头要求的记录,市场的需求或期望。

(2)测绘技术设计文件、相关的法律、法规、技术标准和规范。

(3)测绘成果(或产品)的质量检查报告。

(4)适用时,以往测绘技术设计、测绘技术总结提供的信息以及现有生产过程和产品的质量记录和有关数据。

(5)其他有关文件和资料。

(三)测绘技术总结编写要求

(1)项目总结由承担项目的法人单位负责编写或组织编写;专业技术总结由具体承担相应测绘专业任务的法人单位负责编写。具体的编写工作通常由单位的技术人员承担。

(2)内容真实、全面,重点突出。说明和评价技术要求的执行情况时,不应简单抄录设计书的有关技术要求;应重点说明作业过程中出现的主要技术问题和处理方法、特殊情况的处理及其达到的效果、经验、教训和遗留问题等。

(3)文字应简明扼要,公式、数据和图表应准确,名词、术语、符号和计量单位等均应与有关法规和标准一致。

(4)测绘技术总结的幅面、封面格式、字体与字号等应符合相关要求。

(5)技术总结编写完成后,单位总工程师或技术负责人应对技术总结编写的客观性、完整性等进行审查并签字,并对技术总结编写的质量负责。技术总结经审核、签字后,随测绘成果(或产品)、测绘技术设计文件和成果(或产品)检查报告一并上交和归档。

(四)测绘技术总结的组成

测绘技术总结(包括项目总结和专业技术总结)通常由概述、技术设计执行情况、成果(或产品)质量说明和评价、上交和归档的成果(或产品)及资料清单 4 部分组成。

1. 概述

应概括说明测绘任务总的情况,例如,任务来源、目标、工作量等,任务的安排与完成情况,以及作业区概况和已有资料利用情况等。

2. 技术设计执行情况

需主要说明、评价测绘技术设计文件和有关的技术标准、规范的执行情况。内容主要包括生产所依据的测绘技术设计文件和有关的技术标准、规范，设计书执行情况以及执行过程中技术性更改情况，生产过程中出现的主要技术问题和处理方法，特殊情况的处理及其达到的效果等，新技术、新方法、新材料等应用情况，经验、教训、遗留问题、改进意见和建议等。

3. 成果（或产品）质量说明和评价

需简要说明、评价测绘成果（或产品）的质量情况（包括必要的精度统计）、产品达到的技术质量指标，并说明其质量检查报告的名称及编号。

4. 上交和归档的成果（或产品）及资料清单

需分别说明上交和归档成果（或产品）的形式、数量等，以及一并上交和归档的资料文档清单。

二、项目技术总结的内容

项目总结是一个测绘项目在其最终成果（或产品）检查合格后，在各专业技术总结的基础上，对整个项目的技术总结，由概述、技术设计执行情况、成果（或产品）质量说明和评价、上交和归档的成果（或产品）及其资料清单 4 部分组成。

（一）概述

项目总结的概述部分需概要说明以下几项内容。

（1）项目来源、内容、目标、工作量，项目的组织和实施，专业测绘任务的划分、内容和相应任务的承担单位，产品交付与接收情况等。

（2）项目执行情况。说明生产任务安排与完成情况，统计有关的作业定额和作业率，经费执行情况等。

（3）作业区概况和已有资料的利用情况。

（二）技术设计执行情况

技术设计执行情况的主要内容包括：

（1）说明生产所依据的技术性文件，内容包括：①项目设计书、项目所包括的全部专业技术设计书、技术设计更改文件；②有关的技术标准和规范。

（2）说明项目总结所依据的各专业技术总结。

（3）说明和评价项目实施过程中，项目设计书和有关的技术标准、规范的执行情况，并说明项目设计书的技术更改情况（包括技术设计更改的内容、原因的说明等）。

（4）重点描述项目实施过程中出现的主要技术问题和处理方法、特殊情况的处理及其达到的效果等。

（5）说明项目实施中质量保障措施（包括组织管理措施、资源保证措施和质量控制措施以及数据安全措施）的执行情况。

（6）当生产过程中采用新技术、新方法、新材料时，应详细描述和总结其应用情况。

（7）总结项目实施中的经验、教训（包括重大的缺陷和失败）和遗留问题，并对今后生产提出改进意见和建议。

(三)成果(或产品)质量说明和评价

说明和评价项目最终测绘成果(或产品)的质量情况(包括必要的精度统计),产品达到的技术指标,并说明最终测绘成果(或产品)的质量检查报告的名称和编号。

(四)上交和归档的成果(或产品)及资料清单

分别说明上交和归档成果(或产品)的形式、数量等,以及一并上交和归档的资料文档清单。主要包括:

(1)测绘成果(或产品)。说明其名称、数量、类型等,当上交成果的数量或范围有变化时需附上交成果分布图。

(2)文档资料。包括项目设计书及其有关的设计更改文件、项目总结,质量检查报告,必要时也包括项目包含的专业技术设计书及其有关的专业设计更改文件和专业技术总结,文档簿(图历簿)以及其他作业过程中形成的重要记录。

(3)其他需上交和归档的资料。

三、专业技术总结的内容

专业技术总结是测绘项目中所包含的各测绘专业活动在其成果(或产品)检查合格后,分别总结撰写的技术文档,由概述、技术设计执行情况、成果(或产品)质量说明和评价、上交和归档的成果(或产品)及资料清单 4 部分组成。

(一)概述

本部分需概括说明以下几项内容。

(1)测绘项目的名称,专业测绘任务的来源,专业测绘任务的内容、任务量和目标,产品交付与接收情况等。

(2)计划与设计完成的情况、作业率的统计。

(3)作业区概况和已有资料的利用情况。

(二)技术设计执行情况

主要内容包括:

(1)说明专业活动所依据的技术性文件,内容包括:①专业技术设计书及其有关的技术设计更改文件,必要时也包括本测绘项目的项目设计书及其更改文件;②有关的技术标准和规范。

(2)说明和评价专业技术活动过程中,专业技术设计文件的执行情况,并重点说明专业测绘生产过程中,专业技术设计书的更改情况(包括专业技术设计更改的内容、原因的说明等)。

(3)描述专业测绘生产过程中出现的主要技术问题和处理方法、特殊情况的处理及其达到的效果等。

(4)当作业过程中采用新技术、新方法、新材料时,应详细描述和总结其应用情况。

(5)总结专业测绘生产中的经验、教训(包括重大的缺陷和失败)和遗留问题,并对今后生产提出改进意见和建议。

(三)成果(或产品)质量说明和评价

说明和评价测绘成果(或产品)的质量情况(包括必要的精度统计),产品达到的技术指标,并说明测绘成果(或产品)的质量检查报告的名称和编号。

(四)上交和归档测绘成果(或产品)及资料清单

说明上交和归档测绘成果(或产品)和资料的主要内容和形式。

(1)测绘成果(或产品)。说明其名称、数量、类型等,当上交成果的数量或范围有变化时需附上变化成果分布图。

(2)文档资料。专业技术设计文件、专业技术总结、检查报告,必要的文档(图历簿)以及其他作业过程中形成的重要记录。

(3)其他需上交和归档的资料。

课后练习题

一、单选题

1.测绘(　　)是与测绘成果有直接关系的技术性文件,是长期保存的重要技术档案。

A.技术设计　　B.技术总结

C.技术规划　　D.技术经验

2.测绘项目总结一般由哪个单位负责编写?(　　)

A.委托项目的法人单位　　B.承担项目的法人单位

C.转包项目的法人单位　　D.分包项目的法人单位

2.某测绘项目技术总结包括了概述、技术设计执行情况及上交和归档测绘成果(或产品)及资料清单。根据《测绘技术总结编写规定》(CH/T 1001—2005),该项目技术总结缺少的内容是(　　)。

A.任务来源　　B.已有成果资料利用情况

C.任务工作量　　D.测绘成果质量说明与评价

3.测绘生产过程中。若采用了新技术、新方法、新材料,应在技术总结的(　　)中详细阐述和总结其应用情况。

A.概述　　B.技术设计执行情况

C.成果质量说明和评价　　D.上交成果资料清单

4.根据《测绘技术总结编写规定》,任务的安排与完成情况应在技术总结的(　　)部分说明。

A.概述　　B.技术设计执行情况

C.成果质量说明和评价　　D.上交成果及其清单

5.以下哪一个选项不属于专业技术总结中的“技术设计执行情况”部分?(　　)

A. 项目生产所依据的技术标准和规范
B. 作业工作量及完成情况
C. 测绘作业中的经验和教训
D. 新技术、新方法的应用情况

二、简答题

1. 简述测绘技术总结的概念及分类。
2. 简述测绘技术总结的编写依据。

第14章 测绘成果质量检查验收

【学习导入】

本章主要介绍测绘成果质量检查验收的基本概念和术语、测绘产品检查验收的基本规定、测绘产品检查验收工作的组织实施、主要测绘产品的质量元素和检查验收方法、测绘成果质量检查报告编写。

通过对本章的学习，学生应了解测绘成果质量检查验收的基本概念和术语、测绘产品检查验收的基本规定，掌握测绘产品检查验收工作的组织实施；掌握主要测绘产品的质量元素、检查验收方法和测绘成果质量检查报告的编写。

【学习目标】

知识目标：掌握测绘产品质量检查验收制度、检查验收依据、数学精度检测、质量问题的处理、测绘产品检查工作实施等知识点。

能力目标：能够阐述测绘产品检查验收相关制度。

素质目标：培养学生精益求精的工匠精神。

一、检查验收的基本概念和术语

为了评定测绘成果质量，须严格按照相关技术细则或技术标准，通过观察、分析、判断和比较，适当结合测量、试验等方法对测绘成果进行符合性评价。

(1)单位成果。为实施检查与验收而划分的基本单位。

(2)批(成果)。同一技术设计要求下生产的同一测区的、同一比例尺(或等级)单位成果集合。

(3)批量。批成果中单位成果的数量。

(4)样本。从批成果中抽取的用于评定批成果质量的单位成果集合。

(5)样本量。样本中单位成果的数量。

(6)全数检查。对批成果中全部单位成果逐一进行的检查。

(7)抽样检查。从批成果中抽取一定数量样本进行检查。

(8)质量元素。说明质量的定量、定性组成部分。即成果满足规定要求和使用目的的基本特性。质量元素的适用性取决于成果的内容以及成果规范,并非所有的质量元素适用于所有的成果。

(9)质量子元素。质量元素的组成部分,描述质量元素的一个特定方面。

(10)检查项。质量子元素的检查内容。说明质量的最小单位,质量检查和评定的最小实施对象。

(11)详查。对单位成果质量要求的全部检查项进行的检查。

(12)概查。对单位成果质量要求中的部分检查项进行的检查。部分检查项一般指重要的、特别关注的质量要求或指标,或系统性的偏差,错误。

(13)错漏。检查项的检查结果与要求存在的差异。根据差异的程度,将其分为 A、B、C、D 四类。A 类:极重要检查项的错漏;B 类:重要检查项的错漏,或检查项的严重错漏;C 类:较重要检查项的错漏,或检查项的较重错漏;D 类:一般检查项的轻微错漏。

(14)高精度检测。检测的技术要求高于生产的技术要求。

(15)同精度检测。检测的技术要求与生产的技术要求相同。

(16)简单随机抽样。从批成果中抽取样本时,使每一个单位成果都以相同概率构成样本,可采用抽签、掷骰子、查随机数表等方法。

(17)分层随机抽样。将批成果按作业工序或生产时间段、地形类别、作业方法等分层后,根据样本量分别从各层中随机抽取 1 个或若干个单位成果组成样本。

二、测绘成果质量检查验收基本规定

(一)测绘成果质量检查验收制度

1. 两级检查一级验收制度

测绘成果质量通过两级检查一级验收方式进行控制,测绘成果应依次通过测绘单位作业部门的过程检查、测绘单位质量管理部门的最终检查和项目管理单位组织的验收或委托具有资质的质量检验机构进行质量验收。其要求如下:

(1)测绘单位实施成果质量的过程检查和最终检查。过程检查采用全数检查。最终检查一般采用全数检查,涉及野外检查项的可采用抽样检查,样本以外的应实施内业全数检查。

(2)验收一般采用抽样检查。质量检验机构应对样本进行详查,必要时可对样本以外的单位成果的重要检查项进行概查。

(3)各级检查验收工作应独立、按顺序进行,不得省略、代替或颠倒顺序。

(4)最终检查应审核过程检查记录,验收应审核最终检查记录,审核中发现的问题作为资料质量错漏处理。

2. 提交检查验收的资料

项目提交的成果资料必须齐全,一般应包括:

(1)项目设计书、技术设计书、技术总结等。

(2)文档簿、质量跟踪卡等。

(3)数据文件,包括图库内外整饰信息文件,元数据文件等。

(4)作为数据源使用的原图或复制的二底图。

(5)图形或影像数据输出的检查图或模拟图。

(6)技术规定或技术设计书规定的其他文件资料。

提交验收时,还应包括检查报告。

(二)测绘成果质量检查验收依据

测绘成果质量的检查验收依据测绘任务书、合同书中有关产品质量元素的摘录文件或委托检查验收文件、有关法规和技术标准以及技术设计书和有关的技术规定等。

(三)数学精度检测

图类单位成果高程精度检测、平面位置精度检测及相对位置精度检测,检测点(边)应分布均匀、位置明显。检测点(边)数量视地物复杂程度、比例尺等具体情况确定,每幅图一般各选取20～50个。

按单位成果统计数学精度,困难时可以适当扩大统计范围。在允许中误差2倍以内(含2倍)的误差值均应参与数学精度统计,超过允许中误差2倍的误差视为粗差。同精度检测时,在允许中误差$2\sqrt{2}$倍以内(含$2\sqrt{2}$倍)的误差值均应参与数学精度统计,超过允许中误差$2\sqrt{2}$倍的误差视为粗差。检测点(边)数量少于20时,以误差的算术平均值代替中误差;大于20时,按中误差统计。

高精度检测时,中误差计算按下式执行:

$$M=\pm\sqrt{\frac{\sum_{i=1}^{n}\Delta_i^2}{n}}$$

式中,M——成果中误差;

n——检测点(边)总数;

Δ_i——较差。

同精度检测时,中误差计算按下式执行:

$$M=\pm\sqrt{\frac{\sum_{i=1}^{n}\Delta_i^2}{2n}}$$

式中,M——成果中误差;

n——检测点(边)总数;

Δ_i——较差。

(四)测绘成果质量检查验收记录与报告

检查验收记录包括质量问题及其处理记录、质量统计记录等。记录填写应及时、完整、规范、清晰。检验人员和校核人员的签名后的记录禁止更改、增删。最终检查、验收工作完成后,应编写检查、验收报告,并随测绘成果一起归档。

(五)质量问题处理

验收中发现有不符合技术标准、技术设计书或其他有关技术规定的成果时,应及时提出处理意见,交测绘单位进行改正。当问题较多或性质较重时,可将部分或全部成果退回测绘单位或部门重新处理,然后再进行验收。

经验收判为合格的批,测绘单位或部门要对验收中发现的问题进行处理,然后进行复查。经验收判为不合格的批,要将检验批全部退回测绘单位或部门进行处理,然后再次申请验收。再次验收时应重新抽样。

过程检查、最终检查中发现的质量问题应改正。过程检查、最终检查工作中,当对质量问题的判定存在有分歧时,由测绘单位总工程师裁定;验收工作中,当对质量问题的判定存在分歧时,由委托方或项目管理单位裁定。

三、测绘成果质量检查验收工作的组织实施

测绘成果质量检查验收实行两级检查一级验收制,即实施过程检查、最终检查和验收。

(一)测绘成果质量检查工作实施

1. 过程检查

只有通过自查、互查的单位成果,才能进行过程检查。过程检查应该逐单位成果详查。检查出的问题、错误,复查的结果应在检查记录中记录。对于检查出的错误修改后应复查,直至检查无误为止,方可提交最终检查。

2. 最终检查

通过过程检查的单位成果,才能进行最终检查。最终检查应逐单位成果详查。对野外实地检查项,可抽样检查,样本量不应低于表 14-1 的规定。检查出的问题、错误、复查的结果应在检查记录中记录。最终检查应审核过程检查记录。最终检查不合格的单位成果退回处理,处理后再进行最终检查,直至检查合格为止。最终检查合格的单位成果,对于检查出的错误修改后经复查无误,方可提交验收。最终检查完成后,应编写检查报告,随成果一并提交验收。最终检查完成后,应书面申请验收。

表 14-1 样本量确定表

批量	样本量
1～20	3
21～40	5
41～60	7
61～80	9

续表 14-1

批量	样本量
81～100	10
101～120	11
121～140	12
141～160	13
161～180	14
181～200	15
201～232	17
233～282	20
283～362	24
363～487	30
488～686	40
687～1 000	56
≥1 001	分批次提交，批次数应最小，各批次的批量应均匀

注：当样本量大于或等于批量时，则全数检查。

(二)测绘成果验收工作实施

1.验收

单位成果最终检查全部合格后，才能进行验收。样本内的单位成果应逐一详查，样本外的单位成果根据需要进行概查。检查出的问题、错误，复查的结果应在检查记录中记录。验收应审核最终检查记录。验收不合格的批成果退回处理，并重新提交验收。重新验收时，应重新抽样。验收合格的批成果，应对检查出的错误进行修改，并通过复查核实。验收工作完成后，应编写检验报告。

2.验收工作程序

(1)组成批成果。批成果应由同一技术设计要求下生产的同一测区的、同一比例尺(或等级)单位成果汇集而成。生产量较大时，可根据生产时间的不同、作业方法不同或作业单位不同等条件分别组成批成果，实施分批检验。

(2)确定样本量。根据检验批的批量按照表 14-1 的规定确定样本量。

(3)抽取样本。样本应分布均匀，以"点""景""幅""测段""幢"或"区域网"等为单位在检验批中随机抽取样本，一般采用简单随机抽样，也可根据生产方式或时间、等级等采用分层随机抽样。按样本量，从批成果中提取样本，并提取单位成果的全部有关资料。下列资料按 100% 提取样本原件或复印件：项目设计书、专业技术设计书、生产过程中的补充规定，技术总结、检查报告及检查记录，仪器检定证书和检验资料复印件，其他需要提供的文档资料等。

(4)检验。根据测绘成果的内容与特性,分别采用详查和概查的方式检验。

详查应根据各单位成果的质量元素及相应的检查项,按项目技术要求逐一检验单位成果,并统计存在的各类错漏数量、错误率、中误差等。概查是指对影响成果质量的主要项目和带倾向性的问题进行一般性检查,并统计存在的各类错漏数量、错误率、中误差等。

(5)单位成果质量评定。单位成果质量评定通过单位成果质量分值评定质量等级,质量等级划分为优级品、良级品、合格品、不合格品四级。概查只评定合格品、不合格品两级,详查评定四级质量等级。其工作内容如下:

①根据质量检查的结果计算质量元素分值(当质量元素检查结果不满足规定的合格条件时,不计算分值,该质量元素为不合格)。

②根据质量元素分值,评定单位成果质量分值,按以下公式计算,附件质量可不参与计算;根据计算的结果,评定单位成果质量等级,见表 14-2。

表 14-2 单位成果质量评定等级

质量得分	质量等级
90 分≤S≤100 分	优级品
75 分≤S<90 分	良级品
60 分≤S<75 分	合格品
质量元素检查结果不满足规定的合格条件	不合格品
位置精度检查中误差比例大于 5%	
质量元素出现不合格	

$$S=\sum_{j=1}^{N}(S_{2j}\times P_j)$$

式中,S——单位成果质量得分;

N——单位成果中包含的质量元素个数;

S_{2j}——第 j 个质量元素得分;

P_j——第 j 个质量元素的权。

(6)批成果质量评定。批成果质量判定通过合格判定条件(表 14-3)确定批成果的质量等级,质量等级划分为合格批、不合格批两级。

表 14-3 批成果质量评定

质量等级	判定条件	后续处理
合格批	样本中未发现不合格的单位成果或者发现的不合格成果的数量在规定的范围内,且概查时未发现不合格的单位结果	测绘单位对验收中发现的各类质量问题均应修改
不合格批	样本中发现不合格单位成果,或概差中发现不合格单位成果,或不能提交批成果的技术性文档(如设计书、技术总结、检查报告等)和资料性文档(如接合表、图幅清单等)	测绘单位对批成果逐一查改合格后,重新提交验收

(7)编制检验报告。

四、主要测绘成果的质量元素及检查验收方法

(一)质量评分方法

测绘成果质量的检查验收实行两级检查一级验收。对其成果单位成果的质量评定须遵守数学精度评分方法、质量错漏扣分标准、质量子元素计算以及质量元素计算方法。

1. 数学精度评分方法

数学精度采用分段直线内插的方法计算质量分数;多项数学精度评分时,单项数学精度得分均大于60分时,取其算术平均值或加权平均。

$$S=\sum_{j=1}^{N}(S_{2j}\times P_j)$$

式中,S——单位成果质量得分;

N——单位成果中包含的质量元素个数;

S_{2j}——第 j 个质量元素得分;

P_j——第 j 个质量元素的权。

2. 测绘成果质量错漏和扣分标准

成果质量错漏扣分标准按表14-4执行。大地测量、工程测量、摄影测量与遥感、地图编制、地籍测绘、地理信息系统等测绘成果具体的质量错漏扣分标准参考相关国家标准。

表14-4 成果质量错漏扣分标准

差错类型	扣分值
A类	42分
B类	12/t 分
C类	4/t 分
D类	1/t 分

注:一般情况下取 $t=1$。需要进行调整时,以困难类别为原则进行调整(平均困难类别 $t=1$)。

3. 质量子元素评分方法

首先将质量子元素(S_1)得分预置为100分,根据表14-4的要求对相应质量子元素中出现的错漏逐个扣分。S_1 的值按下式计算。

$$S_1=100-\left(a_1\times\frac{12}{t}+a_2\times\frac{4}{t}+a_3\times\frac{1}{t}\right)$$

式中,S_1——质量子元素得分;

a_1——质量子元素中的B类错漏个数;

a_2——质量子元素中的C类错漏个数;

a_3——质量子元素中的D类错漏个数;

t——扣分值调整系数。

4. 质量元素评分方法

采用加权平均法计算质量元素得分，按下式计算。

$$S_2 = \sum_{i=1}^{n}(S_{1i} \times p_i)$$

式中，S_2——质量元素得分；

n——质量元素中包含的质量子元素个数；

S_{1i}——第 i 个质量子元素得分；

p_i——第 i 个质量子元素的权。

(二)大地测量成果的质量元素及检查项

大地测量成果主要包括 GPS(全球定位系统)测量成果、三角测量成果、导线测量成果、水准测量成果、光电测距成果、天文测量成果、重力测量成果以及大地测量计算成果。

1. GPS 测量成果的质量元素和检查项

GPS 测量成果的质量元素包括数据质量、点位质量和资料质量。

(1)数据质量包括以下三个质量子元素。

①数学精度。主要检查点位中误差与规范及设计书的符合情况，边长相对中误差与规范及设计书的符合情况。

②观测质量。主要检查仪器检验项目的齐全性，检验方法的正确性；观测方法的正确性，观测条件的合理性；GPS 点水准联测的合理性和正确性；归心元素、天线高测定方法的正确性；卫星高度角、有效观测卫星总数、时段中任一卫星有效观测时间、观测时段数、时段长度、数据采样间隔、位置精度衰减因子(PDOP)钟漂、多路径效应等参数的规范性和正确性；观测手簿记录和注记的完整性和数字记录、划改的规范性；数据质量检验的符合性；规范和设计方案的执行情况；成果取舍和重测的正确性、合理性。

③计算质量。主要检查起算点选取的合理性和起始数据的正确性；起算点的兼容性及分布的合理性；坐标改算方法的正确性；数据使用的正确性和合理性；各项外业验算项目的完整性、方法正确性，各项指标符合性。

(2)点位质量包括以下两个质量子元素。

①选点质量。主要检查点位布设及点位密度的合理性；点位观测条件的符合情况；点位选择的合理性；点之记内容的齐全、正确性。

②埋石质量。主要检查埋石坑位的规范性和尺寸的符合性；标石类型和标石埋设规格的规范性；标志类型、规格的正确性；标石质量，如坚固性、规格等；托管手续内容的齐全、正确性。

(3)资料质量包括以下两个质量子元素。

①整饰质量。主要检查点之记和托管手续、观测手簿、计算成果等资料的规整性；技术总结、检查报告格式的规范性；技术总结、检查报告整饰的规整性。

②资料完整性。主要检查技术总结编写的齐全和完整情况；检查报告编写的齐全和完整情况；检查上交资料的齐全性和完整情况。

2. 三角测量成果的质量元素和检查项

三角测量成果的质量元素包括数据质量、点位质量和资料质量。

(1)数据质量包括以下三个质量子元素。

①数学精度。主要检查最弱边相对中误差符合性;最弱点中误差符合性;测角中误差符合性。

②观测质量。主要检查仪器检验项目的齐全性、检验方法的正确性;各项观测误差的符合性;归心元素的测定方法、次数、时间及投影偏差情况,觇标高的测定方法及量取部位的正确性;水平角的观测方法、时间选择、光段分布,成果取舍和重测的合理性和正确性;天顶距(或垂直角)的观测方法、时间选择,成果取舍和重测的合理性和正确性;记簿计算正确性、注记的完整性和数字记录、划改的规范性。

③计算质量。主要检查外业验算项目的齐全性,验算方法的正确性;验算数据的正确性及验算结果的符合性;已知三角点选取的合理性和起始数据的正确性。

(2)点位质量包括以下两个质量子元素。

①选点质量。主要检查点位密度的合理性;点位选择的合理性;锁段图形权倒数值的符合性;展点图内容的完整性和正确性;点之记内容的完整性和正确性.

②埋石质量。主要检查觇标的结构及槽柱与视线关系的合理性;标石的类型、规格和预制的质量情况;标石的埋设和外部整饰情况;托管手续内容的齐全性和正确性。

(3)资料质量包括以下两个质量子元素。

①整饰质量。主要检查选点、埋石及验算资料整饰的齐全性和规整性;成果资料整饰的规整性;技术总结整饰的规整性;检查报告整饰的规整性。

②资料完整性。主要检查技术总结内容的齐全性和完整性;检查报告内容的齐全性和完整性;上交资料的齐全性和完整性。

3. 导线测量成果的质量元素和检查项

导线测量成果的质量元素包括数据质量、点位质量和资料质量。

(1)数据质量包括以下三个质量子元素。

①数学精度。主要检查点位中误差符合性;边长相对精度符合性;方位角闭合差符合性;测角中误差符合性。

②观测质量。主要检查仪器检验项目的齐全性、检验方法的正确性;各项观测误差的符合性;归心元素的测定方法、次数、时间及投影偏差情况,觇标高的测定方法及量取部位的正确性;水平角和导线测距的观测方法、时间选择、光段分布,成果取舍和重测的合理性和正确性;天顶距(或垂直角)的观测方法、时间选择,成果取舍和重测的合理性和正确性;记簿计算正确性、注记的完整性和数字记录、划改的规范性。

③计算质量。主要检查外业验算项目的齐全性,外业验算方法的正确性;验算数据的正确性及验算结果的符合性;已知三角点选取的合理性和起始数据的正确性;上交资料的齐全性。

(2)点位质量包括以下两个质量子元素。

①选点质量。主要检查导线网网形结构的合理性;点位密度的合理性;点位选择的合理性;展点图内容的完整性和正确性;点之记内容的完整性和正确性;导线曲折度。

②埋石质量。主要检查觇标的结构及格柱与视线关系的合理性;标石的类型、规格和预制的规整性;标石的埋设和外部整饰;托管手续内容的齐全性和正确性。

(3)资料质量包括以下两个质量子元素。

①整饰质量。主要检查选点、埋石及验算资料整饰的齐全性和规整性；成果资料整饰的规整性；技术总结整饰的规整性；检查报告整饰的规整性。

②资料完整性。主要检查技术总结内容的齐全性和完整性；检查报告内容的齐全性和完整性；上交资料的齐全性和完整性。

4.水准测量成果的质量元素和检查项

水准测量成果的质量元素包括数据质量、点位质量和资料质量。

(1)数据质量。

①数学精度。主要检查每公里偶然中误差的符合性；每公里全中误差的符合性。

②观测质量。主要检查测段、区段、路线闭合差的符合性；仪器检验项目的齐全性、检验方法的正确性；测站观测误差的符合性；对已有水准点和水准路线联测和接测方法的正确性；观测和检测方法的正确性；观测条件选择的正确、合理性；成果取舍和重测的正确、合理性；记簿计算正确性、注记的完整性和数字记录、划改的规范性。

③计算质量。主要检查环闭合差的符合性；外业验算项目的齐全性，验算方法的正确性；已知水准点选取的合理性和起始数据的正确性。

(2)点位质量。

①选点质量。主要检查水准路线布设及点位密度的合理性；路线图绘制的正确性；点位选择的合理性；点之记内容的齐全、正确性。

②埋石质量。主要检查标石类型的正确性；标石埋设规格的规范性；托管手续内容的齐全、正确性。

(3)资料质量。

①整饰质量。主要检查观测、计算资料整饰的规整性；成果资料的整饰规整性；技术总结整饰的规整性；检查报告整饰的规整性。

②资料完整性。主要检查技术总结内容的齐全性和完整性；检查报告内容的齐全性和完整性；上交资料的齐全性和完整性。

5.光电测距成果的质量元素和检查项

光电测距成果的质量元素包括数据质量和资料质量。

(1)数据质量。

①数学精度。主要检查边长精度超限。

②观测质量。主要检查仪器检验项目的齐全性、检验方法的正确性；记簿计算正确性、注记的完整性和数字记录、划改的规范性；归心元素测定方法的正确性以及测定时间和投影偏差情况；测距边两端点高差测定方法正确性及精度情况；观测条件选择的正确、光段分配的合理性，气象元素测定情况；成果取舍和重测的正确、合理性；观测误差与限差的符合情况；外业验算的精度指标与限差的符合情况。

③计算质量。主要检查外业验算项目的齐全性；外业验算方法的正确性；验算结果的正确性；观测成果采用正确性。

(2)资料质量。

①整饰质量。主要检查观测、计算资料整饰的规整性；成果资料整饰的规整性；技术总结整饰的规整性；检查报告整饰的规整性。

②资料全面性。主要检查技术总结内容的齐全性和完整性；检查报告内容的齐全性和完整性；上交资料的齐全性和完整性。

6. 天文测量成果的质量元素和检查项

天文测量成果的质量元素包括数据质量、点位质量和资料质量。

(1)数据质量。

①数学精度。主要检查经纬度中误差的符合性；方位角中误差的符合性；正、反方位角差的符合性。

②观测质量。主要检查仪器检验项目的齐全性，检验方法的正确性；记簿计算正确性、注记的完整性和数字记录、划改的规范性；归心元素测定方法的正确性；经纬度、方位角观测方法的正确性；观测条件选择的正确、合理性；成果取舍和重测的正确、合理性；各项外业观测误差与限差的符合性；各项外业验算的精度指标与限差的符合性。

③计算质量。主要检查外业验算项目的齐全性；外业验算方法的正确性；验算结果的正确性；观测成果采用正确性。

(2)点位质量。

①选点质量。主要检查点位选择的合理性。

②埋石质量。主要检查天文墩结构的规整性、稳定性；天文墩类型及质量符合性；天文墩埋设规格的正确性。

(3)资料质量。

①整饰质量。主要检查观测、计算资料整饰的规整性；成果资料整饰的规整性；技术总结整饰的规整性；检查报告整饰的规整性。

②资料全面性。主要检查技术总结内容的齐全性和完整性；检查报告内容的齐全性和完整性；上交资料的齐全性和完整性。

7. 重力测量成果的质量元素和检查项

重力测量成果的质量元素包括数据质量、点位质量和资料质量。

(1)数据质量。

①数学精度。主要检查重力联测中误差符合性；重力点平面位置中误差符合性；重力点高程中误差符合性。

②观测质量。主要检查仪器检验项目的齐全性、检验方法的正确性；重力测线安排的合理性，联测方法的正确性；重力点平面坐标和高程测定方法的正确性；成果取舍和重测的正确、合理性，记簿计算正确性、注记的完整性和数字记录、划改的规范性；外业观测误差与限差的符合性；外业验算的精度指标与限差的符合性。

③计算质量。主要检查外业验算项目的齐全性；外业验算方法的正确性；重力基线选取的合理性；起始数据的正确性。

(2)点位质量。

①选点质量。主要检查重力点布设位密度的合理性；重力点位选择的合理性；点之记内容的齐全、正确性。

②造埋质量。主要检查标石类型的规范性和标石质量情况；标石埋设规格的规范性；照片资料的齐全性；托管手续的完整性。

(3)资料质量。

①整饰质量。主要检查观测、计算资料整饰的规整性;成果资料整饰的规整性;技术总结整饰的规整性;检查报告整饰的规整性。

②资料全面性。主要检查技术总结内容的全面性和完整性;检查报告内容的全面性和完整性;上交成果资料的齐全性。

8. 大地测量计算成果的质量元素及检查项

大地测量计算成果的质量元素包括成果正确性和成果完整性。

(1)成果正确性。

①数学模型。主要检查采用基准的正确性;平差方案及计算方法的正确、完备性;平差图形选择的合理性;计算、改算、平差、统计软件功能的完备性。

②计算正确性。主要检查外业观测数据取舍的合理、正确性;仪器常数及检定系数选用的正确性;相邻测区成果处理的合理性;计量单位、小数取舍的正确性;起算数据、仪器检验参数、气象参数选用的正确性;计算图、表编制的合理性;各项计算的正确性。

(2)成果完整性。

①整饰质量。主要检查各种计算资料的规整性;成果资料的规整性;技术总结的规整性;检查报告的规整性。

②资料完整性。主要检查成果表编辑或抄录的正确、全面性;技术总结或计算说明内容的全面性;精度统计资料的完整性;上交成果资料的齐全性。

(三)工程测量成果的质量元素及检查项

工程测量成果主要包括平面控制测量成果、高程控制测量成果、大比例尺地形图、线路测量成果、管线测量成果、变形测量成果、施工测量成果以及水下地形测量成果。

1. 平面控制测量成果的质量元素和检查项

平面控制测量成果的质量元素包括数据质量、点位质量、资料质量。

(1)数据质量。

①数学精度。主要检查点位中误差与规范及设计书的符合情况;边长相对中误差与规范及设计书的符合情况。

②观测质量。主要检查仪器检验项目的齐全性、检验方法的正确性;观测方法的正确性,观测条件的合理性;GPS点水准联测的合理性和正确性;归心元素、天线高测定方法的正确性;卫星高度角、有效观测卫星总数、时段中任一卫星有效观测时间、观测时段数、时段长度、数据采样间隔、PDOP、钟漂、多路径影响等参数的规范性和正确性;观测手簿记录和注记的完整性和数字记录、划改的规范性、数据质量检验的符合性;水平角和导线测距的观测方法,成果取舍和重测的合理性和正确性;天顶距(或垂直角)的观测方法、时间选择,成果取舍和重测的合理性和正确性;规范和设计方案的执行情况;成果取舍和重测的正确住、合理性。

③计算质量。主要检查起算点选取的合理性和起始数据的正确性;起算点的兼容性及分布的合理性;坐标改算方法的正确性;数据使用的正确性和合理性;各项外业验算项目的完整性、方法正确性,各项指标符合性。

(2)点位质量。

①选点质量。点位布设及点位密度的合理性；点位满足观测条件的符合情况；点位选择的合理性；点之记内容的齐全、正确性。

②埋石质量。主要检查埋石坑位的规范性和尺寸的符合性；标石类型和标石埋设规格的规范性；标志类型、规格的正确性；托管手续内容的齐全、正确性。

(3)资料质量。

①整饰质量。主要检查点之记和托管手续、观测手簿、计算成果等资料的规整性；技术总结整饰的规整性；检查报告整饰的规整性。

②资料完整性。主要检查技术总结编写的齐全和完整情况；检查报告编写的齐全和完整情况；检查上交资料的齐全性和完整情况。

3.高程控制测量成果的质量元素和检查项

高程控制测量成果的质量元素包括数据质量、点位质量以及资料质量。

(1)数据质量。

①数学精度。主要检查每公里高差中数偶然中误差的符合性；每公里高差中数全中误差的符合性；相对于起算点的最弱点高程中误差的符合性。

②观测质量。主要检查仪器检验项目的齐全性、检验方法的正确性；测站观测误差的符合性；测段、区段、路线闭合差的符合性；对已有水准点和水准路线联测和接测方法的正确性；一观测和检测方法的正确性；观测条件选择的正确、合理性；成果取舍和重测的正确、合理性；记簿计算正确性、注记的完整性和数字记录、划改的规范性。

③计算质量。主要检查外业验算项目的齐全性，验算方法的正确性；已知水准点选取的合理性和起始数据的正确性；环闭合差的符合性。

(2)点位质量。

①选点质量。主要检查水准路线布设、点位选择及点位密度的合理性；水准路线图绘制的正确性；点位选择的合理性；点之记内容的齐全、正确性。

②埋石质量。主要检查标石类型的规范性和标石质量情况；标石埋设规格的规范性；托管手续内容齐全性。

(3)资料质量。

①整饰质量。主要检查观测、计算资料整饰的规整性、各类报告、总结、附图、附表、簿册整饰的完整性；成果资料的整饰规整性；技术总结整饰的规整性；检查报告整饰的规整性。

②资料完整性。主要检查技术总结、检查报告编写内容的全面性及正确性；提供成果资料项目的齐全性。

4.大比例尺地形图的质量元素和检查项

大比例尺地形图的质量元素包括数学精度、数据及结构正确性、地理精度、整饰质量、附件质量。

(1)数据精度。

①数学基础。主要检查坐标系统、高程系统的正确性；各类投影计算、使用参数的正确性；图根控制测量精度；图廓尺寸、对角线长度、格网尺寸的正确性；控制点间图上距离与坐标反算长度较差。

②平面精度。主要检查平面绝对位置中误差；平面相对位置中误差；接边精度。

③高程精度。主要检查高程注记点高程中误差;等高线高程中误差;接边精度。

(2)数据及结构正确性。主要检查文件命名、数据组织正确性;数据格式的正确性;要素分层的正确性、完备性;属性代码的正确性;属性接边质量。

(3)地理精度。主要检查地理要素的完整性与正确性;地理要素的协调性;注记和符号的正确性;综合取舍的合理性;地理要素接边质量。

(4)整饰质量。主要检查符号、线画、色彩质量;注记质量;图面要素协调性;图面、图廓外整饰质量。

(5)附件质量。主要检查元数据文件的正确性、完整性;检查报告、技术总结内容的全面性及正确性;成果资料的齐全性;各类报告、附图(接合图、网图)、附表、簿册整饰的规整性;资料装帧。

5. 线路测量成果的质量元素和检查项

线路测量成果的质量元素包括数据质量、点位质量、资料质量。

(1)数据质量。

①数学精度。主要检查平面控制测量、高程控制测量、地形图成果数学精度;点位或桩位测设成果数学精度;断面成果精度与限差的符合情况。

②观测质量。主要检查控制测量成果。

③计算质量。主要检查验算项目的齐全性和验算方法的正确性;平差计算及其他内业计算的正确性。

(2)点位质量。

①选点质量。主要检查控制点布设及点位密度的合理性;点位选择的合理性。

②造埋质量。主要检查标石类型的规范性和标石质量情况;标石埋设规格的规范性;点之记、托管手续内容的齐全、正确性。

(3)资料质量。

①整饰质量。主要检查观测、计算资料整饰的规整性;技术总结、检查报告整饰的规整性。

②资料完整性。主要检查技术总结、检查报告内容的全面性;提供项目成果资料的齐全性、各类报告、总结、图、表、簿册整饰的规整性。

6. 管线测量成果的质量元素和检查项

管线测量成果的质量元素包括控制测量精度、管线图质量、资料质量。

(1)控制测量精度。主要检查平面控制测量、高程控制测量。

(2)管线图质量。

①数学精度。主要检查明显管线点量测精度;管线点探测精度;管线开挖点精度;管线点平面、高程精度;管线点与地物相对位置精度。

②地理精度。主要检查管线数据各管线属性的齐全性、正确性、协调性;管线图注记和符号的正确性;管线调查和探测综合取舍的合理性。

③整饰质量。主要检查符号、线画质量;图廓外整饰质量;注记质量;接边质量。

(3)资料质量。

①资料完整性。主要检查工程依据文件;工程凭证资料;探测原始资料;探测图表、成果表;技术报告书(总结)。

②整饰规整性。主要检查依据资料、记录图表归档的规整性；各类报告、总结、图、表、簿册整饰的规整性。

7. 变形测量成果的质量元素和检查项

变形测量成果的质量元素包括数据质量、点位质量、资料质量。

(1)数据质量。

①数学精度。主要检查基准网精度；水平位移、垂直位移测量精度。

②观测质量。主要检查仪器设备的符合性；规范和设计方案的执行情况；各项限差与规范或设计书的符合情况；观测方法的规范性，观测条件的合理性；成果取舍和重测的正确性、合理性；观测周期及中止观测时间确定的合理性；数据采集的完整性、连续性。

③计算分析。主要检查计算项目的齐全性和方法的正确性；平差结果及其他内业计算的正确性；成果资料的整理和整编；成果资料的分析。

(2)点位质量。

①选点质量。主要检查基准点、观测点布设及点位密度、位置选择的合理性。

②造埋质量，主要检查标石类型、标志构造的规范性和质量情况；标石、标志埋设的规范性。

(3)资料质量。

①整饰质量。主要检查观测、计算资料整饰的规整性；技术报告、检查报告整饰的规整性。

②资料完整性。主要检查技术报告、检查报告内容的全面性；提供成果资料项目的齐全性；技术问题处理的合理性。

8. 施工测量成果的质量元素和检查项

施工测量成果的质量元素包括数据质量、点位质量、资料质量.

(1)数据质量。

①数学精度。主要检查控制测量精度；点位或桩位测设成果数学精度。

②观测质量。主要检查仪器检验项目的齐全性、检验方法的正确性；技术设计和观测方案的执行情况；水平角、天顶距、距离观测方法的正确性，观测条件的合理性；成果取舍和重测的正确、合理性；记簿计算的正确性、注记的完整性和数字记录、划改的规范性；电子记簿记录程序正确性和输出格式的标准化程度；各项观测误差与限差的符合情况。

③计算质量。主要检查验算项目的齐全性和验算方法的正确性；平差计算及其他内业计算的正确性。

(2)点位质量。

①选点质量。主要检查控制点布设及点位密度的合理性；点位选择的合理性。

②造埋质量。主要检查标石类型的规范性和标石质量情况；标石埋设规格的规范性；点之记内容的齐全、正确性；托管手续内容的齐全性。

(3)资料质量。

①整饰质量。主要检查观测、计算资料整饰的规整性；技术总结、检查报告整饰的规整性。

②资料完整性。主要检查技术总结、检查报告内容的全面性；提供成果资料项目的齐全性。

9. 水下地形测量成果的质量元素和检查项

水下地形测量成果的质量元素包括数据质量、点位质量、资料质量。

(1)数据质量。

①观测仪器。主要检查仪器选择的合理性;仪器检验项目的齐全性、检验方法的正确性。

②观测质量。主要检查技术设计和观测方案的执行情况;数据采集软件的可靠性;观测要素的齐全性;观测时间、观测条件的合理性;观测方法的正确性;观测成果的正确性、合理性;岸线修测、陆上和海上具有引航作用的重要地物测量、地理要素表示的齐全性与正确性;成果取舍和重测的正确性、合理性;重复观测成果的符合性。

③计算质量。主要检查计算软件的可靠性;内业计算验算情况;计算结果的正确性。

(2)点位质量。

①观测点位。主要检查工作水准点埋设、验潮站设立、观测点布设的合理性、代表性;周边自然环境。

②观测密度。主要检查相关断面线布设及密度的合理性;观测频率、采样率的正确性。

(3)资料质量。

①观测记录。主要检查各种观测记录和数据处理记录的完整性。

②附件及资料。主要检查技术总结内容的全面性和规格的正确性;提供成果资料项目的齐全性;成果图绘制的正确性。

(四)摄影测量与遥感成果的质量元素及检查项

摄影测量与遥感成果主要包括像片控制测量成果、像片调绘成果、空中三角测量成果及中小比例尺地形图。

1. 像片控制测量成果的质量元素和检查项

像片控制测量成果的质量元素包括数据质量、布点质量、整饰质量和附件质量。

(1)数据质量。

①数学精度。主要检查各项闭合差、中误差等精度指标的符合情况计算的正确性。

②观测质量。主要检查观测手簿的规整性和计算的正确性;计算手簿的规整性和计算的正确性。

(2)布点质量。主要检查控制点点位布设的正确、合理性;控制点点位选择的正确、合理性。

(3)整饰质量。主要检查控制点判、刺的正确性;控制点整饰规范性;点位说明的准确性。

(4)附件质量。主要检查布点略图、成果表。

2. 像片调绘成果的质量元素和检查项

像片调绘成果的质量元素包括地理精度、属性精度、整饰质量和附件质量。

(1)地理精度。主要检查地物、地貌调绘的全面性、正确性;地物、地貌综合取舍的合理性;植被、土质符号配置的准确、合理性;地名注记内容的正确性、完整性。

(2)属性精度。主要检查各类地物、地貌性质说明以及说明文字、数字注记等内容的完整性、正确性。

(3)整饰质量。主要检查各类注记的规整性;各类线划的规整性;要素符号间关系表达的正确性、完整性;像片的整洁度。

(4)附件质量。主要检查上交资料的齐全性;资料整饰的规整性。

3. 空中三角测量成果的质量元素和检查项

空中三角测量成果的质量元素包括数据质量、布点质量和附件质量。

(1)数据质量。

①数学基础。主要检查大地坐标系、大地高程基准、投影系等。

②平面位置精度。主要检查内业加密点的平面位置精度。

③高程精度。主要检查内业加密点的高程精度。

④接边精度。主要检查区域网间接边精度。

⑤计算质量。主要检查基本定向点权,内定向、相对定向精度,多余控制点不符值,公共点较差。

(2)布点质量。主要检查平面控制点和高程控制点是否超基线布控;定向点、检查点设置的合理、正确性;加密点点位选择的正确、合理性。

(3)附件质量。主要检查上交资料的齐全性;资料整饰的规整性和点位略图。

4. 中小比例尺地形图质量元素和检查项

中小比例尺地形图质量元素包括数学精度、数据及结构正确性、地理精度、整饰质量及附件质量。

(1)数学精度。

①数学基础。主要检查格网、图廓点、三北方向线。

②平面精度。主要检查平面绝对位置中误差;接边精度。

③高程精度。主要检查高程注记点高程中误差;等高线高程中误差;接边精度。

(2)数据及结构正确性。主要检查文件命名、数据组织正确性;数据格式的正确性;要素分层的正确性、完备性;属性代码的正确性;属性接边正确性。

(3)地理精度。主要检查地理要素的完整性与正确性;地理要素的协调性;注记和符号的正确性;综合取舍的合理性;地理要素接边质量。

(4)整饰质量。主要检查符号、线划、色彩质量;注记质量;图面要素协调性;图面、图廓外整饰质量。

(5)附件质量。主要检查元数据文件的正确性、完整性;检查报告、技术总结内容的全面性及正确性;成果资料的齐全性;各类报告、附图(接合图、网图)、附表、簿册整饰的规整性。

(五)地图编制成果的质量元素及检查项

地图编制成果主要包括普通地图的编绘原图和印刷原图、专题地图的编绘原图和印刷原图、地图集、印刷成品以及导航电子地图。

1. 普通地图的编绘原图、印刷原图的质量元素和检查项

普通地图的编绘原图、印刷原图的质量元素包括数学精度、数据完整性与正确性、地理精度、整饰质量和附件质量。

(1)数学精度。主要检查展点精度(包括图廓尺寸精度、方里网精度、经纬网精度等);平面控制点、高程控制点位置精度;地图投影选择的合理性。

(2)数据完整性与正确性。主要检查文件命名、数据组织和数据格式的正确性、规范性;数据分层的正确性、完备性。

(3)地理精度。主要检查制图资料的现势性、完备性；制图综合的合理性；各要素的正确性；图内各种注记的正确性；地理要素的协调性。

(4)整饰质量。主要检查地图符号、色彩的正确性；注记的正规、完整性；图廓外整饰要素的正确性。

(5)附件质量。主要检查图历簿填写的正确、完整性；图幅的接边正确性；分色参考图(或彩色打印稿)的正确性、完整性。

2. 专题地图的编绘原图、印刷原图的质量元素和检查项

专题地图的编绘原图、印刷原图的质量元素包括数据完整性与正确性、地图内容适用性、地图表示的科学性、地图精度、图面配置质量和附件质量。

(1)数据完整性与正确性。主要检查文件命名、数据组织和数据格式的正确性、规范性；数据分层的正确性、完备性。

(2)地图内容适用性。主要检查地理底图内容的合理性；专题内容的完备性、现势性、可靠性。

(3)地图表示的科学性。主要检查各种注记表达的合理性、易读性；分类、分级的科学性；色彩、符号与设计的符合性；表示方法选择的正确性。

(4)地图精度。主要检查图幅选择投影、比例尺的适宜性；制图网精度；地图内容的位置精度；专题内容的量测精度。

(5)图面配置质量。主要检查图面配置的合理性；图例的全面性、正确性；图廓外整饰正确、规范、艺术性。

(6)附件质量。主要检查设计书质量；分色样图的质量。

3. 地图集的质量元素和检查项

地图集的质量元素包括整体质量和图集内图幅质量。

(1)整体质量。

①图集内容思想性。主要检查思想正确性；图集宗旨、主题思想明确程度；要素表示正确性。

②图集内容全面、完整性。主要检查图集内容的全面、系统性；图集结构的完整性。

③图集内容统一、协调性。主要检查图集内容的统一、互补性；要素表达协调、可比性。

(2)图集内图幅质量。

①数据完整性与正确性。主要检查文件命名、数据组织和数据格式的正确性、规范性；数据分层的正确性、完备性。

②地图内容适用性。主要检查地理底图内容的合理性；专题内容的完备性、现势性、可靠性。

③地图表示的科学性。主要检查各种注记表达的合理性、易读性；分类、分级的科学性；色彩、符号与设计的符合性；表示方法选择的正确性。

④地图精度。主要检查图幅选择投影、比例尺的适宜性；制图网精度；地图内容的位置精度；专题内容的量测精度。

⑤图面配置质量。主要检查图面配置的合理性；图例的全面、正确性；图廓外整饰正确、规范、艺术性。

⑥附件质量。主要检查设计书质量和分色样图的质量。

4.印刷成品的质量元素和检查项

印刷成品的质量元素包括印刷质量、拼接质量和装订质量。

(1)印刷质量。主要检查套印精度、网线、线画粗细变形率,印刷质量和图形质量。

(2)拼接质量。主要检查拼贴质量和折叠质量。

(3)装订质量。平装主要检查折页、配页质量、订本质量、封面质量和裁切质量;精装主要检查折页、配页、锁线或无线胶粘质量,图芯脊背、环衬粘贴质量,封面质量,图壳粘贴质量,订本、裁切质量和版心规格。

5.导航电子地图的质量元素和检查项

导航电子地图的质量元素包括位置精度、属性精度、逻辑一致性、完整性与正确性、图面质量和附件质量。

(1)位置精度。主要检查平面位置精度。

(2)属性精度。主要检查属性结构、属性值的正确性.

(3)逻辑一致性。主要检查道路网络连通性;拓扑关系的正确性;节点匹配的正确性;要素间关系的正确性和要素接边的一致性。

(4)完整性与正确性。主要检查安全处理符合性;地图内容的现势性;兴趣点完整性;数学基础、数据格式文件命名、数据组织和数据分层的正确性和要素的完备性。

(5)图面质量。主要检查各种注记表达的合理性、易读性;色彩、符号与设计的符合性;图形质量。

(6)附件质量。主要检查附件的正确、全面性;成果资料齐全性。

(六)地籍测绘成果的质量元素及检查项

地籍测绘成果主要包括地籍控制测量、地籍细部测量、地籍图和宗地图。

1.地籍控制测量成果的质量元素和检查项

地籍控制测量的质量元素包括数据质量、点位质量和资料质量。

(1)数据质量。

①起算数据。主要检查起算点坐标的正确性和相关控制资料可靠性。

②数学精度。主要检查基本控制点精度符合性。

③观测质量。主要检查仪器检验项目的齐全性,检验方法的正确性;观测方法的正确性;各种记录的规整性;成果取舍和重测的正确、合理性;各项观测误差符合性。

④计算质量。主要检查平差计算的正确性。

(2)点位质量。

①选点质量。主要检查控制网布设合理性;点位选择的合理性和点之记内容的齐全、清晰性。

②埋设质量。主要检查标石类型的正确性;标志设置的规范性和标石埋设的规整性。

(3)资料质量。

①整饰质量。主要检查观测和计算资料整饰的规整性;成果资料整饰的规整性;技术总结和检查报告的规整性。

②资料完整性。主要检查成果资料的完整性；技术总结内容和检查报告内容的完整性。

2. 地籍细部测量成果的质量元素和检查项

地籍细部测量成果的质量元素包括界址点测量、地物点测量和资料质量。

(1)界址点测量。

①观测质量。主要检查测量方法的正确性；观测手簿记录、属性记录和草图绘制的正确、完整性；界址点测量方法的正确性；各项观测误差与限差的符合正确性。

②数学精度。主要检查界址点相对位置精度；界址点绝对位置精度；宗地面积量算精度。

(2)地物点测量。

①观测质量。主要检查测量方法的正确性；观测手簿记录、属性记录和草图绘制的正确、完整性；地物、地类测量精度；各项观测误差与限差的符合情况。

②数学精度。主要检查地物点相对位置精度和地物点绝对位置精度。

(3)资料质量。

①整饰质量。主要检查观测和计算资料整饰的规整性；成果资料整饰的规整性和技术总结、检查报告的规整性。

②资料完整性。主要检查成果资料的完整性；技术总结、检查报告内容的完整性。

3. 地籍图的质量元素和检查项

地籍图的质量元素包括数学精度、要素质量和资料质量。

(1)数学精度。

①数学基础。主要检查图廓边长与理论值之差；公里网点与理论值之差；展点精度；两对角线较差；图廓对角线与理论之差。

②平面位置。主要检查界址点、线平面位置精度；地物点平面位置精度；地类界的平面位置精度。

(2)要素质量。

①地籍要素。主要检查地籍要素表示的正确性。

②其他要素。主要检查地物要素的正确性；综合取舍的合理性；各要素协调性；图幅接边的正确性。

(3)资料质量。

①整饰质量，主要检查注记和符号的正确性；整饰的规整、正确性。

②资料完整性，主要检查结合图、编图设计和总结正确性、全面性。

4. 宗地图的质量元素和检查项。

宗地图的质量元素包括数学精度、要素质量和资料质量。

(1)数学精度。

①界址点精度。主要检查界址点平面位置精度和界址边长精度。

②面积精度。主要检查宗地面积正确性。

(2)要素质量。

①地籍要素。主要检查宗地号、宗地名称、界址点符号及编号、界址线、相邻。

②其他要素。主要检查地物、地类号等表示正确性。

(3)资料质量。

①整饰质量。主要检查注记和符号的正确性；注记和符号的规范性。

②资料完整性，主要检查设计和总结全面性。

(七)测绘航空摄影成果的质量元素及检查项

测绘航空摄影成果主要包括航空摄影成果、航空摄影扫描数据和卫星遥感影像。

1. 航空摄影成果的质量元素和检查项

航空摄影成果的质量元素包括飞行质量、影像质量、数据质量和附件质量。

(1)飞行质量。主要检查航摄设计；像片重叠度(航向和旁向)；最大和最小航高之差；旋偏角；像片倾斜角；航迹；航线弯曲度；边界程盖保证；像点最大位移值。

(2)影像质量。主要检查最大密度 D_{max}；最小密度 D_{min}；灰雾密度 D_0；反差(ΔD)；冲洗质量；影像色调；影像清晰度和框标影像。

(3)数据质量。主要检查数据完整性和正确性。

(4)附件质量。主要检查摄区完成情况图、摄区分区图、分区航线结合图、摄区分区航线及像片结合图航摄鉴定表的完整、正确性；航摄仪技术参数检定报告的正确性；航摄仪压平检测报告的正确性；各类注记、图表填写的完整、正确性；航摄胶片感光特性测定及航摄底片冲洗记录的正确性和完整性；成果包装。

2. 航空摄影扫描数据的质量元素和检查项

航空摄影扫描数据质量元素包括影像质量、数据正确性和完整性和附件质量。

(1)影像质量。主要检查影像分辨率的正确性；影像色调是否均匀、反差是否适中；影像清晰度；影像外观质量(噪声、云块、划痕、斑点、污迹等)；框标影像质量。

(2)数据正确性和完整性。主要检查原始数据正确性；文件命名、数据组织和数据格式的正确性、规范性；存储数据的介质和规格的正确性；数据内容的完整性。

(3)附件质量。主要检查元数据文件正确性、完整性；上交资料的齐全性。

3. 卫星遥感影像的质量元素和检查项。

卫星遥感影像质量元素包括数据质量、影像质量和附件质量。

(1)数据质量。主要检查数据格式的正确性，影像获取时的“侧倾角”等主要技术指标。

(2)影像质量。主要检查影像反差；影像清晰度；影像色调。

(3)附件质量。主要检查影像参数文件内容的完整性。

(八)地理信息系统的质量元素及检查项

地理信息系统的质量元素包括资料质量、运行环境、数据(库)质量、系统结构与功能以及系统管理与维护。

1. 资料质量

主要检查：技术方案完整性；数据处理与质量检查资料齐全性；数据字典规范性和齐全性；评审报告、检查验收报告、技术总结等资料的齐全性。

2. 运行环境

主要检查：硬件平台符合性；软件平台(操作系统，数据库软件平台，GIS 软件平台，中间件，应用软件等）的符合性；网络环境的符合性。

3. 数据（库）质量

主要检查：数据组织正确性；数据库结构正确性；空间参考系正确性；数据质量；各类基础地理数据一致性。

4. 系统结构与功能

主要检查：系统结构的正确性；数据库管理方式的符合性；系统功能符合性；服务器、客户端功能划分正确性；系统效率符合性和系统稳定性。

5. 系统管理与维护

主要检查：安全保密管理情况；权限管理情况；数据备份情况和系统维护情况。

数字线划图的质量元素主要有空间参考系、位置精度、属性精度、完整性、逻辑一致性、时间准确度、元数据质量、表征质量和附件质量。

针对建库数据，质量元素空间参考系包括大地基准、高程基准和地图投影等子元素；质量元素位置精度包括平面精度、高程精度和地图投影；质量元素属性精度包括属性项完整性、分类正确性和属性正确性；质量元素完整性包括数据层的完整性、数据层内部文件的完整性和要素完整性；质量元素逻辑一致性包括概念一致性、格式一致性和拓扑一致性；质量元素时间准确度主要包括数据更新和数据采集；质量元素元数据质量包括元数据完整性和元数据准确性；质量元素表征质量包括几何表达和地理表达；质量元素附件质量包括图历簿质量和附属文档质量。

针对制图数据，质量元素空间参考系包括大地基准、高程基准和地图投影等子元素；质量元素位置精度包括平面精度、高程精度和地图投影；质量元素属性精度包括分类正确性和属性正确性；质量元素完整性主要指要素完整性；质量元素逻辑一致性包括概念一致性、格式一致性和拓扑一致性；质量元素时间准确度主要包括数据更新和数据采集；质量元素元数据质量包括元数据完整性和元数据准确性；质量元素表征质量包括几何表达、符号正确性、地理表达、注记正确性和图廓整饰准确性；质量元素附件质量包括图历簿质量和附属文档质量。

（九）数字高程模型成果的质量元素

数字高程模型的质量元素主要有空间参考系、位置精度、逻辑一致性、时间准确度、栅格质量、元数据质量和附件质量。其中，质量元素空间参考系包括大地基准、高程基准和地图投影等子元素；质量元素位置精度包括平面精度和高程精度；质量元素逻辑一致性主要指格式一致性；质量元素时间准确度主要包括数据更新和数据采集；质量元素栅格质量主要指格网参数；质量元素元数据质量包括元数据的完整性和元数据准确性；质量元素附件质量包括图历簿质量和附属文档质量。

（十）数字正射影像图成果的质量元素

数字正射影像图的质量元素主要有空间参考系、位置精度、逻辑一致性、时间准确度、影像质量、元数据质量、表征质量和附件质量。其中，质量元素空间参考系包括大地基准、高程基准和地图投影等子元素；质量元素位置精度主要指平面精度；质量元素逻辑一致性主要指格式一致性；质量元素时间准确度包括数据更新和数据采集；质量元素影像质量包括影像分辨率和影像特性；质量元素元数据质量包括元数据完整性和元数据准确性；质量元素表征质量主要指图廓整饰准确性；质量元素附件质量包括图历簿质量和附属文档质量。

(十一)数字栅格地图成果的质量元素

数字栅格地图的质量元素主要有空间参考系、逻辑一致性、栅格质量、元数据质量和附件质量。其中，质量元素空间参考系主要指地图投影；质量元素逻辑一致性主要指格式一致性；质量元素栅格质量主要指影像分辨率和影像特性；质量元素元数据质量包括元数据完整性和元数据准确性；质量元素附件质量包括图历簿质量和附属文档质量的等质量子元素。

(十二)数字测绘成果的质量检查验收方法

数字测绘成果的质量检查验收方法主要是对数字线划地形图、数字高程模型、数字正射影像图和数字栅格地图等成果进行质检。其他专业的测绘成果质量的检查、验收可参照使用。质量检查的主要检查方法有以下几种。

1. 参考数据比对

与高精度数据、专题数据、生产中使用的原始数据、可收集到的国家各级部门公布、发布、出版的资料数据等各类参考数据对比，确定被检数据是否错漏或者获取被检数据与参考数据的差值。在对比中应该考虑参考数据与被检数据由于生产（或发布）时间的差异造成的偏差、综合取舍的差异造成的偏差。

该方法主要适用于室内方式检查矢量数据，如检查各类错漏、计算各类中误差等，也可用于实测方式检查影像数据、栅格数据，如计算各类中误差等。

2. 野外实测

与野外测量、调绘的成果对比，确定被检数据是否错漏或者获取被检数据与野外实测数据的差值。在比对中应考虑野外数据与被检数据的时间差异。

该方法主要适用于实测方式检查矢量数据，如检查各类错漏、计算各类中误差等，也可用于实测方式检查影像数据、栅格数据，如计算各类中误差等。

3. 内部检查

检查被检数据的内在特性。该方法可用于室内方式检查矢量数据、影像数据、栅格数据。如逻辑一致性中的绝大多数检查项，接边检查，栅格数据的数据范围，影像数据的色调均匀，内业加密保密点检查中误差等。

质量检查可使用以下方式：

(1)计算机自动检查。通过软件自动分析和判断结果。如可计算值（属性）的检查、逻辑一致性的检查、值域的检查、各类统计计算等。

(2)计算机辅助检查。通过人机交互检查，筛选并人工分析、判断结果。如检查有向点的方向等。

(3)人工检查。不能通过软件检查的，只能人工检查，如矢量要素的遗漏等。

在质量检查工作中，应该优先使用计算机自动检查、计算机辅助检查。

五、测绘成果质量检验报告编写

（一）质量检验报告的概念

质量检验报告是测绘项目检验机构对所检验测绘成果进行质量检查验收后撰写的报告文档，由测绘成果检查工作概况、受检成果概况、检验依据、抽样情况、检验的内容和方法、主要质量问题及处理、质量统计及质量综述、验收结论、附件（附图、附表）等部分构成。

（二）质量检验报告的主要内容

1. 检查工作概况

应包括检验的基本情况，包括检验时间、检验地点、检验方式、检验人员、检验的软硬件设备等。

2. 受检成果概况

简述成果生产基本情况，包括来源、测区位置、生产单位、单位资质等级、生产日期、生产方式、成果形式、批量等。

3. 检验依据

列出全部检验依据。

4. 抽样情况

包括抽样依据、抽样方法、样本数量等，若为计数抽样，应列出抽样方案。

5. 检验内容及方法

阐述成果的各个检验参数及检验方法。

6. 主要质量问题及处理

按检验参数，分别叙述成果中存在的主要质量问题，并举例（图幅号、点号等）说明；质量问题的处理结果。

7. 质量统计及质量综述

①按检验参数分别对成果质量进行综合叙述（注：不含检验结论）。

②样本质量统计：检查项及差错数量和错误率、样本得分、样本质量评定。

③其他意见或建议。

8. 验收结论

单位成果质量等级评定和批成果质量评定。

9. 附件

准备正确、齐全的附图、附表等附件，确保质量检验报告的完备。

质量检验报告的内容、格式按 GB/T 18316—2008 的规定执行。质量检验报告的内容应全面、真实、文字表述要准确、清晰。

质量检验报告是测绘项目成果的重要技术档案之一，其正式文本和电子文档应按照测绘成果技术档案的管理规定长期保存。

课后练习题

一、单选题

1. 说明质量的定量、定性组成部分称为(　　)。

A. 单位成果　　B. 质量元素　　C. 批成果　　D. 样本

2. 对单位成果质量要求中的部分检查项进行的检查称为(　　)。

A. 全数检查　　B. 详查　　C. 抽样检查　　D. 概查

3. 根据《测绘成果质量检查与验收》,在抽样检查情况下,样本质量得分 S 为(　　)。

A. 单位成果质量得分的加权平均值　　B. 单位成果质量得分的算术平均值

C. 单位成果质量得分的最小值　　D. 单位成果质量得分的最大值

4. 测绘产品验收工作应当在(　　)后进行。

A. 经最终检查合格　　B. 经委托方同意

C. 经过程检查合格　　D. 经测绘行政主管部门同意

5. 测绘产品检查过程中,当检查人员与被检查单位(或人员)在质量问题处理上有分歧时,负责裁定质量分歧的是(　　)。

A. 测绘单位质量管理机构　　B. 测绘单位法定代表人

C. 测绘单位总工程师　　D. 测绘行政主管部门质量管理机构

6. 测绘单位生产的测绘产品经最终检查并按照《测绘产品质量评定标准》评定产品质量后,负责最终测绘产品质量核定的机构是(　　)。

A. 测绘行政主管部门　　B. 测绘单位

C. 验收单位　　D. 监理单位

7.《测绘质量监督管理办法》规定,按照监督检查的需要,测绘单位应当向测绘产品质量监督检验机构(　　)检验样品。

A. 有偿提供　　B. 无偿提供　　C. 部分无偿提供　　D. 部分有偿提供

8. 下列有关两级检查一级验收制度的说法正确的是(　　)。

A. 过程检查一般采用全数检查,最终检查一般采用全数检查,验收一般采用全数检查

B. 过程检查一般采用全数检查,最终检查一般采用全数检查,验收一般采用抽样检查

C. 过程检查一般采用全数检查,最终检查一般采用抽样检查,验收一般采用抽样检查

D. 过程检查一般采用抽样检查,最终检查一般采用抽样检查,验收一般采用抽样检查

9. 测绘成果的单位成果质量评定时,详查不能评定的质量等级是(　　)。

A. 优级品　　B. 良级品　　C. 合格品　　D. 差级品

10. 根据《数字测绘成果质量检查与验收》,单位成果质量评定等级为良级的,其质量得分 S 的分值应为(　　)。

A. 65 分$\leqslant S<$90 分　　B. 70 分$\leqslant S<$90 分

C. 75 分$\leqslant S<$90 分　　D. 80 分$\leqslant S<$90 分

11. 根据《测绘成果质量检查与验收》,判定最终检查批成果质量为优级等级的标准

是(　　)。

A. 优良品率达到 90%以上,其中优级品率达到 50%以上

B. 优良品率达到 80%以上,其中优级品率达到 30%以上

C. 优良品率达到 80%以上,其中优级品率达到 50%以上

D. 优良品率达到 90%以上,其中优级品率达到 30%以上

附　　录

中华人民共和国测绘法

（1992年12月28日第七届全国人民代表大会常务委员会第二十九次会议通过　2002年8月29日第九届全国人民代表大会常务委员会第二十九次会议第一次修订　2017年4月27日第十二届全国人民代表大会常务委员会第二十七次会议第二次修订）

目　　录

第一章　总则

第一条　为了加强测绘管理，促进测绘事业发展，保障测绘事业为经济建设、国防建设、社会发展和生态保护服务，维护国家地理信息安全，制定本法。

第二条　在中华人民共和国领域和中华人民共和国管辖的其他海域从事测绘活动，应当遵守本法。

本法所称测绘，是指对自然地理要素或者地表人工设施的形状、大小、空间位置及其属性等进行测定、采集、表述，以及对获取的数据、信息、成果进行处理和提供的活动。

第三条　测绘事业是经济建设、国防建设、社会发展的基础性事业。各级人民政府应当加强对测绘工作的领导。

第四条　国务院测绘地理信息主管部门负责全国测绘工作的统一监督管理。国务院其他有关部门按照国务院规定的职责分工，负责本部门有关的测绘工作。

县级以上地方人民政府测绘地理信息主管部门负责本行政区域测绘工作的统一监督管理。县级以上地方人民政府其他有关部门按照本级人民政府规定的职责分工，负责本部门有关的测绘工作。

军队测绘部门负责管理军事部门的测绘工作，并按照国务院、中央军事委员会规定的职责分工负责管理海洋基础测绘工作。

第五条 从事测绘活动，应当使用国家规定的测绘基准和测绘系统，执行国家规定的测绘技术规范和标准。

第六条 国家鼓励测绘科学技术的创新和进步，采用先进的技术和设备，提高测绘水平，推动军民融合，促进测绘成果的应用。国家加强测绘科学技术的国际交流与合作。

对在测绘科学技术的创新和进步中做出重要贡献的单位和个人，按照国家有关规定给予奖励。

第七条 各级人民政府和有关部门应当加强对国家版图意识的宣传教育，增强公民的国家版图意识。新闻媒体应当开展国家版图意识的宣传。教育行政部门、学校应当将国家版图意识教育纳入中小学教学内容，加强爱国主义教育。

第八条 外国的组织或者个人在中华人民共和国领域和中华人民共和国管辖的其他海域从事测绘活动，应当经国务院测绘地理信息主管部门会同军队测绘部门批准，并遵守中华人民共和国有关法律、行政法规的规定。

外国的组织或者个人在中华人民共和国领域从事测绘活动，应当与中华人民共和国有关部门或者单位合作进行，并不得涉及国家秘密和危害国家安全。

第二章　测绘基准和测绘系统

第九条 国家设立和采用全国统一的大地基准、高程基准、深度基准和重力基准，其数据由国务院测绘地理信息主管部门审核，并与国务院其他有关部门、军队测绘部门会商后，报国务院批准。

第十条 国家建立全国统一的大地坐标系统、平面坐标系统、高程系统、地心坐标系统和重力测量系统，确定国家大地测量等级和精度以及国家基本比例尺地图的系列和基本精度。具体规范和要求由国务院测绘地理信息主管部门会同国务院其他有关部门、军队测绘部门制定。

第十一条 因建设、城市规划和科学研究的需要，国家重大工程项目和国务院确定的大城市确需建立相对独立的平面坐标系统的，由国务院测绘地理信息主管部门批准；其他确需建立相对独立的平面坐标系统的，由省、自治区、直辖市人民政府测绘地理信息主管部门批准。

建立相对独立的平面坐标系统，应当与国家坐标系统相联系。

第十二条 国务院测绘地理信息主管部门和省、自治区、直辖市人民政府测绘地理信息主管部门应当会同本级人民政府其他有关部门，按照统筹建设、资源共享的原则，建立统一的卫星导航定位基准服务系统，提供导航定位基准信息公共服务。

第十三条 建设卫星导航定位基准站的，建设单位应当按照国家有关规定报国务院测绘地理信息主管部门或者省、自治区、直辖市人民政府测绘地理信息主管部门备案。国务院测绘地理信息主管部门应当汇总全国卫星导航定位基准站建设备案情况，并定期向军队测绘部门通报。

本法所称卫星导航定位基准站，是指对卫星导航信号进行长期连续观测，并通过通信设施将观测数据实时或者定时传送至数据中心的地面固定观测站。

第十四条 卫星导航定位基准站的建设和运行维护应当符合国家标准和要求，不得危害国家安全。

卫星导航定位基准站的建设和运行维护单位应当建立数据安全保障制度，并遵守保密法律、行政法规的规定。

县级以上人民政府测绘地理信息主管部门应当会同本级人民政府其他有关部门，加强对卫星导航定位基准站建设和运行维护的规范和指导。

第三章 基础测绘

第十五条 基础测绘是公益性事业。国家对基础测绘实行分级管理。

本法所称基础测绘，是指建立全国统一的测绘基准和测绘系统，进行基础航空摄影，获取基础地理信息的遥感资料，测制和更新国家基本比例尺地图、影像图和数字化产品，建立、更新基础地理信息系统。

第十六条 国务院测绘地理信息主管部门会同国务院其他有关部门、军队测绘部门组织编制全国基础测绘规划，报国务院批准后组织实施。

县级以上地方人民政府测绘地理信息主管部门会同本级人民政府其他有关部门，根据国家和上一级人民政府的基础测绘规划及本行政区域的实际情况，组织编制本行政区域的基础测绘规划，报本级人民政府批准后组织实施。

第十七条 军队测绘部门负责编制军事测绘规划，按照国务院、中央军事委员会规定的职责分工负责编制海洋基础测绘规划，并组织实施。

第十八条 县级以上人民政府应当将基础测绘纳入本级国民经济和社会发展年度计划，将基础测绘工作所需经费列入本级政府预算。

国务院发展改革部门会同国务院测绘地理信息主管部门，根据全国基础测绘规划编制全国基础测绘年度计划。

县级以上地方人民政府发展改革部门会同本级人民政府测绘地理信息主管部门，根据本行政区域的基础测绘规划编制本行政区域的基础测绘年度计划，并分别报上一级部门备案。

第十九条 基础测绘成果应当定期更新，经济建设、国防建设、社会发展和生态保护急需的基础测绘成果应当及时更新。

基础测绘成果的更新周期根据不同地区国民经济和社会发展的需要确定。

第四章 界线测绘和其他测绘

第二十条 中华人民共和国国界线的测绘，按照中华人民共和国与相邻国家缔结的边界条约或者协定执行，由外交部组织实施。中华人民共和国地图的国界线标准样图，由外交部和国务院测绘地理信息主管部门拟定，报国务院批准后公布。

第二十一条 行政区域界线的测绘，按照国务院有关规定执行。省、自治区、直辖市和自治州、县、自治县、市行政区域界线的标准画法图，由国务院民政部门和国务院测绘地理信息主管部门拟定，报国务院批准后公布。

第二十二条 县级以上人民政府测绘地理信息主管部门应当会同本级人民政府不动产登记主管部门，加强对不动产测绘的管理。

测量土地、建筑物、构筑物和地面其他附着物的权属界址线，应当按照县级以上人民政府确定的权属界线的界址点、界址线或者提供的有关登记资料和附图进行。权属界址线发生变化的，有关当事人应当及时进行变更测绘。

第二十三条 城乡建设领域的工程测量活动，与房屋产权、产籍相关的房屋面积的测量，应当执行由国务院住房城乡建设主管部门、国务院测绘地理信息主管部门组织编制的测量技术规范。

水利、能源、交通、通信、资源开发和其他领域的工程测量活动，应当执行国家有关的工程测量技术规范。

第二十四条 建立地理信息系统，应当采用符合国家标准的基础地理信息数据。

第二十五条 县级以上人民政府测绘地理信息主管部门应当根据突发事件应对工作需要，及时提供地图、基础地理信息数据等测绘成果，做好遥感监测、导航定位等应急测绘保障工作。

第二十六条 县级以上人民政府测绘地理信息主管部门应当会同本级人民政府其他有关部门依法开展地理国情监测，并按照国家有关规定严格管理、规范使用地理国情监测成果。

各级人民政府应当采取有效措施，发挥地理国情监测成果在政府决策、经济社会发展和社会公众服务中的作用。

第五章 测绘资质资格

第二十七条 国家对从事测绘活动的单位实行测绘资质管理制度。

从事测绘活动的单位应当具备下列条件，并依法取得相应等级的测绘资质证书，方可从事测绘活动：

（一）有法人资格；

（二）有与从事的测绘活动相适应的专业技术人员；

（三）有与从事的测绘活动相适应的技术装备和设施；

（四）有健全的技术和质量保证体系、安全保障措施、信息安全保密管理制度以及测绘成果和资料档案管理制度。

第二十八条 国务院测绘地理信息主管部门和省、自治区、直辖市人民政府测绘地理信息主管部门按照各自的职责负责测绘资质审查、发放测绘资质证书。具体办法由国务院测绘地理信息主管部门商国务院其他有关部门规定。

军队测绘部门负责军事测绘单位的测绘资质审查。

第二十九条 测绘单位不得超越资质等级许可的范围从事测绘活动，不得以其他测绘单位的名义从事测绘活动，不得允许其他单位以本单位的名义从事测绘活动。

测绘项目实行招投标的，测绘项目的招标单位应当依法在招标公告或者投标邀请书中对测绘单位资质等级作出要求，不得让不具有相应测绘资质等级的单位中标，不得让测绘单位低于测绘成本中标。

中标的测绘单位不得向他人转让测绘项目。

第三十条 从事测绘活动的专业技术人员应当具备相应的执业资格条件。具体办法由国务院测绘地理信息主管部门会同国务院人力资源社会保障主管部门规定。

第三十一条 测绘人员进行测绘活动时，应当持有测绘作业证件。

任何单位和个人不得阻碍测绘人员依法进行测绘活动。

第三十二条 测绘单位的测绘资质证书、测绘专业技术人员的执业证书和测绘人员的测绘作业证件的式样，由国务院测绘地理信息主管部门统一规定。

第六章 测绘成果

第三十三条 国家实行测绘成果汇交制度。国家依法保护测绘成果的知识产权。

测绘项目完成后，测绘项目出资人或者承担国家投资的测绘项目的单位，应当向国务院测绘地理信息主管部门或者省、自治区、直辖市人民政府测绘地理信息主管部门汇交测绘成果资料。属于基础测绘项目的，应当汇交测绘成果副本；属于非基础测绘项目的，应当汇交测绘成果目录。负责接收测绘成果副本和目录的测绘地理信息主管部门应当出具测绘成果汇交凭证，并及时将测绘成果副本和目录移交给保管单位。测绘成果汇交的具体办法由国务院规定。

国务院测绘地理信息主管部门和省、自治区、直辖市人民政府测绘地理信息主管部门应当及时编制测绘成果目录，并向社会公布。

第三十四条 县级以上人民政府测绘地理信息主管部门应当积极推进公众版测绘成果的加工和编制工作，通过提供公众版测绘成果、保密技术处理等方式，促进测绘成果的社会化应用。

测绘成果保管单位应当采取措施保障测绘成果的完整和安全，并按照国家有关规定向社会公开和提供利用。

测绘成果属于国家秘密的，适用保密法律、行政法规的规定；需要对外提供的，按照国务院和中央军事委员会规定的审批程序执行。

测绘成果的秘密范围和秘密等级，应当依照保密法律、行政法规的规定，按照保障国家秘密安全、促进地理信息共享和应用的原则确定并及时调整、公布。

第三十五条 使用财政资金的测绘项目和涉及测绘的其他使用财政资金的项目，有关部门在批准立项前应当征求本级人民政府测绘地理信息主管部门的意见；有适宜测绘成果的，应当充分利用已有的测绘成果，避免重复测绘。

第三十六条 基础测绘成果和国家投资完成的其他测绘成果，用于政府决策、国防建设和公共服务的，应当无偿提供。

除前款规定情形外，测绘成果依法实行有偿使用制度。但是，各级人民政府及有关部门和军队因防灾减灾、应对突发事件、维护国家安全等公共利益的需要，可以无偿使用。

测绘成果使用的具体办法由国务院规定。

第三十七条 中华人民共和国领域和中华人民共和国管辖的其他海域的位置、高程、深度、面积、长度等重要地理信息数据，由国务院测绘地理信息主管部门审核，并与国务院其他有关部门、军队测绘部门会商后，报国务院批准，由国务院或者国务院授权的部门公布。

第三十八条 地图的编制、出版、展示、登载及更新应当遵守国家有关地图编制标准、地图内容表示、地图审核的规定。

互联网地图服务提供者应当使用经依法审核批准的地图，建立地图数据安全管理制度，采取安全保障措施，加强对互联网地图新增内容的核校，提高服务质量。

县级以上人民政府和测绘地理信息主管部门、网信部门等有关部门应当加强对地图编制、出版、展示、登载和互联网地图服务的监督管理，保证地图质量，维护国家主权、安全和利益。

地图管理的具体办法由国务院规定。

第三十九条 测绘单位应当对完成的测绘成果质量负责。县级以上人民政府测绘地理信息主管部门应当加强对测绘成果质量的监督管理。

第四十条 国家鼓励发展地理信息产业，推动地理信息产业结构调整和优化升级，支持开发各类地理信息产品，提高产品质量，推广使用安全可信的地理信息技术和设备。

县级以上人民政府应当建立健全政府部门间地理信息资源共建共享机制，引导和支持企业提供地理信息社会化服务，促进地理信息广泛应用。

县级以上人民政府测绘地理信息主管部门应当及时获取、处理、更新基础地理信息数据，通过地理信息公共服务平台向社会提供地理信息公共服务，实现地理信息数据开放共享。

第七章 测量标志保护

第四十一条 任何单位和个人不得损毁或者擅自移动永久性测量标志和正在使用中的临时性测量标志，不得侵占永久性测量标志用地，不得在永久性测量标志安全控制范围内从事危害测量标志安全和使用效能的活动。

本法所称永久性测量标志，是指各等级的三角点、基线点、导线点、军用控制点、重力点、天文点、水准点和卫星定位点的觇标和标石标志，以及用于地形测图、工程测量和形变测量的固定标志和海底大地点设施。

第四十二条 永久性测量标志的建设单位应当对永久性测量标志设立明显标记，并委托当地有关单位指派专人负责保管。

第四十三条 进行工程建设，应当避开永久性测量标志；确实无法避开，需要拆迁永久性测量标志或者使永久性测量标志失去使用效能的，应当经省、自治区、直辖市人民政府测绘地理信息主管部门批准；涉及军用控制点的，应当征得军队测绘部门的同意。所需迁建费用由工程建设单位承担。

第四十四条 测绘人员使用永久性测量标志，应当持有测绘作业证件，并保证测量标志的完好。

保管测量标志的人员应当查验测量标志使用后的完好状况。

第四十五条 县级以上人民政府应当采取有效措施加强测量标志的保护工作。

县级以上人民政府测绘地理信息主管部门应当按照规定检查、维护永久性测量标志。

乡级人民政府应当做好本行政区域内的测量标志保护工作。

第八章 监督管理

第四十六条 县级以上人民政府测绘地理信息主管部门应当会同本级人民政府其他有关部门建立地理信息安全管理制度和技术防控体系，并加强对地理信息安全的监督管理。

第四十七条 地理信息生产、保管、利用单位应当对属于国家秘密的地理信息的获取、持有、提供、利用情况进行登记并长期保存，实行可追溯管理。

从事测绘活动涉及获取、持有、提供、利用属于国家秘密的地理信息，应当遵守保密法律、行政法规和国家有关规定。

地理信息生产、利用单位和互联网地图服务提供者收集、使用用户个人信息的，应当遵守法律、行政法规关于个人信息保护的规定。

第四十八条 县级以上人民政府测绘地理信息主管部门应当对测绘单位实行信用管理，并依法将其信用信息予以公示。

第四十九条 县级以上人民政府测绘地理信息主管部门应当建立健全随机抽查机制，依法履行监督检查职责，发现涉嫌违反本法规定行为的，可以依法采取下列措施：

（一）查阅、复制有关合同、票据、账簿、登记台账以及其他有关文件、资料；

（二）查封、扣押与涉嫌违法测绘行为直接相关的设备、工具、原材料、测绘成果资料等。

被检查的单位和个人应当配合，如实提供有关文件、资料，不得隐瞒、拒绝和阻碍。

任何单位和个人对违反本法规定的行为，有权向县级以上人民政府测绘地理信息主管部门举报。接到举报的测绘地理信息主管部门应当及时依法处理。

第九章 法律责任

第五十条 违反本法规定，县级以上人民政府测绘地理信息主管部门或者其他有关部门工作人员利用职务上的便利收受他人财物、其他好处或者玩忽职守，对不符合法定条件的单位核发测绘资质证书，不依法履行监督管理职责，或者发现违法行为不予查处的，对负有责任的领导人员和直接责任人员，依法给予处分；构成犯罪的，依法追究刑事责任。

第五十一条 违反本法规定，外国的组织或者个人未经批准，或者未与中华人民共和国有关部门、单位合作，擅自从事测绘活动的，责令停止违法行为，没收违法所得、测绘成果和测绘工具，并处十万元以上五十万元以下的罚款；情节严重的，并处五十万元以上一百万元以下的罚款，限期出境或者驱逐出境；构成犯罪的，依法追究刑事责任。

第五十二条 违反本法规定，未经批准擅自建立相对独立的平面坐标系统，或者采用不符合国家标准的基础地理信息数据建立地理信息系统的，给予警告，责令改正，可以并处五十万元以下的罚款；对直接负责的主管人员和其他直接责任人员，依法给予处分。

第五十三条 违反本法规定，卫星导航定位基准站建设单位未报备案的，给予警告，责令限期改正；逾期不改正的，处十万元以上三十万元以下的罚款；对直接负责的主管人员和其他直接责任人员，依法给予处分。

第五十四条 违反本法规定，卫星导航定位基准站的建设和运行维护不符合国家标准、要求的，给予警告，责令限期改正，没收违法所得和测绘成果，并处三十万元以上五十万元以下的罚款；逾期不改正的，没收相关设备；对直接负责的主管人员和其他直接责任人员，依法给予处分；构成犯罪的，依法追究刑事责任。

第五十五条 违反本法规定，未取得测绘资质证书，擅自从事测绘活动的，责令停止违法行为，没收违法所得和测绘成果，并处测绘约定报酬一倍以上二倍以下的罚款；情节严重的，没收测绘工具。

以欺骗手段取得测绘资质证书从事测绘活动的，吊销测绘资质证书，没收违法所得和测绘成果，并处测绘约定报酬一倍以上二倍以下的罚款；情节严重的，没收测绘工具。

第五十六条 违反本法规定，测绘单位有下列行为之一的，责令停止违法行为，没收违法所得和测绘成果，处测绘约定报酬一倍以上二倍以下的罚款，并可以责令停业整顿或者降低测绘资质等级；情节严重的，吊销测绘资质证书：

（一）超越资质等级许可的范围从事测绘活动；

（二）以其他测绘单位的名义从事测绘活动；

（三）允许其他单位以本单位的名义从事测绘活动。

第五十七条 违反本法规定，测绘项目的招标单位让不具有相应资质等级的测绘单位中标，或者让测绘单位低于测绘成本中标的，责令改正，可以处测绘约定报酬二倍以下的罚款。

招标单位的工作人员利用职务上的便利，索取他人财物，或者非法收受他人财物为他人谋取利益的，依法给予处分；构成犯罪的，依法追究刑事责任。

第五十八条 违反本法规定，中标的测绘单位向他人转让测绘项目的，责令改正，没收违法所得，处测绘约定报酬一倍以上二倍以下的罚款，并可以责令停业整顿或者降低测绘资质等级；情节严重的，吊销测绘资质证书。

第五十九条 违反本法规定，未取得测绘执业资格，擅自从事测绘活动的，责令停止违法行为，没收违法所得和测绘成果，对其所在单位可以处违法所得二倍以下的罚款；情节严重的，没收测绘工具；造成损失的，依法承担赔偿责任。

第六十条 违反本法规定，不汇交测绘成果资料的，责令限期汇交；测绘项目出资人逾期不汇交的，处重测所需费用一倍以上二倍以下的罚款；承担国家投资的测绘项目的单位逾期不汇交的，处五万元以上二十万元以下的罚款，并处暂扣测绘资质证书，自暂扣测绘资质证书之日起六个月内仍不汇交的，吊销测绘资质证书；对直接负责的主管人员和其他直接责任人员，依法给予处分。

第六十一条 违反本法规定，擅自发布中华人民共和国领域和中华人民共和国管辖的其他海域的重要地理信息数据的，给予警告，责令改正，可以并处五十万元以下的罚款；对直接负责的主管人员和其他直接责任人员，依法给予处分；构成犯罪的，依法追究刑事责任。

第六十二条 违反本法规定，编制、出版、展示、登载、更新的地图或者互联网地图服务不符合国家有关地图管理规定的，依法给予行政处罚、处分；构成犯罪的，依法追究刑事责任。

第六十三条 违反本法规定，测绘成果质量不合格的，责令测绘单位补测或者重测；情节严重的，责令停业整顿，并处降低测绘资质等级或者吊销测绘资质证书；造成损失的，依法承担赔偿责任。

第六十四条 违反本法规定，有下列行为之一的，给予警告，责令改正，可以并处二十万元以下的罚款；对直接负责的主管人员和其他直接责任人员，依法给予处分；造成损失的，依法承担赔偿责任；构成犯罪的，依法追究刑事责任：

（一）损毁、擅自移动永久性测量标志或者正在使用中的临时性测量标志；

（二）侵占永久性测量标志用地；

（三）在永久性测量标志安全控制范围内从事危害测量标志安全和使用效能的活动；

（四）擅自拆迁永久性测量标志或者使永久性测量标志失去使用效能，或者拒绝支付迁建费用；

（五）违反操作规程使用永久性测量标志，造成永久性测量标志毁损。

第六十五条 违反本法规定，地理信息生产、保管、利用单位未对属于国家秘密的地理信息的获取、持有、提供、利用情况进行登记、长期保存的，给予警告，责令改正，可以并处二十万元以下的罚款；泄露国家秘密的，责令停业整顿，并处降低测绘资质等级或者吊销测绘资质证书；构成犯罪的，依法追究刑事责任。

违反本法规定，获取、持有、提供、利用属于国家秘密的地理信息的，给予警告，责令停止违法行为，没收违法所得，可以并处违法所得二倍以下的罚款；对直接负责的主管人员和其他直接责任人员，依法给予处分；造成损失的，依法承担赔偿责任；构成犯罪的，依法追究刑事责任。

第六十六条 本法规定的降低测绘资质等级、暂扣测绘资质证书、吊销测绘资质证书的行政处罚，由颁发测绘资质证书的部门决定；其他行政处罚，由县级以上人民政府测绘地理信息主管部门决定。

本法第五十一条规定的限期出境和驱逐出境由公安机关依法决定并执行。

第十章 附则

第六十七条 军事测绘管理办法由中央军事委员会根据本法规定。

第六十八条 本法自 2017 年 7 月 1 日起施行。

参考文献

[1]曹康泰，陈邦柱．中华人民共和国测绘法释义[M]．北京：法律出版社，2004．

[2]国家测绘地理信息局职业技能鉴定指导中心．测绘管理与法律法规[M]．3版．北京：测绘出版社，2015．

[3]国家测绘局．测绘与地理信息标准化指导与实践[M]．北京：测绘出版社，2008．

[4]黄华明．测绘工程管理[M]．北京：测绘出版社，2011．

[5]王建敏．测绘工程管理与法规[M]．北京：清华大学出版社，2015．

[6]全国注册测绘师资格考试趋势研究小组．测绘管理与法律法规[M]．天津：天津大学出版社，2013．

[7]柏雯娟．测绘法规与项目管理[M]．徐州：中国矿业大学出版社，2018．

[8]谢波．测绘法规与管理[M]．西安：西安交通大学出版社，2022．